U0522361

A LIBRARY OF DOCTORAL DISSERTATIONS IN SOCIAL SCIENCES IN CHINA

跟随或跨越

巴西和韩国技术追赶模式的国内根源

Path-following or Leapfrogging

The Domestic Roots of Technological Catch-up in Brazil and Republic of Korea

张倩雨 著

导师 田 野

中国社会科学出版社

图书在版编目(CIP)数据

跟随或跨越 : 巴西和韩国技术追赶模式的国内根源 / 张倩雨著. -- 北京 : 中国社会科学出版社, 2025. 4.
(中国社会科学博士论文文库). -- ISBN 978-7-5227-4918-1

Ⅰ. F177.743; F131.264.3

中国国家版本馆 CIP 数据核字第 20252ZU957 号

出 版 人　赵剑英
责任编辑　黄　晗
责任校对　杨　林
责任印制　李寡寡

出　　版　中国社会科学出版社
社　　址　北京鼓楼西大街甲 158 号
邮　　编　100720
网　　址　http://www.csspw.cn
发 行 部　010－84083685
门 市 部　010－84029450
经　　销　新华书店及其他书店

印　　刷　北京君升印刷有限公司
装　　订　廊坊市广阳区广增装订厂
版　　次　2025 年 4 月第 1 版
印　　次　2025 年 4 月第 1 次印刷

开　　本　710×1000　1/16
印　　张　17
字　　数　285 千字
定　　价　89.00 元

总　序

在胡绳同志倡导和主持下，中国社会科学院组成编委会，从全国每年毕业并通过答辩的社会科学博士论文中遴选优秀者纳入《中国社会科学博士论文文库》，由中国社会科学出版社正式出版，这项工作已持续了12年。这12年所出版的论文，代表了这一时期中国社会科学各学科博士学位论文水平，较好地实现了本文库编辑出版的初衷。

编辑出版博士文库，既是培养社会科学各学科学术带头人的有效举措，又是一种重要的文化积累，很有意义。在到中国社会科学院之前，我就曾饶有兴趣地看过文库中的部分论文，到社科院以后，也一直关注和支持文库的出版。新旧世纪之交，原编委会主任胡绳同志仙逝，社科院希望我主持文库编委会的工作，我同意了。社会科学博士都是青年社会科学研究人员，青年是国家的未来，青年社科学者是我们社会科学的未来，我们有责任支持他们更快地成长。

每一个时代总有属于它们自己的问题，“问题就是时代的声音”（马克思语）。坚持理论联系实际，注意研究带全局性的战略问题，是我们党的优良传统。我希望包括博士在内的青年社会科学工作者继承和发扬这一优良传统，密切关注、深入研究21世纪初中国面临的重大时代问题。离开了时代性，脱离了社会潮流，社会科学研究的价值就要受到影响。我是鼓励青年人成名成家的，这是党的需要，国家的需要，人民的需要。但问题在于，什么是名呢？名，就是他的价值得到了社会的承认。如果没有得到社会、人民的承认，他的价值又表现在哪里呢？所以说，价值就在于对社会重大问题的回答和解决。一旦回答了时代性的重大问题，就必然会对社会产生巨大而深刻的影响，你也因此而实现了你的价值。在这方面年轻的博士有很大的优势：精力旺盛，思维敏捷，勤于学习，勇于创新。但青年学者要多向老一辈学者学习，博士尤其要很好地向导师学习，在导师的指导下，发挥自己的优势，研究重大问题，就有可能出好的成果，实现自己的价值。过去12年入选文库的论文，也说明了这一点。

什么是当前时代的重大问题呢？综观当今世界，无外乎两种社会制度，一种是资本主义制度，另一种是社会主义制度。所有的世界观问题、政治问题、理论问题都离不开对这两大制度的基本看法。对于社会主义，马克思主义者和资本主义世界的学者都有很多的研究和论述；对于资本主义，马克思主义者和资本主义世界的学者也有过很多研究和论述。面对这些众说纷纭的思潮和学说，我们应该如何认识？从基本倾向看，资本主义国家的学者、政治家论证的是资本主义的合理性和长期存在的“必然性”；中国的马克思主义者，中国的社会科学工作者，当然要向世界、向社会讲清楚，中国坚持走自己的路一定能实现现代化，中华民族一定能通过社会主义来实现全面的振兴。中国的问题只能由中国人用自己的理论来解决，让外国人来解决中国的问题，是行不通的。也许有的同志会说，马克思主义也是外来的。但是，要知道，马克思主义只是在中国化了以后才解决中国的问题的。如果没有马克思主义的普遍原理与中国革命和建设的实际相结合而形成的毛泽东思想、邓小平理论，马克思主义同样不能解决中国的问题。教条主义是不行的，东教条不行，西教条也不行，什么教条都不行。把学问、理论当教条，本身就是反科学的。

在21世纪，人类所面对的最重大的问题仍然是两大制度问题：这两大制度的前途、命运如何？资本主义会如何变化？社会主义怎么发展？中国特色的社会主义怎么发展？中国学者无论是研究资本主义，还是研究社会主义，最终总是要落脚到解决中国的现实与未来问题。我看中国的未来就是如何保持长期的稳定和发展。只要能长期稳定，就能长期发展；只要能长期发展，中国的社会主义现代化就能实现。

什么是21世纪的重大理论问题？我看还是马克思主义的发展问题。我们的理论是为中国的发展服务的，绝不是相反。解决中国问题的关键，取决于我们能否更好地坚持和发展马克思主义，特别是发展马克思主义。不能发展马克思主义也就不能坚持马克思主义。一切不发展的、僵化的东西都是坚持不住的，也不可能坚持住。坚持马克思主义，就是要随着实践，随着社会、经济各方面的发展，不断地发展马克思主义。马克思主义没有穷尽真理，也没有包揽一切答案。它所提供给我们的，更多的是认识世界、改造世界的世界观、方法论、价值观，是立场，是方法。我们必须学会运用科学的世界观来认识社会的发展，在实践中不断地丰富和发展马克思主义，只有发展马克思主义才能真正坚持马克思主义。我们年轻的社会科学博士们要以坚持和发展马克思主义为己任，在这方面多出精品力作。我们将优先出版这种成果。

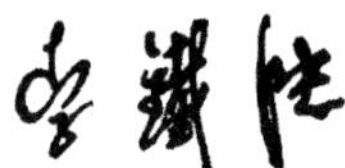

2001年8月8日于北戴河

摘　要

作为国家间竞争的重要表现形式，后发技术追赶实质上是技术地位相对落后的国家发起的对技术领先国国际技术垄断地位的挑战。自“工业革命”以来，技术变革在推动国际权力格局转换中的重要性日渐凸显。回顾世界技术变迁史可以看到，在技术革命中抓住机遇的后发国家很可能实现跨越式发展，崛起为新的世界强国。在国家的兴衰这一宏大命题之下，围绕后发国家的技术追赶展开详细研究，具体分析在 20 世纪 70 年代涌现的第五次技术创新浪潮中，主要后发国家转向不同技术追赶模式的原因，不仅有助于深化我们对国家的兴衰这一宏大命题的理解，也能为正在积极追赶技术领先国的后发国家提供理论和经验上的启发和参考。

国内结构是国家政策制定和实施的重要影响因素。在后发技术追赶这一特定语境下，国内结构具体反映为政治精英作为由众多个体以及不同派系组成的群体的内部关系，以及政治精英作为独立行为体与直接参与工业化并对其有巨大影响的劳工群体之间的关系，两者共同决定后发国家各项技术能力培育政策的时间视野和执行效果。以此为基础，具有不同发展特征的后发国家所能培育的技术能力的层次上限也将呈现明显差异，这使它们在面对第五次创新浪潮所带来的赶超的机会窗口时转向了不同的技术追赶模式。第二次世界大战（以下简称“二战”）后巴西和韩国作为拉美和东亚地区代表性国家的技术追赶经历对这一分析框架进行了验证。

在“二战”后的绝大部分时间内，巴西都以高强度精英冲突和精英与劳工对抗为主要特征，因此是分散型国家的典型代表。但在1964年政变后成立的军事独裁政府初期，巴西曾因军事集团内部温和派和强硬派结成政治联盟而短暂表现出精英凝聚的特征。然而，这一情况并未维持太久。由于较短的时间视野和相悖的发展目标，巴西虽形成了追赶技术领先国的意愿，却不得不采取各种短视措施，因而在第五次技术创新浪潮到来时仅培育起较低层次的技术能力，只能沿着先发国创设好的技术轨道进行缓慢的技术追赶。

“二战”后的韩国则经历了从不具追赶意愿的分散型国家向聚合型国家的转变。李承晚时期的韩国以精英分裂和精英与劳工对抗为主要特征，并未形成专注经济增长的发展目标。朴正熙则塑造了一个高度凝聚的精英联盟，从而形成后发追赶的长时间视野。这种时间视野的不同也影响了他们与劳工群体的关系。虽然两个政权都采取了劳工压制政策，但效果却大有不同。李承晚将一切有可能推进工业发展的积极力量都扼杀了，朴正熙则在意识形态和话语层面团结劳工，将他们描述成为国家安全和民族中兴的光荣而战斗的“产业战士”，使得劳工群体与政治精英形成了关于后发追赶的一致目标，形塑了劳工群体的工作动力和身份认同。由此，朴正熙时期的韩国呈现聚合型国家的特征，得以培育起较高层次的技术能力。在第五次技术创新浪潮到来时，韩国转向了有助于快速缩小与技术领先国发展差距的跨越式技术追赶策略。

本书的贡献主要体现在：第一，构建了一个后发国家技术追赶模式选择的分析框架，并引入时间因素，对巴西和韩国的技术追赶过程进行了详细刻画；第二，将精英与劳工关系作为除精英间关系外的又一核心解释变量，不仅超越了发展型国家理论将普通民众视为被动等待精英动员或压制策略“降临”的对象，还突出了劳工群体的主动性和创造性在“二战”后这波技术追赶中的重要作用；第三，将后发国家的技术追赶模式区分为跟随式和跨越式两类，在跨国比较的基础上推进了“赶超的机会窗口”之说；第四，打开了后发技术追赶的“黑箱”，从人力资本培育、技术引进方式升级以及国家创新体系构建三个方面详细刻画了后发国家技术能力的培育过程，从而为当前仍处于相对落后地位的国家的技术追赶提供了具体可操作的参考经验。

关键词： 后发国家；精英间关系；精英与劳工关系；技术能力；技术追赶模式

Abstract

This dissertation attempts to analyze the fundamental factors that make latecomer countries choose different technological catch-up strategies during the fifth wave of technological innovation emerged in the 1970s. Starting from domestic structure, this dissertation proposes that intra-elite relations and relations between elite and labor together determine the time horizon and implementation effect of technical competence cultivation. On this basis, latecomer countries with different developmental characteristics will also show obvious differences in the upper level of technical competence they can cultivate, which makes them turn to different strategies of technological catch-up when facing the window opportunity brought by the fifth wave of technological innovation. This analytical framework can be tested by the technological catch-up experiences of Brazil and the Republic of Korea after World War Ⅱ.

Brazil was characterized by high levels of intra-elite conflict and elite-labor confrontation for most of the post-World War II period. However, in the early period of the military dictatorship established in 1964, Brazil briefly showed some characteristics of an aggregating state like the Republic of Korea under Park Chung-hee. However, this did not last long. Due to the short time horizon and the contradictory goal between elite and labor, Brazil had to take various short-sighted measures and only cultivated a low level of technical competence. When the fifth wave of technological innovation arrives, Brazil can only conduct path-following catch-up stratrgy.

The Republic of Korea experienced a transformation from adecentralized state with obvious characteristics of plunder to an aggregating state after World War Ⅱ. High-intensity elite conflict and elite-labor confrontation were the main features of Syngman Rhee's regime. The Park Chung-hee regime, by contrast, was a highly cohesive elite coalition, thus forming a long-term vision of catching up. The differences of time horizons also affected the relationship between elites and labor. While Rhee stifled all positive forces that could advance industrial development, Park united labor by portraying them as "industiral warriors" fighting for national security and rejuvenation, forming the common goal between elite and labor. As a result, the Republic of Korea under Park was able to cultivate high level of technical competence and thus conducted leapfrogging catch-up strategy when the fifth wave of technological innovation arrives.

The dissertation makes contributions in the following four aspects. Firstly, it constructs an analytical framework for the strategic choice for technological catch-up of latecomer countries, and describes the process of technological catch-up in Brazil and the Republic of Korea in detail. Secondly, it no longer sees labor as actors of passive waiting for elite mobilization or repression like developmental state theory does, but highlights the important role of labor in the fifth wave of technological innovation. Thirdly, it promotes the theory of window of opportunity for catch-up on the basis of transnational comparison. Fourthly, by describing the cultivation of technical competence through human capital, technology diffusion and national innovation system, it provides pratical reference experiences for other latecomer countries.

Key Words: Latecomer Countries; Intra-elite Relations; Relations between Elite and Labor; Technical Competence; Technological Catch-Up Strategy

目　录

Contents

绪　论

第一节　研究背景与问题的提出

社会科学研究者们很难不为一些神秘的历史事实所着迷：许多过去一度辉煌的庞大帝国在历史中逐渐消亡，另一些曾被视作蒙昧野蛮的部落或民族却日渐崛起，还有少数古老文明于坎坷跌宕中生发壮大，成为世界史上“连续性文明”的典范。例如，极盛时期疆域横跨欧、亚、非三洲的阿契美尼德王朝（又称“波斯第一帝国”）在与英勇捍卫自身独立的古希腊城邦国家所进行的希波战争中逐渐走向衰落。而后，为世界留下绚丽灿烂文明遗产的古希腊城邦国家又被兴起于希腊文明巅峰时期的罗马人所征服。回溯东方，中华文明历史上虽多次遭遇北方部落民族如匈奴人、突厥人、鞑靼人的侵袭，却在多元融合中获得了生生不息的力量。而作为东南亚历史上疆域最辽阔、国力最强大的国家，吴哥王朝的昔日盛景却只能通过吴哥窟等古迹加以想象。这些历史事实虽发生在“国家”这一概念诞生之前，却均可被归入国家的兴衰这一宏大的研究议题之中。

国家的兴衰被视为社会科学领域如文学母题一般反复出现的研究主题。历史上，各国之间的相对兴衰大量涉及战争，但国家兴衰史并不完全等同于军事史。特别是自“工业革命”以来，技术变革超过军事竞争成为推动国家相对地位变化的更重要的动力来源。18世纪60年代，英国出现了以蒸汽机广泛使用为标志的第一次工业革命。珍妮纺纱机、蒸汽机、蒸汽轮船和蒸汽火车等相继出现，推动人类社会进入“蒸汽时代”。第一次工业革命不仅是一次技术革新，更是一场深刻的社会变革。从生产组织方式上看，大机器的广泛应用取代了传统落后的手工生产，工厂取代手工工场成为工业生产最主要的组织形式。从社会关系上看，工业革命使依附于落后生产方式的自耕农阶级消失了。伴随着机器等生产资料的集中，社会开始分化为工业资产阶级和无产阶级。在此过程中，英国作为第一次工业革命的发源地，逐渐崛起为世界首个工业化国家，并借此确立了全球霸主地位。

19 世纪 60 年代，以电力和内燃机的广泛应用为代表的第二次工业革命拉开帷幕。发电机、电灯、汽车、飞机等新产品相继问世，推动人类社会进入“电气时代”。这一时期，工业重心由以棉纺织业为代表的轻工业逐渐转向重化工业，出现了电气、化学、石油等新兴工业部门，一些发达资本主义国家的工业产值开始超过农业产值。汽车、飞机和无线电等新型交通和通信工具的发明和应用增强了世界各地的商业联系，贸易和金融的加速发展则推动世界市场最终形成。作为此次工业革命的主要领导国，美国和德国迅速崛起，英国则逐渐丧失“世界工厂”地位。至 19 世纪末 20 世纪初，美国和德国已经成为世界第一、二大工业国。虽然英国仍被视为霸权国，但世界政治的基础性权力结构已经发生了重大变化。

20 世纪 70 年代，全球范围内掀起第三次工业革命浪潮。第三次工业革命是以原子能、空间技术和电子计算机的广泛应用为标志，在航空、航天、海洋、电子技术、核能、计算机等诸多领域爆发的一场新技术和新产业革命。在此过程中，日本、韩国等东亚新兴工业化经济体抓住科技创新和经济全球化的机遇，实现了跨越式发展。但也有不少后发国家错失良机，与先发国家的差距进一步拉大。经济全球化的持续推进，计算机和通信技术的广泛使用，以及由集装箱所引起的跨洋航运革命，使得在全球范围内组织生产成为可能。由此，垂直专业化的国际分工新趋势开始出现，依托各国比较优势、高度专业化分工的全球生产网络得以形成。这些新发展和新变化也对全球政治经济治理提出了新要求。

上述世界技术变迁史表明，历次科技革命和产业变革是推动国际权力格局变化的重要力量，抓住机遇的后发国家很有可能实现跨越式发展，崛起为新的世界强国。当前，一场更大范围、更深层次的新科技革命和产业变革正在全球范围内蓬勃兴起。信息技术、生物技术、新材料技术、新能源技术等新兴技术几乎渗透到所有产业领域，带动了以绿色、智能和互联为特征的重大技术变革。中国作为拥有强大规模优势的后发国家，在过去四十余年中通过吸收外资和购买技术许可等方式引进了许多先进技术，依靠技术进步实现了经济高速增长。然而，随着与欧美先发国家的技术差距不断缩小，技术引进和模仿创新已无法再像以前那样在经济增长中发挥显著作用。更重要的是，在大国竞争加剧的背景下，尖端技术的国际扩散牢牢为技术霸权国所控制。若不能及时将技术发展思路由模仿创新调整为自主创新，尖端技术的“卡脖子”问题将构成中国推进高质量发展的首要障碍。

以此为背景，本书试图在国家的兴衰这一宏大命题之下，围绕后发国家的技术追赶展开详细研究。追赶（catching-up）是指经济社会发展水平较为落后的国家通过确定发展目标、制定发展战略、采取相应政策措施，从而缩小与领先国家发展差距的历史过程。作为对后来者和领先者之间相对运动的速度和位置关系的反映，追赶在国际关系中涉及两个或两个以上国家。其中，实施追赶的主体是后发国家，追赶的对象则是先发国家。相较于一般性的经济追赶，技术追赶的研究范围更加聚焦，主要关注后发国家缩小与先发国家技术差距的过程。需要说明的是，本书所探讨的技术主要是以解决客观世界物理难题为目的的物质生产技术。一项新的发明可能带来新的技术，但发明本身并不必然导致技术创新。创新只有在首次实现新的产品、工序系统和装置的商业交易时才算完成。[①] 例如，19 世纪的许多发明虽然最初诞生于英国和法国，但技术创新和工业革命却是在美国和德国将新的发明运用于大规模生产后才得以实现。

技术追赶可能出现落后（falling behind）或赶超（forging ahead）两种不同结果。落后是指后发国家与先发国家技术发展水平的差距并未缩小，经济发展仍有赖于先发国家的技术转移。赶超则指后发国家在新兴技术领域培育起了自己的竞争优势，通过技术创新实现了与先发国家的地位转换，成为新的技术领先国。由于后发技术追赶是一个为期较长的多阶段过程，其结果因而也是由众多复杂因素共同引致的复合结果（compound outcomes）。这样的复合结果很难作为一个整体由单一理论加以解释。可行的办法是将其拆解为导致其产生的若干过程，并形成有关这些过程的可检验命题。[②] 从这一思路出发，本书将解释对象由结果缩小为行动，[③] 即后发国家技术追赶的模式选择，试图分析在 20 世纪 70 年代涌现的第五次技术创新浪潮中，后发国家转向不同技术追赶模式的主要原因。对这一问题的回答不仅有助于深化我们对国家的兴衰这一宏大命题的理解，还能为正在积极追赶技术领先国的后发国家提供理论和经验上的启发和参考。

第二节　既有研究及其不足

“后发展”（late development）是一种对特定国家所处发展阶段

---

① ［英］克利斯·弗里曼、罗克·苏特：《工业创新经济学》，华宏勋、华宏慈等译，北京大学出版社 2004 年版，第 7—8 页。

② ［美］芭芭拉·格迪斯：《范式与沙堡：比较政治学中的理论建构与研究设计》，陈子恪、刘骥等译，重庆大学出版社 2011 年版，第 19 页。

③ 某些社会结果是由行动直接导致的。但即使不是绝大多数，许多社会结果都不是由行动单独导致的，而是行动与社会和物质环境约束的互动而涌现的产物。参见唐世平《观念、行动和结果：社会科学的客体和任务》，《世界经济与政治》2018 年第 5 期，第 39 页。

及其在国际政治经济格局中相对位置的笼统描述，最早为美国经济史学家亚历山大·格申克龙（Alexander Gerschenkron）在批判现代化理论的基础上展开系统研究。随后的研究者围绕后发追赶过程中的政府作用及后发国家的追赶政策形成了丰富而有洞见的研究成果。本节将依次从后发优势理论的提出与修正、发展型国家理论的形成与完善，以及后发追赶的策略及其选择三个方面对既有研究进行回顾，并提出可做进一步探讨的议题和内容。

一　后发优势理论的提出与修正

早在19世纪中叶，德国历史学派的先驱、国民经济学的创始人弗里德里希·李斯特（Friedrich List）就曾提出，经济发展通常需要经历狩猎状态、游牧状态、农耕状态、农工状态和农工商状态五个阶段。[①] 此后逐渐成型的经济发展的阶段理论多以欧美发达国家的发展历程为蓝本，认为其经验具有普遍适用性，因而在概括抽象的基础上试图将这一经验推广至发展中国家。学者们对经济发展阶段的划分通常以产业结构变迁为基础，总体上体现了技术进步驱动产业结构从低级走向高级的过程。因此，发展阶段理论又可被视作一种以技术发展为基础、具有发展经济学意义的经验描述。[②]

20世纪30年代，德国经济学家瓦尔特·霍夫曼（Walther G. Hoffman）通过对包括英、美、法、德在内的近二十个国家1880—1929年消费品工业和资本品工业的生产数据进行归纳，提出了被称为“霍夫曼工业化经验法则”的工业化阶段理论。霍夫曼指出，在工业化进程中，消费品工业与资本品工业的净产值之比（即霍夫曼比例）不断下降。根据霍夫曼比例，可将工业化进程划分为四个阶段。在工业化的第一阶段也即轻纺化阶段，霍夫曼比例为

---

① ［德］弗里德里希·李斯特：《政治经济学的国民体系》，邱伟立译，华夏出版社2013年版。

② 王玉柱：《发展阶段、技术民族主义与全球化格局调整——兼论大国政治驱动的新区域主义》，《世界经济与政治》2020年第11期，第137页。

5±1，消费品的生产在制造业中占主导地位，而资本品工业尚不发达。在工业化的第二阶段，也即轻纺化向重工业化过渡阶段，霍夫曼比例降至2.5±0.5，资本品工业的增长快于消费品工业，后者规模降至工业总产值的一半及以下。在工业化的第三阶段也即重工业化前期阶段，霍夫曼比例进一步降至1±0.5，资本品工业继续增长，规模迅速扩大，达到与消费品工业相平衡的状态。在工业化的第四阶段也即重工业化后期阶段，霍夫曼比例降至1以下，资本品工业的生产开始占据主导地位，其规模大于消费品工业，表明该国已基本完成工业发展目标。[①]

20世纪60年代，现代化理论的代表人物华尔特·罗斯托（W. W. Rostow）以发达国家的经验为参考，提出一国经济增长必须依次经历五个阶段，分别是传统社会阶段、为起飞创造前提条件阶段、起飞阶段、向成熟推进阶段和高额群众消费阶段。经济从低级向高级演进的不同阶段存在不同的主导产业，经济结构的演化则相应表现为主导产业的更迭。在从传统社会阶段向为起飞创造前提条件的阶段过渡的过程中，近代科技开始在工农业中发挥作用，占人口75%以上的劳动力逐渐从农业转移到工业、交通、商业和服务业。起飞阶段则相当于产业革命时期，国民经济的增长依靠少数几个工业主导部门来带动。在向成熟推进的阶段，现代科技开始广泛应用于各工业部门，投资率达到10%—20%，技术的不断进步和新兴工业的迅速发展还推动了经济结构进一步变迁。到高额群众消费阶段时，工业技术已经高度发达，主导部门转变为耐用消费品和服务业。[②] 在其1971年的《政治与增长阶段》一书中，罗斯托提出了高额群众消费阶段后的第六个阶段，即追求生活质量的阶段，主导产业从耐用消费品工业转变为提高生活质量的产业，如教育、医

---

① Walther G. Hoffmann, *Growth of Industrial Economies*, Manchester: Manchester University Press, 1958.

② W. W. Rostow, *The Stages of Economic Growth: A Non-Communist Manifesto*, New York: Cambridge University Press, 1960.

疗、保健、社会福利、文娱、旅游等部门。[①]

这些基于欧美发达国家和早期工业国的经验归纳得出的经济发展阶段，在解释和指导广大非西方发展中国家的经济发展时不可避免地遇到了许多问题。在此背景下，格申克龙通过总结19世纪时仍属后发国家的德国、意大利等国的经济追赶经验，于1962年提出了具有广泛影响的后发优势理论（advantage of backwardness）。格申克龙指出，相对的经济落后并非仅仅是劣势，相反，它也可以变成优势。这种后发优势主要源于：（1）相对落后造成的紧张关系将激起国民要求工业化的强烈愿望，以致形成一种社会压力；（2）缺乏某些工业化前提条件的落后国家可以通过国家的干预作用或其他制度手段创造出相应的替代物，从而在与先发国家完全不同的条件下实现工业化；（3）通过引进、吸收与借鉴先发国家的技术、设备和资金，落后国家可以在一个较高的起点上实现跳跃式发展。[②] 格申克龙的研究宣告霍夫曼、罗斯托等学者关于经济发展一律遵循既定阶段的观点难以成立，从而否定了基于欧美发达国家实践经验做出的理论概括具有普遍适用性。

此后，一些学者尝试基于发展中国家的经验来归纳经济发展的阶段性特征。美国经济学家霍利斯·钱纳里（Hollis B. Chenery）考察了“二战”后以工业化为主线的发展中国家的经济发展历程，并指出，准工业化经济体一般会规律性地经过六个发展阶段，即传统社会—工业化初期—工业化中期—工业化后期—后工业社会—现代化社会。从前一阶段向更高阶段的跃进都是通过产业结构转化来推动的，即从初期产业（如食品、皮革、纺织等）开始，经中期产业（非金属矿产品、橡胶制品、石油、化工、煤炭制品等）的过渡，逐渐发展起后期产业（服装和日用

① W. W. Rostow, *Politics and the Stages of Growth*, New York: Cambridge University Press, 1971.

② Alexander Gerschenkron, *Economic Backwardness in Historical Perspective: A Book of Essays*, Cambridge: Harvard University Press, 1962, pp. 6 – 11.

品、印刷出版、纸制品、金属制品和机械制造等)。[①] 日本经济学家青木昌彦（Masahiko Aoki）则聚焦于东亚经济体的后发追赶历程，并将其划分为五个阶段，分别是人口增长率和技术进步率均处于极低水平的马尔萨斯阶段（M 阶段)、推动经济快速起飞的政府介入阶段（G 阶段)、从中等收入逐渐迈向高收入的库兹涅茨式结构转型阶段（K 阶段)、依靠人力资本发展的阶段（H 阶段）以及后人口红利阶段（PD 阶段)。[②]

以格申克龙的后发优势理论为基础，一些学者认为，一国的初始技术发展水平与其技术进步的速度呈反向线性关系，即一国技术越落后，技术进步的速度就会越快。但这显然同许多后发国家与先发国家之间的技术差距不是在缩小而是在扩大的历史现实不相符合。虽然理查德·纳尔逊（Richard R. Nelson）和埃德蒙德·菲尔普斯（Edmund S. Phelps）指出，后发国家技术进步的速度会在技术水平接近先发国家时逐渐降低，[③] 但这仍与现实存在一定差距。为了弥合理论与现实之间的矛盾，摩西·阿布拉莫维茨（Moses Abramovitz）提出了潜在的追赶假说，即后发优势并非现实必然存在，从长期来看，技术差距和社会能力共同决定后发国家的追赶潜能。其中，社会能力对追赶最为重要。[④] 通过引入社会能力这一概

---

① Hollis Chenery, Sherman Robinson and Moshe Syrquin, *Industrialization and Growth: A Comparative Study*, New York: Oxford University Press, 1986.

② Masahiko Aoki, "The Five Phases of Economic Development and Institutional Evolution in China, Japan and Korea", in Masahiko Aoki, Timur Kuran and Gérard Roland, eds., *Institutions and Comparative Economic Development*, London: Palgrave Macmillan, 2012, pp. 13 - 47.

③ Richard R. Nelson and Edmund S. Phelps, "Investment in Humans, Technological Diffusion and Economic Growth", *The American Economic Review*, Vol. 56, No. 1, 1966, pp. 69 - 75.

④ Moses Abramovitz, "Catching Up, Forging Ahead, and Falling Behind", *The Journal of Economic History*, Vol. 46, No. 2, 1986, pp. 385 - 406; Moses Abramovitz, *Thinking about Growth: And Other Essays on Economic Growth and Welfare*, New York: Cambridge University Press, 1989.

念，阿布拉莫维茨对后发优势理论做出了修正，关注到了后发国家引进和吸收先进技术的社会基础问题，从而解释了为什么有的后发国家能够成功赶上先发国家，但大多数后发国家与先发国家的技术差距却在不断拉大的历史现实。

阿布拉莫维茨还注意到，传统后发优势理论仅仅关注后发国家与先发国家之间的经济与技术差距，忽视了领导地位的转换问题，因而对收敛（convergence）和赶超（catch-up）两个概念进行了区分。前者关注差距的缩小，后者则强调地位的转换。[①] 埃利斯·伯利兹（Elise S. Brezis）和保罗·克鲁格曼（Paul R. Krugman）的“蛙跳模型”（leap-frogging）显示，后发优势不仅体现在模仿创新所带来的技术差距缩小（即收敛），还体现在通过自主创新实现技术地位的转换（即赶超）。先发国家由于投资原有技术的沉没成本和资产专用性，技术转换的机会成本非常高，因而可能延滞对新技术的采用。后发国家则能够更好地把握新技术所带来的机遇，通过政府的选择性政策干预直接进入新的科技领域，抢占经济发展的制高点，实现跨越式发展。[②] 瑞秋·范·艾肯（Rachel van Elkan）同样指出，在追赶初期，后发国家可以通过大量的技术模仿缩小与先发国家的技术差距，并且技术进步的速度远高于领先者。但长期来看，随着技术模仿的成本逐渐增加，后发国家技术模仿的回报率和技术进步的速度将收敛至先发国家水平。进一步的发展有赖于后发国家从技术模仿转向技术创新。[③]

---

① Moses Abramovitz, “The Elements of Social Capability”, in Bon Ho Koo and Dwight H. Perkins, eds., *Social Capability and Long-term Economic Growth*, New York: St. Martin Press, 1995, pp. 19 – 46.

② Elise S. Brezis, Paul R. Krugman and Daniel Tsiddon, “Leapfrogging in International Competition: A Theory of Cycles in National Technological Leadership”, *The American Economic Review*, Vol. 83, No. 5, 1993, pp. 1211 – 1219.

③ Rachel van Elkan, “Catching up and Slowing down: Learning and Growth Patterns in an Open Economy”, *Journal of International Economics*, Vol. 41, No. 1, 1996, pp. 95 – 111.

21 世纪初，基于对后发国家经济转轨的研究，学者们围绕后发优势与后发劣势展开了一场辩论。杰弗里·萨克斯（Jeffrey Sachs）、胡永泰和杨小凯三位学者指出，后发国家对先发国家的模仿有两种形式，一种是模仿制度，另一种是模仿技术和工业化模式。前者相对后者更为困难，因为制度改革会触动既得利益者。由于同先发国家之间存在较大的发展差距，后发国家仅通过模仿技术便可以在短期内取得快速发展。然而长期来看，没有一定制度基础的技术模仿只会强化国家机会主义，给后发国家的长期增长留下许多隐患，甚至使长期发展变为不可能。因此，后发国家只有完成制度模仿才有可能克服后发劣势。① 对此，林毅夫反驳称，经济增长的核心在于技术创新，后发优势则表现为引进发达国家的先进技术以降低创新成本。通过回顾“二战”后的东亚奇迹和中国改革开放以来的经济发展历程，林毅夫指出，后发国家利用在收入水平、技术发展和产业结构等方面与发达国家的差距，通过引进技术来加速技术变迁，便能够实现经济的快速发展。② 但值得注意的是，林毅夫也认识到，技术引进的最终结果是落后经济向发达经济的收敛，而非超越。③

二 发展型国家理论的形成与完善

20 世纪 70 年代，当欧美发达国家因布雷顿森林体系的瓦解和两次石油危机的冲击而出现经济的大幅衰退时，一批东亚新兴工业化经济体却逆势增长，取得了举世瞩目的经济成就，被世界银行赞

---

① Jeffrey Sachs, Wing Woo and Xiaokai Yang, “Economic Reforms and Constitutional Transition”, *Annals of Economics and Finance*, Vol. 1, No. 2, 2000, pp. 434 – 435.

② 林毅夫:《后发优势与后发劣势——与杨小凯教授商榷》,《经济学（季刊）》2003 年第 4 期，第 989—1004 页。

③ 林毅夫、张鹏飞:《后发优势、技术引进和落后国家的经济增长》,《经济学（季刊）》2005 年第 1 期，第 53—74 页。

誉为“东亚奇迹”（the East Asian Miracle）。[①] 此后，学者们将后发优势理论运用到这些经济体的工业化进程分析中，既验证了理论的客观性，也进一步拓展了后发优势理论。其中，“后进利益说”的提出者、日本经济学家南亮进（Ryoshin Minami）从日本相对于欧美先发国家所具有的后发优势入手，结合社会能力的概念分析了日本“二战”后的经济高速增长。研究发现，日本通过高素质的人力资源和现代化的经营组织等表现出来的社会能力是其将潜在的后发优势转变为现实发展动力的关键所在。由此，南亮进验证了格申克龙的后发优势理论和阿布拉莫维茨关于后发追赶的社会能力假说。[②]

在使用东亚新兴经济体的工业发展历程检验和拓展后发优势理论的过程中，强调政府积极介入对于后发追赶具有重要意义的发展型国家理论（developmental state theory）在20世纪80年代逐渐占据主流，其中以查默斯·约翰逊（Chalmers Johnson）的研究最具影响力。约翰逊总结了战后日本经济高速增长的四大关键要素：一是拥有一支规模不大但具备高级管理才能的公务员队伍；二是保障公务员队伍拥有足够空间实施创新和有效办事的政治制度；三是完善顺应市场经济规律的国家干预经济方式；四是具备一个像通产省这样的经济发展的领航机构。[③] 以此为基础，找出后发经济体成功追赶的前提条件，并将其抽象化为发展型国家的“理想类型”，成为后续研究者建构一般性的后发赶超理论的常见方式。[④] 例如，学者们认为，发展型国家应当具有持续的发展意愿、紧密的政商互动关系、选择性的产业扶持政策、控制金融体制、压制社会福利、对

---

① World Bank, *The East Asian Miracle: Economic Growth and Public Policy*, New York: Oxford University Press, 1993.

② ［日］南亮进：《日本的经济发展》（修订版），毕志恒、关权译，经济管理出版社1992年版。

③ Chalmers Johnson, *MITI and the Japanese Miracle: The Growth of Industrial Policy 1925－1975*, Redwood City: Stanford University Press, 1982, pp. 315－320.

④ 黄宗昊：《“发展型国家”理论的起源、演变与展望》，《政治学研究》2019年第5期，第61页。

外资保持自主，等等。①

这些研究的一个重要共识在于，以优秀的官僚队伍和国家自主性为主要表现的“强”国家是后发赶超的关键所在。然而，这种国家中心论的分析思路在带来理论洞见的同时，也表现出明显的缺憾。一方面，国家的强或弱与后发追赶成功与否之间并非完全对应，非常多的所谓“强”国家表现出统治者以牺牲社会公益为代价满足个体私利的特征。另一方面，这些研究将国家能力视为既定，也就未能解释作为后发赶超关键因素的国家能力由何而来，使得后续研究的知识增量贡献不足。

20 世纪 90 年代中后期，彼得·埃文斯（Peter Evans）和琳达·维斯（Linda Weiss）等学者通过厘清自主性和嵌入性之间的辩证关系，对发展型国家理论做出了重要修正。埃文斯指出，一国有效推动经济发展和产业升级的能力来源于两个方面：一是自主性（autonomy），即国家不受外部既得利益集团掣肘、自主有效地施政的能力；二是嵌入性（embeddedness），即国家与社会保持紧密联系、在制定和实施政策的过程中与社会保持频繁且有效的沟通的能力。发展型国家既拥有经选拔而任职的职业官僚队伍（自主性），国家机关又通过嵌入强大社会纽带的方式与社会不断协商（嵌入性）。这种国家与社会有效协调的嵌入性自主（embedded autonomy）使经济快速发展成为可能。与之相对，掠夺型国家既缺乏自主性又缺乏嵌入性，其内部结构及其与社会的关系非常松散，国内凝聚依靠的是个人间纽带，因此既无法阻止国家与社会的对立，也难以改

① 参见 Gordon White，“Developmental States and Socialist Industrialization in the Third World”，*Journal of Development Studies*，Vol. 21，No. 1，1984，pp. 97 – 120；Alice Amsden，*Asia's Next Giant*：*South Korea and Late Industrialization*，New York：Oxford University Press，1989；Robert Wade，*Governing the Market*：*Economic Theory and the Role of Government in East Asia Industrialization*，Princeton：Princeton University Press，1990；Ziya Öniş，“The Logic of the Developmental State”，*Comparative Politics*，Vol. 24，No. 1，1991，pp. 109 – 126；Adrian Leftwich，“Bringing Politics Back In：Toward a Model of the Developmental State”，*Journal of Development Studies*，Vol. 31，No. 3，1995，pp. 400 – 427。

变国家掠夺对经济的消极影响。[①] 在此基础上，琳达·维斯和约翰·霍布森（John M. Hobson）的研究进一步探讨了国家与社会如何相互协调。他们指出，一个自主的国家能否产生与社会有效协调的能力，很大程度上取决于自主性能否与嵌入性相结合。换言之，国家自主性需要结合具体的社会联系才能产生建制性力量。以治理式互赖（governed interdependence）为核心，国家应该与社会在相对隔离的条件下开展协作。隔离是为了保证国家自主性，协作则有助于增强国家能力。[②]

除了归纳后发追赶较为成功的经济体所具有的共性特征以形成关于发展型国家的整体印象，学者们还对“发展型国家从何而来”这一问题展开了探讨，试图解释为什么在众多构建发展型国家的尝试中，仅有少部分取得成功。具有代表性的解释包括殖民遗产论、军事威胁论、精英冲突论，以及阶级规训论。

布鲁斯·康明斯（Bruce Cumings）认为，“二战”后韩国的发展型国家来源于日本的殖民统治。20 世纪前半期，日本在对朝鲜半岛实行殖民统治的过程中，将本国自明治维新以来形成的经济治理和官僚体制等制度安排传入了韩国。[③] 阿图尔·科利（Atul Kohli）也认同韩国发展型国家的构建源于早期政府官员受到日本殖民遗产的极大影响，包括拥有一个国家主导的、以生产和利润为目标的、国家与有产者之间的统治联盟，以及对工人阶级进行压制性的社会控制。这些要素构成了韩国在“二战”后迅速建立

---

① Peter Evans, *Embedded Autonomy: State and Industrial Transformation*, Princeton: Princeton University Press, 1995.

② Linda Weiss, "Governed Interdependence: Rethinking the Government-Business Relationship in East Asia", *Pacific Review*, Vol. 8, No. 4, 1995, pp. 589 – 616; Linda Weiss and John M. Hobson, *States and Economic Development: A Comparative Historical Analysis*, Cambridge: Polity Press, 1995.

③ Bruce Cumings, "The Origins and Development of the Northeast Asian Political Economy: Industrial Sectors, Product Cycles, and Political Consequences", *International Organization*, Vol. 38, No. 1, 1984, pp. 1 – 40.

现代民族国家的重要前提条件，也是韩国优于其他后发国家的重要起始条件。[①] 在其后来的研究中，科利将这一解释进一步拓展至巴西、印度和尼日利亚。他指出，受殖民遗产的深刻影响，这些国家在独立后形成了不同的国家权威，国家权威的差异是它们取得不同工业增长率的原因所在。[②]

殖民遗产的解释是理解韩国发展型国家形成的最具权威的解释之一，但它并非没有缺陷。一方面，20 世纪 50 年代李承晚掌权时期的韩国既不像之前的日本殖民政权，也不具有朴正熙时期的发展特征。因此，李承晚政权并非殖民遗产的延续，而是断裂。另一方面，这一解释无助于我们探究日本发展型国家的来源。如果韩国的发展意愿通过日本殖民统治传导而来，那么日本作为东亚首个发展型国家，它的发展意愿从何而来呢?[③] 考虑到日本是在西方持续不断的军事、政治、经济和文化威胁下开始明治维新的，朝鲜半岛的紧张局势也使韩国在 20 世纪 50—80 年代一直保持全面备战状态，理查德·斯塔布斯（Richard Stubbs）和朱天飚等学者指出，战争和持续的军事竞争是促使发展型国家形成的重要因素。当外部军事威胁加剧时，政府官员会形成强烈的发展意愿，倾向于通过快速的工业化来为国家安全提供根本性保障。[④]

---

① Atul Kohli, "Where Do High Growth Political Economies Come from? The Japanese Lineage of Korea's 'Developmental State'", *World Development*, Vol. 22, No. 9, 1994, pp. 1269 – 1293.

② Atul Kohli, *State-Directed Development: Political Power and Industrialization in the Global Periphery*, Cambridge: Cambridge University Press, 2004.

③ Stephan Haggard, David Kang and Chung-in Moon, "Japanese Colonialism and Korea Development: A Critique", *World Development*, Vol. 25, No. 6, 1997, pp. 861 – 881.

④ 参见 Richard Stubbs, "War and Economic Development: Export-Oriented Industrialization in East and Southeast Asia", *Comparative Politics*, Vol. 31, No. 3, 1999, pp. 337 – 355; Richard Stubbs, *Rethinking Asia's Economic Miracle: The Political Economy of War, Prosperity and Crisis*, Basingstoke: Palgrave Macmillan, 2005; Tianbiao Zhu, "Developmental States and Threat Perceptions in Northeast Asia", *Journal of Conflict, Security and Development*, Vol. 2, No. 1, 2002, pp. 6 – 29。

20 世纪 90 年代，美国历史社会学家理查德·拉克曼（Richard Lachmann）通过将国家理解为一个精英之间权力斗争和整合的场域，将精英冲突理论引入了国家建构与国家兴衰的分析之中。① 这一思路随后被戴维·瓦尔德纳（David Waldner）和武有祥（Tuong Vu）等学者运用到发展型国家的政治起源研究中。瓦尔德纳通过对土耳其、叙利亚和韩国的比较历史分析提出，落后国家的经济发展需要以国家从非直接统治向直接统治的转型为前提，而这种国家转型的发生时点将决定最终建构的国家类型。具体而言，精英冲突的强度决定了国家的转型是在政治联盟吸纳下层阶级的大众政治出现之前还是与其同时发生。当面临高强度的精英冲突时，统治集团需要建立广泛的跨阶级联盟，这使得吸纳平民与国家从非直接统治向直接统治转型大致同时发生，结果导向了早熟的凯恩斯主义国家（precocious Keynesian states）。而在低强度精英冲突的情况下，统治集团能够建立小范围的阶级联盟，吸纳平民则会发生在国家从非直接统治向直接统治转型之后，从而导向发展型国家。② 武有祥则主要关注东亚国家如韩国、印度尼西亚、越南的精英斗争如何影响它们各自构建发展型国家的成效。③

21 世纪初，一批政治社会学家将阶级带回发展型国家的理论

① 参见 Richard Lachmann, "Elite Conflict and State Formation in 16th – and 17th – Century England and France", *American Sociological Review*, Vol. 54, No. 2, 1989, pp. 141 – 162; Richard Lachmann, *Capitalists in Spite of Themselves: Elite Conflict and European Transitions in Early Modern Europe*, New York: Oxford University Press, 2000; Richard Lachmann, *State and Power*, Cambridge: Polity Press, 2010; Richard Lachmann, *First Class Passengers on a Sinking Ship: Elite Politics and the Decline of Great Powers*, London: Verso, 2020。

② David Waldner, *State Building and Late Development*, Ithaca: Cornell University Press, 1999.

③ Tuong Vu, "State Formation and the Origins of Developmental States in South Korea and Indonesia", *Studies in Comparative International Development*, Vol. 41, No. 4, 2007, pp. 27 – 56; Tuong Vu, *Paths to Development in Asia: South Korea, Vietnam, China, and Indonesia*, New York: Cambridge University Press, 2010.

探讨中，强调阶级政治对发展型国家的塑造作用。[①] 韦维克·齐博尔（Vivek Chibber）的研究显示，同样拥有强势资产阶级的韩国和印度构建发展型国家的努力之所以取得不同结果，与两国的工业发展战略密切相关。韩国实施的是出口导向型工业化战略。产业资本要想提高国际竞争力，就必须接受政府干预以提高技术水平和压低生产成本，这使发展型国家的构建成为可能。相反，印度实施的是进口替代型工业化战略，产业资本可基于在本国市场的垄断地位而轻松获益。因此，它们有能力拒绝接受国家对生产和经营的直接干预。同时，印度政府也未能借助工人阶级的动员能力冲破资产阶级的阻力，反而将劳工组织边缘化了，结果进一步削弱了国家相对于资产阶级的自主性。[②] 黛安·戴维斯（Diane E. Davis）认为，发展型国家的构建不仅需要规训（discipline）资产阶级，同时还要对工人阶级进行规训。这种双重规训能力的获得有赖于政府与农村中产阶级的结盟。通过将农村中产阶级所具有的高积累、低消费、高强度的劳动投入、奉献与牺牲精神等塑造为主流政治文化，国家便能对资产阶级和工人阶级同时展开严格规训，从而构建起真正意义上的发展型国家。[③]

三 后发追赶的策略及其选择

与发展型国家理论重要性相当的另一支解释东亚经济奇迹的文献聚焦于后发国家的对外经济政策，特别是它们如何处理同世界市场的关系。提倡后发国家采取进口替代工业化战略的思想最早可追溯至亚历山大·汉密尔顿（Alexander Hamilton）和弗里德里希·李

① 张跃然：《将阶级带回“发展型国家”——政治社会学、历史社会学与社会科学中的理论发展》，《社会学评论》2021 年第 6 期，第 175—195 页。

② Vivek Chibber, *Locked in Place*: *State-Building and Late Industrialization in India*, Princeton: Princeton University Press, 2003.

③ Diane E. Davis, *Discipline and Development*: *Middle Classes and Prosperity in East Asia and Latin America*, New York: Cambridge University Press, 2004.

斯特，他们的核心论点是通过贸易保护扶植国内幼稚产业发展。20世纪50年代，劳尔·普雷维什（Raul Prebisch）从后发国家融入世界经济能否获益的怀疑出发，进一步论证了进口替代工业化对落后国家经济发展的必要性。他指出，作为初级产品生产者的后发国家在参与世界市场的过程中，短期内会面临价格波动，长期来看则面临贸易下降。因此，应通过保护进行工业化。[①] 这种保护主义的政策主张随后受到“复兴的新古典主义”（neoclassical resurgence）的抨击。相关研究指出，短期市场波动对后发国家的破坏并没有想象的严重，外国直接投资将为后发国家带来净收益，现成的成熟技术也将为后发国家发展新的主导产业以及出口打下基础。总的来说，通过经济开放参与世界市场，后发国家专注于比较优势的生产就能获得收益。[②]

然而，这种“复兴的新古典主义”的政策处方被后来的许多学者证明是一种虚妄。张夏准（Ha-Joon Chang）回顾发达国家的经济发展史发现，许多先发国家在其发展的早期阶段并未采用自由贸易政策，而是或多或少地实施了保护主义政策以扶植国内幼稚产业发展。这意味着，先发国家如今向后发国家提供的所谓“好政策”和“好制度”，并非发展的起因，而是发展的结果。[③] 埃里克·赖纳特

---

① Raul Prebisch, *The Economic Development of Latin America and Its Principal Problems*, New York: United Nations, 1950.

② 参见 Raymond Vernon, “International Investment and International Trade in the Product Cycle”, *Quarterly Journal of Economics*, Vol. 80, No. 2, 1966, pp. 190 - 207; Harry G. Johnson, “Technological Change and Comparative Advantage: An Advanced Country's Viewpoint”, *Journal of World Trade*, Vol. 9, No. 1, 1975, pp. 1 - 14; Richard Cooper, “A New International Economic Order for Mutual Gain”, *Foreign Policy*, No. 26, 1977, pp. 66 - 120; Shelia Smith and John Toye, “Three Stories about Trade and Poor Economies”, *Journal of Development Studies*, Vol. 15, No. 3, 1979, pp. 1 - 18; Walt W. Rostow, *Why the Poor Get Richer and the Rich Slow Down*, Austin: University of Texas Press, 1980, pp. 259 - 301。

③ Ha-Joon Chang, *Kicking Away the Ladder: Development Strategy in Historical Perspective*, London: Anthem Press, 2002, pp. 2 - 3.

(Erik S. Reinert) 也指出，当前的全球化分工使先发国家专门从事具有人为比较优势的活动，而后发国家则专门从事具有天然比较优势的活动。那些具有天然比较优势的出口品生产迟早进入报酬递减的阶段，这将使后发国家陷入“专业化”的贫穷之中。因此，后发国家应当打破对基于比较优势的要素禀赋论的崇尚，走上一条基于竞争优势理论的后发赶超之路。[①] 迪特·森哈斯 (Dieter Senghaas) 重新审视欧洲国家多样复杂的发展道路后发现，凡是摆脱了边缘化的国家，大多经历过与世界市场刻意“脱钩”以奠定发展基础的阶段。事实上，当前成功实现后发赶超的欧洲国家，除瑞士和荷兰外，无一是在连续的自由贸易状态下赢得发展的。[②]

然而，这种新古典主义的思想传统仍被广泛用于解释东亚经济奇迹。例如，世界银行虽在 1993 年出版的《东亚奇迹》一书中对东亚经济体所取得的成就大加赞叹，但本质上并未接受东亚发展型国家模式。它坚持认为，东亚经济体的增长奇迹应归功于参照新古典主义实施的出口导向型工业化战略。[③] 对于报告中这种“市场原教旨主义”(market fundamentalism) 倾向，埃利斯·阿姆斯登 (Alice H. Amsden) 表达了强烈反对。她指出，报告中丰富的实证数据实际上并不能支持世界银行对国家干预无效的驳斥。[④] 事实上，无论进口替代还是出口导向，这些工业发展战略均以强有力的国家干预作为支撑。

---

① Erik S. Reinert, *How Rich Countries Got Rich and Why Poor Countries Stay Poor*, New York: Carroll & Graf, 2007.

② [德] 迪特·森哈斯:《欧洲发展的历史经验》，梅俊杰译，商务印书馆 2015 年版，第 15 页。

③ 参见 World Bank, *Building Institutions for Markets*, New York: Oxford University Press, 2002; World Bank, *Economic Growth in the 1990s: Learning from a Decade of Reform*, Washington, D. C.: World Bank, 2005。

④ Alice H. Amsden, “Why isn't the Whole World Experimenting with the East Asian Model to Develop? Review of The East Asian Miracle”, *World Development*, Vol. 22, No. 4, 1994, pp. 627 - 633.

斯蒂芬·哈格德（Stephan Haggard）基于东亚和拉美经济体的比较历史分析，进一步探讨了新古典主义的不足。他指出，东亚新兴经济体虽然为新古典主义经济学者的重要政策处方提供了辩护——作为充分利用自身比较优势的政策结果，这些经济体确实成功"起飞"了——但随之而来的问题是，如果出口导向型增长是一种更优越的发展战略，那么为什么拉丁美洲国家不采用这种发展战略。换言之，东亚新兴经济体也曾经历过进口替代工业化阶段，为什么它们能在20世纪六七十年代转向出口导向型增长，而墨西哥和巴西等拉美国家却被"锁定"在进口替代的发展轨道上。哈格德强调，向出口导向型增长的转型通常伴随着经济、法律和制度的改革，这些是新古典解释所忽略的。这意味着，一个更为全面的后发赶超的分析框架应该同时包含国际约束、社会利益集团（农村、劳工和资本家）、作为行动者和组织的国家，以及与经济意识形态相关的理念因素。[①]

关于各国决定发展战略的经济意识形态为何存在差异，高柏给出了一个可能的解释。他指出，日本的古典发展主义与中国的新发展主义在对待市场的态度、资本的获取方式、与国际市场的关系以及技术创新的途径等方面存在显著差异，这主要由两种模式形成的全球化时空条件所决定。日本的古典发展主义形成于20世纪30年代初（全球化第一次浪潮发生逆转）至60年代末（全球化第二次浪潮刚刚兴起），因此表现出约束市场力量、依靠内生的资本发展经济、构建本土品牌参与国际市场竞争，以及坚持自主创新的重要特征。中国的新发展主义则形成于20世纪70年代末的全球化第二次浪潮迅速发展时期，因此更为重视释放市场力量、融入全球价值链并承担相应分工，以及更多地依靠引进外资和技术实现经济发展。[②]

① Stephan Haggard, *Pathways from the Periphery*: *The Politics of Growth in the Newly Industrializing Countries*, Ithaca: Cornell University Press, 1990.

② ［美］高柏：《经济意识形态与日本产业政策——1931—1965年的发展主义》，安佳译，上海人民出版社2008年版，"序"。

更为近期的研究基于新兴工业化经济体的实践经验，尝试总结后发赶超的策略选择及其效果，并大致形成了以赶超阶段为探讨维度和以产业领域为探讨维度的两类研究成果。以赶超阶段为探讨维度的研究成果隐含着成功赶超的后发国家在进行策略选择时具有灵巧性（smart）这一内涵。陈玮和耿曙将后发赶超划分为追赶和领先两个阶段。其中，追赶阶段的重点在于技术模仿，领先阶段关键则在技术创新。他们指出，政府在追赶阶段具有信息优势和规模优势，因此可以通过政府介入激励技术模仿，推动经济高速增长。但进入领先阶段后，信息劣势和风险劣势将共同造成政府干预的失效。因此，发展策略应从选择性产业政策转向普惠性创新政策。从这个意义上说，发展型国家的兴衰，或者说发展策略的成效取决于政府介入的方式与发展阶段是否匹配。[①] 同样，黄先海和宋学印将世界各国（地区）按技术维度划分为远离前沿、准前沿和前沿经济体三类，并指出，当经济体远离前沿时，基于技术差距的追赶导向型技术发展策略有助于推动技术快速进步。而当其发展为国际准前沿经济体时，应当尤其重视技术进步的路径及动力转换，转向可规避“技术追赶陷阱”的竞争导向型技术发展策略，从而加快向国际前沿收敛。[②]

以产业领域为探讨维度的研究成果则隐含着成功赶超的后发国家在进行策略选择时颇具智慧（wise）这一内涵。韩国学者李根（Keun Lee）认为，后发国家无法通过直接效仿先发国家迎头赶上。要实现技术赶超，必须走一条与先发国家完全不同的道路，即率先进入技术周期时间较短的产业领域，在该领域积累起一定的实力后再进入技术周期时间较长的产业领域。这是因为，在短技术周期时间的产业领域，先发国家所掌握的知识和技术将很快被淘汰，这使

① 陈玮、耿曙：《发展型国家的兴与衰：国家能力、产业政策与发展阶段》，《经济社会体制比较》2017年第2期，第1—13页；陈玮、耿曙：《政府介入与发展阶段：发展策略的新制度分析》，《政治学研究》2017年第6期，第103—114页。

② 黄先海、宋学印：《准前沿经济体的技术进步路径及动力转换——从“追赶导向”到“竞争导向”》，《中国社会科学》2017年第6期，第60—79页。

其所具有的垄断力量被迅速削弱，从而降低后发国家进入该领域的壁垒。并且，技术周期时间短意味着该领域中新技术会不断涌现，这将为后发国家带来许多赶超的“机会窗口”。李根强调，要实现技术赶超，后发国家不仅需要在成熟产业与先发国家竞争，更重要的是要率先跨越到对先发国家和后发国家来说都是新兴的产业。① 与此政策建议有异曲同工之妙的是毛捷、唐世平等四位学者共同进行的一项研究。根据某一产业所使用的核心技术在国内和国际的发展状况，他们将产业划分为国内成熟产业、国内赶超产业和国际新兴产业三大类。由于国内成熟产业所使用的技术已趋于成熟，企业进行技术创新的动力不足，产业政策所提供的资金支持或税收优惠往往会被企业用于扩大产能而非技术革新。国内赶超产业所使用的核心技术掌握在国外企业手中，它们在关键技术环节人为设置的技术壁垒也将限制产业政策的成效。只有在国际新兴产业，产业政策能明显地促进企业的技术进步。四位学者指出，从这一研究可以得到的启示是，当前中国需要的是具有智慧的产业政策。②

四　既有研究的缺憾与不足

既有研究尽管重点突出且具有启发性，但综合来看，仍存在进一步探讨的空间。

第一，后发国家的技术追赶是一个长时段过程，涉及多个时间上前后衔接的阶段和环节，但既有研究却多为静态分析。无论是已取得丰硕成果的发展型国家理论，还是近来的一系列后发追赶的策略选择研究，均侧重于探究某一时间截面上的国家特征及行为选

---

① Keun Lee, *Schumpeterian Analysis of Economic Catch-up: Knowledge, Path-Creation, and the Middle-Income Trap*, New York: Cambridge University Press, 2013, pp. 115 – 117.

② Jie Mao, Shiping Tang, Zhiguo Xiao and Qiang Zhi, “Industrial Policy Intensity, Technological Change, and Productivity Growth: Evidence from China”, *Research Policy*, Vol. 50, No. 7, 2021, pp. 1 – 17.

择，在分析中往往抽掉了时间因素和具体变动过程，因而无法将后发技术追赶中的许多动态因素和环节呈现出来。由此，既有研究得出的解释往往是一种“导火索”式的片段解释，而难以呈现更深层次的因果解释。特别是，20世纪90年代以来，以解释均衡的内生演化为目标的演化经济学理论开始应用于技术创新研究领域，但这种研究思路却未被后来的学者用于政治经济学领域的后发技术追赶的分析之中。

第二，在对部分国家的成功经验进行归纳的基础上，既有研究提出，后发国家应根据发展阶段的不同而采取不同的追赶政策。特别是，随着与先发国家的技术差距逐渐缩小，政策重点应从基于比较优势的要素禀赋论转向基于竞争优势的创新发展论。这一结论目前已成为指导后发国家政策制定的重要参考。然而，只关注成功经验的求同案例研究容易夸大特定共性因素的作用，也无助于为当前仍处于相对落后地位的国家的技术追赶提供具体可操作的政策指导。因此，我们应当进一步追问，为何有的国家能够及时且成功地调整追赶政策，有的国家却未能做到？导致后发国家采取不同技术追赶模式的原因究竟是什么？为此，样本选择应当尽可能地使被解释变量发生变化，在同时考察成功经验和失败经验的基础上揭示导致后发国家在赶超的机会窗口到来时转向不同技术追赶模式的因果机制。

第三，对于技术发展水平相对落后的国家而言，在借鉴先发国家成功经验的基础上，制定产业政策以明确和引导产业发展方向，确实能对技术水平的提升起到促进作用。这或许是既有研究多聚焦于后发国家产业政策的主要原因。然而，不论是从技术创新的高度不确定性和不可预测性，还是从创新活动的网络性特征的角度看，产业政策都并非万能。后发技术追赶有赖于以知识、能力建设和创新为核心的更广泛的政策组合，其本质是对后发国家培育技术能力的强调，但既有研究却对后发国家技术能力的培育过程关注甚少。

由此可见，为了对后发国家不同的技术追赶模式做出解释，我们需要搭建一个能够刻画较长时段技术追赶过程的分析框架，探寻在赶超的机会窗口到来前稍远的时间范围内的深层原因，并关注后发国家培育自身技术能力的具体过程。

第三节　研究方法与章节安排

一　研究方法

研究的客体与目标决定了研究的实施手段和具体方法。没有任何一种方法能够普遍适用于社会科学中的所有研究问题。因此，研究者应当秉持“方法论机会主义”（methodological opportunism），根据研究问题挑选最合适的研究方法。① 社会科学现有的实证研究方法可分为五大类：（1）调查、访谈、民族志等；（2）实验；（3）形式模型（如博弈论）；（4）基于大样本和中等样本的回归分析或定性比较分析；（5）深度过程追踪的小样本案例研究或分析性的历史叙述。② 本书旨在探究后发国家在面对第五次技术创新浪潮所带来的机会窗口时为何会采取不同的技术追赶策略，实质上是对唐世平教授提出的三类客体中的“行动”进行追因。行动是有意识的行为，是由行动者的内在动力和外部环境的互动驱动而成的。五类研究方法在解释行动时各有其效用和局限：调查、访谈和民族志主要用于收集数据，仅凭它们无法对行动的原因进行解释；实验虽然能够有效度量行动背后的驱动因素，但由于社会系统无法像自然科学实验那样实现“实验封闭”，因而实际价值有限；形式模型对于推断行动的直接原因较为有效，但在探索更深层的原因方面用处非常有限；基于大样本和中等样本的回归分析或定性比较分析有助于识

① Atul Kohli, Peter Evans, Peter J. Katzenstein, Adam Przeworski, Susanne Hoeber Rudolph, James C. Scott and Theda Skocpol, "The Role of Theory in Comparative Politics: A Symposium", *World Politics*, Vol. 48, No. 1, 2011, p. 16.

② Andrew Abbott, "The Idea of Outcome in U. S. Sociology", in George Steinmetz, ed., *The Politics of Method in the Human Sciences: Positivism and Its Epistemological Others*, Durham: Duke University Press, 2005, pp. 393 – 426.

别影响行动的因素之间的潜在互动关系，而定性比较分析相较于传统的回归分析能更有效地揭示因果机制；小样本的案例研究虽然弱于识别诸多因果关系，但它的优势在于捕捉因素的互动和揭示或确认机制的实际运作，因此与前一种方法相比，它在构建行动的特定因果解释方面十分强大。①

基于上述方法论的考虑，本书采用比较历史分析（Comparative Historical Analysis）加案例内的过程追踪法（process tracing）为后发国家技术追赶的策略选择提供因果解释。完整的因果解释由因果效应（causal effect）和因果机制（causal mechanism）两部分组成。其中，因果效应是指自变量与因变量之间的逻辑关系，因果机制则是自变量驱动或阻止因变量发生变化的真实过程。②

比较历史分析是一种通过对历史案例的深入分析和比较以获取超越特定事件的一般性解释的研究方法，注重对大规模的、具有实质重要性的问题进行有历史基础的解释。从这个意义上说，比较历史分析有助于我们探寻导致后发国家转向不同技术追赶模式的原因，即识别因果效应。相较于对独立个案的研究，建立在比较设计基础之上的案例研究能够提供更为坚实的假设检验基础。③ 按照查

---

① 唐世平：《观念、行动和结果：社会科学的客体和任务》，《世界经济与政治》2018 年第 5 期，第 33—59 页。

② 参见 Mario Bunge, "Mechanism and Explanation", *Philosophy of the Social Science*, Vol. 27, No. 4, 1997, pp. 410 – 465; Mario Bunge, "How Does It Work? The Search for Explanatory Mechanism", *Philosophy of the Social Science*, Vol. 34, No. 2, 2004, pp. 182 – 210; Alexander George and Andrew Bennett, *Case Studies and Theory Development in the Social Sciences*, Cambridge: MIT Press, 2005, p. 137; John Gerring, *Case Study Research: Principles and Practices*, New York: Cambridge University Press, 2007, p. 38; Tulia G. Falleti and Julia F. Lynch, "Context and Casual Mechanisms in Political Analysis", *Comparative Political Studies*, Vol. 42, No. 9, 2009, pp. 1143 – 1166。

③ Arend Lijphart, "Comparative Politics and the Comparative Method", *American Political Science Review*, Vol. 65, No. 3, 1971, pp. 682 – 693; Arend Lijphart, "The Comparative-Cases Strategy in Comparative Research", *Comparative Political Studies*, Vol. 8, No. 2, 1975, pp. 158 – 177.

尔斯·蒂利（Charles Tilly）的表述，比较历史分析注重“大结构、长过程、宽比较”。[①] 具体而言，比较历史分析具有三个重要特征：其一，注重探寻宏观问题背后的因果关系，但通常仅追求对手头案例做出解释，一般不宣称结论具有普遍适用性；第二，在分析具体案例时通常会整合案例间比较和案例内分析；第三，重视时间因素，坚信时间过程对于有效理解现实世界的政治和经济结果具有不可替代的重要意义。[②] 这些特征与本书预设的研究目标高度契合。

过程追踪是识别因果机制的重要方法，其关注重点不在于原因之结果，而是导致结果的原因。过程追踪试图通过具体的、历时性的个案研究打开因果关系“黑匣子”，考察原因与结果经由何种因果机制连接起来，从而形成完整的因果链。[③] 它强调按时间次序展开叙述，探析从原因到结果依次经历的中间步骤，从而展现事件发生的过程如何一步步展开，最终导致结果的出现。以多米诺骨牌为例，过程追踪要求清晰呈现第一张多米诺骨牌的推倒是如何经由后续多米诺骨牌的次序性传递导致最后一张多米诺骨牌倒下的。[④] 然而，基于单一案例的分析性叙述无法检验因果解释的外部有效性。因此，过程追踪通常与其他研究方法如定性比较分析（QCA）、统

---

① Charles Tilly, *Big Structures*, *Large Processes*, *Huge Comparisons*, New York: Russell Sage Foundation, 1984.

② 费海汀：《政治科学中的历史方法：以比较历史分析为例》，《北大政治学评论》第6辑，第227页；黄杰：《当政治遇上历史：比较历史分析方法（CHA）介绍》，《政治学研究》2020年第1期，第115—119页。同时参见 James Mahoney and Dietrich Rueschemeyer, *Comparative Historical Analysis in the Social Sciences*, New York: Cambridge University Press, 2003; James Mahoney and Kathleen Thelen, *Advances in Comparative-Historical Analysis*, New York: Cambridge University Press, 2015。

③ 曲博：《因果机制与过程追踪法》，《世界经济与政治》2010年第4期，第97—108页。

④ Andrew Bennett and Jeffrey Checkel, “Process Tracing: From Philosophical Roots to Best Practices”, in Andrew Bennett and Jeffrey Checkel, eds., *Process Tracing: From Metaphor to Analytic Tool*, New York: Cambridge University Press, 2015, p. 6.

计分析等结合起来形成混合方法研究设计。[①] 本书将在具体的案例叙述中使用过程追踪法，以辅助比较历史分析完成对因果机制的发掘与检验任务。事实上，过程追踪与比较历史分析均高度重视“历时性变动”和“处境条件”，因此，它们的结合运用可谓是相得益彰。[②]

二　章节安排

本书共包含六个部分。除绪论和结论外，主体部分将分四章展开。具体的结构安排及各章的主要内容如下。

第一章是本书的理论准备部分，旨在对技术发展的本质特征进行全面梳理。第一节介绍了技术演进的报酬递增特性及其如何应用于分析国际技术竞争。第二节介绍了技术与其他社会经济因素协同演化而形成的技术—经济范式，并据此提出技术革新推动经济发展的内在逻辑。第三节介绍了技术创新所具有的分配效应，并分析了各国在何种情况下更有可能克服阻力开展技术创新。第四节介绍了技术生命周期的阶段构成和不同技术生命周期的时间长度比较，并论述了其对致力于提升国际竞争力的各国尤其是有志于技术赶超的后发国家的政策启示。技术系统相对于其他经济系统所具有的这些独特发展特征，使得后发技术追赶相对于一般性的经济追赶更为聚焦也更加特殊。这一章为后续探讨后发国家技术追赶的模式选择提供了理论准备。

第二章是本书的核心变量与分析框架部分。以保罗·皮尔逊关于长期过程的研究思路为基础，该章建立了一个能对较长时段的后

① James Mahoney, “Process Tracing and Historical Explanation”, *Security Studies*, Vol. 24, No. 2, 2015, pp. 200－218；［丹］德里克·比奇、拉斯穆斯·布伦·佩德森：《过程追踪法：基本原理与指导方针》，汪卫华译，格致出版社、上海人民出版社2020年版。

② 汪卫华：《拆解过程追踪》，《国际政治科学》2022年第2期，第172—173页。

发追赶过程做出细致刻画的分析框架，并依照丹·斯雷特等学者提出的“前期条件→关键节点→结果差异”的递进顺序展开对因果过程的详细阐述。第一节阐述了由精英间关系塑造的后发国家的时间视野，以及精英与劳工关系对形成关于国家发展的一致目标的影响。在精英间关系和精英与劳工关系的共同作用下，后发国家可能呈现两种不同的类型。第二节在对技术能力做出概念界定和层次分解的基础上，讨论了两种类型的国家所具有的发展特征如何决定了它们所能培育的技术能力的层次上限。此外，这一节还讨论了应如何刻画各国培育技术能力的具体过程。第三节探讨了两种技术追赶模式对技术能力的层次要求，以及后发国家面对赶超的机会窗口时可能做出的模式选择。第四节是对案例选择的说明及研究案例的简介。

第三章聚焦走上跟随式技术发展道路的巴西，从巴西国内政治社会结构出发，探讨精英分裂和精英与劳工对抗如何导致巴西只能培育起较低层次的技术能力，进而阻碍其转向跨越式的技术追赶模式。第一节概述了巴西自第一共和国至“二战”结束的工业发展情况。从比较的视角看，巴西和韩国大致处于同一起跑线。第二节是对“二战”后巴西国内政治社会结构及其发展特征的分析。这一节有助于我们理解巴西为何走上不同于韩国的后发追赶道路。第三节将从人力资本培育、技术引进方式和国家创新体系建设三个方面详细刻画巴西技术能力的培育过程，并指出，各层次教育的失衡发展、技术引进的过程中重国产化而轻内生化的短视行为，以及缺少内部动力和外部稳定性的国家创新体系，使巴西提升技术能力的努力大多失败了。第四节论述了较低层次的技术能力如何使巴西在面对赶超的机会窗口时只能采取跟随式的技术发展道路。第五节是对巴西案例的总结。

第四章聚焦转向跨越式技术发展道路的韩国，分析了韩国的精英间关系和精英与劳工关系如何塑造其发展取向，进而对其技术能力的培育过程产生影响。第一节概述了朝鲜日据时期的工业发展情况，这构成战后韩国发展的初始条件。由于李承晚政权与朴正熙政权截然不同的政治经济特征，第二节和第三节分别探讨了两个历史时期韩国的国内政治社会结构以及由此塑造的发展特征。第四节从人力资本培育、技术引进方式和国家创新体系三个方面详细刻画了韩国技术能力的培育过程。以较高层次的技术能力为基础，韩国转向了跨越式的技术追赶道路。这是第五节的主要内容。第六节则是对韩国案例的总结。

最后是结论部分。第一节对本书的理论发现和案例研究进行了总结，第二节简述了本书的理论贡献和政策启示，第三节针对论述的未尽之处和可能引发争议的内容进行了必要的补充说明，并在指出本书之局限所在的基础上探讨了后续可做进一步研究的议题和方向。

第一章

理论准备:技术发展的本质特征

生产要素（factors of production）是指维系国民经济运行及市场主体生产经营所需的基本因素，包括劳动、土地、资本、技术、信息等。其中，技术在诸生产要素中起着第一位的作用。它不仅直接体现为生产力，而且还作用于其他要素，通过乘数效应极大激发其他要素的生产效率，如提高劳动者的素质，促进生产工具和生产工艺的进步，扩大劳动对象的来源和种类等，从而成为推动社会生产力的重要力量。本章旨在对技术发展的本质特征进行全面梳理，从而为后续章节探讨后发国家技术追赶的模式选择提供理论准备。第一节介绍了技术演进的报酬递增特性及其如何应用于分析国际技术竞争。第二节介绍了技术与其他社会经济因素协同演化而形成的技术—经济范式，并据此提出技术革新推动经济发展的内在逻辑。第三节介绍了技术创新所具有的分配效应，并分析了各国在何种情况下更有可能克服阻力开展技术创新。第四节介绍了技术生命周期的阶段构成和不同技术生命周期的时间长度比较，并论述了其对致力于提升国际竞争力的各国尤其是有志于技术赶超的后发国家的政策启示。技术系统相对于其他经济系统所具有的这些独特发展特征，使得后发技术追赶相对于一般性的经济追赶更为聚焦也更加特殊。

第一节 技术演进的报酬递增特性

圣经《新约·马太福音》中有一则寓言:“凡有的,还要加倍给他,叫他多余;没有的,连他所有,也要夺过来。”这种强者愈强、弱者愈弱的现象因而被称为“马太效应”。经济学家发现,这种类似于物理学中惯性的现象在现实生活中广泛存在,由此引起了经济学和物理学之间的类比。随着研究的深入,新古典学派奠基人阿尔弗雷德·马歇尔(Alfred Marshall)发现,物理类比仅适用于经济学的初级阶段,如果将这种静态的方法用于分析动态问题,其结论就难以令人信服了。因此,马歇尔提出,在经济学的后期阶段,好的类比应当来自生物学。“经济学家的目标应当针对经济生物学,而不是经济力学。”[①] 在《经济学原理》中,处处可发现马歇尔的生物学类比,如将经济学中的竞争和激励问题类比为生物学中的适者生存,将父母对后辈的影响类比为遗传规律,将制度需要适应人的变化类比为自然不能飞跃,将企业与产业发展类比为树与森林的成长,等等。[②]

马歇尔的经济生物学思想后来促成了演化经济学这一新的研究分支的诞生。演化经济学以动态的、演化的方法看待经济发展过程,强调时间、历史等在经济演化中的地位,以及重视经济变迁过程中偶然性和不确定性因素的影响。[③] 演化经济学为研究技

① [英]马歇尔:《经济学原理》,章洞易译,北京联合出版公司2015年版,“序言”。

② 张日波:《马歇尔论经济生物学》,《经济学动态》2011年第10期,第157页。

③ 参见 Sidney G. Winter and Richard R. Nelson, *An Evolutionary Theory of Economic Change*, Cambridge: Belknap Press, 1982; Geoffrey M. Hodgson, *Evolution and Institutions: On Evolutionary Economics and the Evolution of Economics*, London: Edward Elgar, 1999。

术变迁提供了新的方法。此前，坚持边际主义的新古典经济学致力于构建给定技术条件和完全理性假设下的均衡模型，之后的新古典增长理论虽然承认技术变迁的决定性作用，但仍将其视为外生变量。接受了演化思想的经济学家则致力于打开技术变迁的“黑箱”。例如，斯坦福大学经济系教授保罗·戴维（Paul A. David）在对打字机技术发展史进行研究后发现，QWERTY 键盘之所以能在技术变迁中保存下来，并成为世界范围内采用最为广泛的键盘模式，并非因其效率更高，而仅仅是因为出现得更早。事实上，在其后出现的德沃夏克简化键盘（Dvorak Simplified Keyboard，简称 DSK）布局更为合理，通过减少打字时的手指运动能够极大地提高打字速度和减少疲劳。但在技术的相互关联、规模经济和投资的不可逆转三种机制的共同作用下，消费者形成了路径依赖，使得更早出现但明显低效的 QWERTY 键盘成了键盘行业的标准模式。①

路径依赖（path dependence）是指经济系统一旦进入某种路径就很难退出或逆转，而将在不断自我强化的过程中逐渐形成锁定（lock-in）。在戴维的研究基础上，复杂经济学创始人布莱恩·阿瑟（W. Brian Arthur）对路径依赖现象的形成机理做了更为细致的探究，从而发现了报酬递增规律（increasing returns）在技术变迁中的重要作用。阿瑟指出，由于报酬递增规律的存在，某一具有初始优势的技术系统将很容易使自身优势地位长期保持，从而形成技术锁定，并将其他技术淘汰出局。② 在他看来，报酬递增的实现有赖于四种发生机制：（1）大规模启动或固定成本，它使改变既定技术路径的代价变得很高，从而为技术沿着既定方向持续变迁提供保证；（2）协调效应，它强调技术知识的外溢性和技术系统的网络外部性

① Paul A. David, “Clio and the Economics of Qwerty”, *The American Economic Review*, Vol. 75, No. 2, 1985, pp. 332 – 337.

② W. Brian Arthur, “Competing Technologies, Increasing Returns, and Lock-In by Historical Events”, *The Economic Journal*, Vol. 99, No. 394, 1989, pp. 116 – 128.

特征，即新技术及其所属产业在与其他关联技术和产业互动的过程中会创造出机会利基，从而带动产业结构乃至经济组织方式的协同变化；(3) 学习效应，它与技术的组合进化特征相关，强调技术变迁是一个累积性的过程，有关技术系统演进的知识需要通过“干中学”，从旧有技术的实践经验中获得；(4) 适应性预期，它描述了技术发展路径一经生成，人们认为该路径将因大量采用而得到持久延续和不断强化，因而按照这种认知行动，促使这种认知最终成为一种“自我实现的预言”。①

阿瑟及其报酬递增思想成为学者理解技术变迁不可忽视的重要概念。然而，从演化经济学的路径研究技术变迁的学者不约而同地避开了对某一技术系统最初是如何获得优势的探讨，而是假定初始优势来源于偶然事件。阿瑟指出，“……这是一种简化理论的需要”。② 然而，当我们将报酬递增用于分析国家间的技术竞争时，这种粗糙的假定就会带来问题——一国在无意识的状态下经由偶然因素的作用而获得了初始技术优势，从而在报酬递增的作用下逐渐成长为技术领先国——这显然与国际关系的现实情况不相符合。在以自助为特征的国际体系中，生存和发展的压力将迫使各国明确界定其要达到的目标。③ 争夺新兴技术领域的初始优势，并使其在报酬递增机制的作用下转化为长期技术主导权，是各国开展技术竞争的根源所在。

正是由于政治系统与经济系统的这种差异，报酬递增的第一个

① W. Brian Arthur, “Self-reinforcing Mechanisms in Economics”, in Philip W. Anderson, Kenneth J. Arrow and David Pines, eds., *The Economy as an Evolving Complex System*, Boulder, CO: Westview Press, 1988, pp. 9 – 10; W. Brian Arthur, *Increasing Returns and Path Dependence in the Economy*, Ann Arbor: The University of Michigan University, 1994, p. 112.

② ［美］布莱恩·阿瑟：《技术的本质：技术是什么，它是如何进化的》，曹东溟、王健译，浙江人民出版社 2014 年版，第 112 页。

③ ［美］肯尼思·华尔兹：《国际政治理论》，信强译，上海人民出版社 2003 年版，第 145 页。

和第四个发生机制在国际技术竞争中可能并不适用。[①] 基于对安全和政治价值的重视，处在技术竞争中的各国往往对技术创新的大规模启动或固定成本保持很高的容忍度。[②] 虽然国家有时会因技术进步打乱现有经济体系而在短期内付出大量成本，但是这种初始阶段的投入从长期来看将为更高层次的技术发展和经济增长奠定基础。[③] 适应性预期这一发生机制则因技术领域的知识多为客观知识而难以发挥作用。作为建立在物理现象之上的目的性系统，新技术必须能有效解决物理世界中的问题，否则就无法使技术领先国在国际竞争中保持长期优势。[④]

下面以航空技术为例对技术演进的报酬递增特性及其在分析国际技术竞争中的作用做一个说明。航空产业是现代科学技术以大型系统工程形式的高度集成，集中反映了一国的国防实力和工业水平，被誉为“现代工业的皇冠”。其中，大飞机研制是航空技术的核心。从学习效应的角度看，大飞机产业中机型及应用技术的更新换代往往依赖在“干中学”中逐渐积累的先前发展经验。有学者认为，航空技术在20世纪90年代末已进入一种路径依赖式的锁定状态，技术创新主要是基于现有技术的增量变化，使民用航空市场格局也“凝固”在了“双头垄断”结构。[⑤] 从协调效应的角度看，大飞机产业具有产业链长、辐射面广和联动效应强的特征，可以带动

① 田野：《大国竞争的根源：基于报酬递增机制的分析》，《中国社会科学》2022年第9期，第90页。

② 黄琪轩：《世界技术变迁的国际政治经济学——大国权力竞争如何引发了技术革命》，《世界政治研究》2018年第1辑，第95—96页。

③ Helen V. Milner and Sondre Ulvund Solstad, “Technological Change and the International System”, *World Politics*, Vol. 73, No. 3, 2021, p. 582.

④ 田野：《大国竞争的根源：基于报酬递增机制的分析》，《中国社会科学》2022年第9期，第92页。

⑤ Eldad Ben-Yosef, “The Evolution of the US Airline Industry: Technology, Entry, and Market Structure-Three Revolutions”, *Journal of Air Law and Commerce*, Vol. 72, No. 2, 2007, pp. 305 -312.

多个相关产业部门协同发展。机型的更新换代将对位于上游的航空发动机等产业提出新的要求，其发展将提升国家高端工业领域中的综合技术实力。此外，在必要时，大型民用客机还可快速改装为军用特种飞机，扩充国家军备力量。

学习效应和协调效应的存在，使得美欧均意识到，一旦在这一极具战略价值的技术领域竞争失利，这种相对劣势很可能在报酬递增的作用下在未来转变为难以超越的绝对劣势，从而被锁定在赢家设定的发展轨道上。欧盟一直将大飞机产业视作财富创造者、创新驱动者和全球竞争力的维护者，[①] 大型民用客机的研发和制造技术也被欧盟列为重点发展的五大核心技术之一。[②] 美国同样提出“政府要为大型民用飞机产业提供大规模、系统性的支持以确保美国在航空技术领域的绝对优势地位”，[③] 因为这将“确保美国在信息通信、人造卫星、载人航天等其他领域也同样占据领先地位”。[④]在此过程中，波音和空客为争夺更大的市场份额而不断改进和研发适用不同使用场景的新机型。因为，若先于对方发展出更受市场青睐的机型，就很有可能抢占原本属于对方的市场份额进而改变市场格局。

为将竞争限制在可控范围内，美欧曾于 1992 年达成合作意向，共同签署《欧洲—美国大型客机贸易协定》。[⑤] 然而，进入 21 世纪，

---

① FWC Sector Competitiveness Studies, *Competitiveness of the EU Aerospace Industry with Focus on Aeronautics Industry*: *Final Report*, December 15, 2009, Brussels: European Commission, p. 20.

② “An Aviation Strategy for Europe”, July 12, 2015, COM (2015) 598 final, Brussels: European Commission, p. 12.

③ *Global Competitiveness of U. S. Advanced-Technology Manufacturing Industries*: *Large Civil Aircraft*, August 1993, No. 2667, Washington, D. C.: U. S. International Trade Commission, Chapter 5, p. 2.

④ Al Gore, *Final Report to President Clinton*, February 12, 1997, White House Commission on Aviation Safety and Security, https://fas.org/irp/threat/212fin~1.html.

⑤ D. A. Irwin and N. Pavcnik, “Airbus versus Boeing Revisited: International Competition in the Aircraft Market”, *Journal of International Economics*, Vol. 64, 2004, pp. 235 – 243.

眼见空客的全球市场占有率直逼波音，以及 A380 项目顺利推进，感受到威胁的美国于 2004 年单方面终止了这一协定，并以欧盟违约向空客提供大量非法补贴为由向 WTO 提起诉讼。欧盟也随即起诉美国涉嫌为波音公司提供违规的税收倾斜政策。2019 年 10 月，美国依据 WTO 授权正式对欧盟大型民用飞机加征关税，并于 2020 年 2 月将关税税率进一步上调，欧盟也于同年 9 月获得对美国商品征收关税的授权。直至 2021 年 6 月，双方才就持续 17 年的航空补贴争端达成五年关税休战协议。[①] 然而，考虑到航空技术领域突出的报酬递增特性，我们有充分的理由认为，美欧之间的航空技术竞争并不会因为这份休战协议而停止。

第二节　技术—经济范式的形成

报酬递增规律的存在，使得新的技术系统在诞生后将逐渐演化出一条融合多主体、多要素的技术发展轨道，并产生与之紧密相连的组织或制度。基于此，理查德·纳尔逊（Richard R. Nelson）和西德尼·温特（Sidney G. Winter）提出了“自然轨道”（natural trajectory）的概念，用来描述技术演进受到先前“基因”遗传的规定而沿着特定方向发展的趋势。[②] 乔万尼·多西（Giovanni Dosi）则借用托马斯·库恩（Thomas S. Kuhn）“科学范式”的概念对技术轨道的思想进行了完善。根据多西的界定，技术轨道（technological trajectory）是由技术范式（technological paradigm）所限定的技术进步的轨迹，其形成由技术范式本身决定。技术范式是指解决经过选择的特定技术问题的模型（model）和模式（pattern）。技术轨道在技术范式所规定的变化范围内，逐渐形成特

① 李巍、张梦琨：《空客崛起的政治基础——技术整合、市场拓展与战略性企业的成长》，《世界经济与政治》2021 年第 11 期，第 4—37 页。

② Richard R. Nelson and Sidney G. Winter, *An Evolutionary Theory of Economic Change*, Massachusetts: Harvard University Press, 1982.

定的演化轨迹和前进方向。[①] 在多西看来，新旧技术轨道的更迭，意味着新旧技术范式的转换。当新的技术范式逐步形成并确立，旧有技术范式的作用将被不断削弱直至消亡。

与多西等学者认为技术系统的向前发展是一种自主趋势（内在动力）不同，技术的社会建构论（social construction of technology，SCOT）强调，技术的形成与各类社会因素密切相关。[②] 特雷弗·平奇（Trevor J. Pinch）和韦博·比克（Wiebe E. Bijker）通过研究各种技术史料发现，提高落后技术的生产效率只是新技术出现的诱因，主要起决定作用的其实是与之相关的各种社会因素。这意味着，很难通过一种纯粹理性的科学研发方式实现技术创新，因为群体的选择、利益的冲突等社会不确定因素本质上决定着技术的最终发展方向。[③] 技术活动将技术的、社会的、经济的、政治的各种因素编织进了一张“无缝之网”（seamless web），人们虽然可以从中辨别技术因素和非技术因素，如机器和操作者，但这只是一种抽象分析的结果，现实中各种因素是相互交织、难以明确区分的。SCOT 虽然弥补了将技术系统视为自主所带来的技术决定论的不足，但却在强调社会因素的决定作用方面走得有些远，忽视了技术发展的社会后果，以至于在打开技术的黑箱时却丢掉了技术本来的内容。[④]

---

① Giovanni Dosi，“Technological Paradigms and Technological Trajectories：A Suggested Interpretation of the Determinants and Directions of Technical Change”，*Research Policy*，Vol. 11，No. 3，1982，pp. 147 – 162.

② 郑晓松：《社会形塑技术的三种路径》，《哲学分析》2017 年第 5 期，第 150—153 页。

③ Trevor J. Pinch and Wiebe E. Bijker，“The Social Construction of Facts and Artifacts：Or How the Sociology of Science and the Sociology of Technology Might Benefit Each Other”，in Wiebe E. Bijker，Thomas P. Hughes and Trevor Pinch，eds.，*The Social Construction of Technological Systems：New Directions in the Sociology and History of Technology*，Massachusetts：The MIT Press，1993，pp. 17 – 50.

④ Langdon Winner，“Upon Opening the Black Box and Finding It Empty：Social Constructivism and the Philosophy of Technology”，*Science*，*Technology*，*and Human Values*，Vol. 18，No. 3，1993，pp. 362 – 378.

与技术的社会建构论相比，美国技术史学家托马斯·休斯（Thomas P. Hughes）更加强调技术系统内各要素之间的相互作用和相互影响，从而弱化了技术的社会决定论的色彩。在休斯看来，技术是由物理性质的人造物（physical artifacts）、组织和机构，以及立法性质的人造物（legislative artifacts）组成的复杂系统。其中，物理性质的人造物是指传统意义上的技术载体，如涡轮机、变压器等，组织和机构包括企业、研究所、银行等开发或支持技术开发的主体，立法性质的人造物则指规章制度和法律法规等内容。① 休斯指出，作为一种推动技术系统向前发展的惯性驱动力量，“技术动量”（momentum）实际上描述的是系统内的任一要素发生变化带动其他要素协同变化的现象，它并非技术系统的内在本质，而是在要素互动中产生的。②

对技术系统与外部环境之间的互动关系做出最具影响力的阐述的当数英国演化经济学家卡萝塔·佩蕾丝（Carlota Perez）。她认为，技术既建立在社会制度的基础之上，是人类活动发展到一定时期的产物，又可作为一种突变性的力量，革命式地塑造人类社会的新形态。具体来说，技术革命不应被单纯地理解为硬件层面新的产品、技术产业和基础设施的革新，技术创新集群的影响力会远远超出其源起的产业部门，形成一套新的相互关联的技术和组织法则，扩散到更广泛的领域，从而引发深刻的社会变革。而后，强烈的社会、政治和意识形态的冲突和妥协又塑造并驾驭了新技术所带来的发展潜力。由此，佩蕾丝用“技术—经济范式”

---

① Wiebe E. Bijker, Thomas P. Hughes and Trevor Pinch, eds., *The Social Construction of Technological Systems: New Directions in the Sociology and History of Technology*, Massachusetts: The MIT Press, 1993, pp. 17 – 50.

② Thomas P. Hughes, “The Evolution of Large Technological Systems”, in Wiebe E. Bijker, Thomas P. Hughes and Trevor Pinch, eds., *The Social Construction of Technological Systems: New Directions in the Sociology and History of Technology*, Massachusetts: The MIT Press, 1993, pp. 51 – 82.

取代“技术范式”来描述“生产组织的一种理想形式或最佳技术法则”。佩蕾丝指出，范式变化所带来的影响远远超过特定的技术发展轨迹，将改变整个经济系统的相对成本结构和生产分配条件。技术—经济范式深嵌于社会实践、立法或其他制度框架之中，将促进与之相适应的创新，阻碍与之不相适应的创新，从而形成一种包容—排斥机制。[①] 同样，简·法格博格（Jan Fagerberg）和巴特·菲思佩奇（Bart Verspagen）也认为，技术创新不能简单理解为用一种新技术替代旧技术，它实际上是持续的技术、经济和制度的转型过程。[②] 用一个形象的比喻来描述，技术—经济范式由“硬核”和“保护带”两部分构成。“硬核”体现为核心技术群，“保护带”则是与核心技术群相关的一系列社会因素，是政治、经济、文化、宗教等诸多社会意识相关的综合。技术—经济范式在技术与社会融合的过程中形成，通过“硬核”之外的“保护带”表现出一定的“韧性”。[③]

在将抽象的社会因素具体化为社会生产的组织形式的基础上，我们可以对技术革新如何推动经济发展做一种过程追踪式的解释。在马克思主义的经典论述中，一定的生产关系的总和是在一定时期的生产力的基础上产生的，它适合于生产力的性质，并构成生产力发展的条件。当“社会的物质生产力发展到一定阶段，便同它们一直在其中运动的现存生产关系……发生矛盾”，[④] 解决这一矛盾的办法是使“已成为桎梏的旧的交往形式被适应于比较发达的生产力

① Carlota Perez, *Technological Revolutions and Financial Capital: The Dynamics of Bubbles and Golden Ages*, Cheltenham: Edward Elgar, 2002.

② Jan Fagerberg and Bart Verspagen, “Technology-Gaps, Innovation-Diffusion and Transformation: An Evolutionary Interpretation”, *Research Policy*, Vol. 31, No. 8, 2002, pp. 1291 – 1304.

③ 胡春立、赵建军：《技术范式的结构及其制度属性分析》，《科学技术哲学研究》2021 年第 2 期，第 72—77 页。

④ 《马克思恩格斯选集》第二卷，人民出版社 2012 年版，第 3 页。

的……新的交往形式所代替”。[①] 作为为确保生产的顺利进行而对劳动力和生产资料做出的相应配置，生产组织构成了社会经济交往中的基础性制度。罗伯特·考克斯（Robert W. Cox）指出：“生产为一切形式的社会存在创造了物质基础。在生产过程中，人的努力的组合方式影响着社会生活的所有其他方面，包括政治形态。”[②]

作为生产力与生产关系之间辩证关系的具体体现，在工业化进程中，技术革新与生产组织变革是相伴而生的。回顾工业发展史可以发现，在适应技术革新所导致的市场环境变动的过程中，生产与需要之间的不适应性产生了重新组织劳动生产的必要与可能。事实上，技术革新在过去的两百年里一直是工业发展的重要内生动力，但如果没有与之相适应的生产组织创新，技术革新只能是一种“潜在的力量”。[③] 当生产组织相应变革从而实现了技术与组织之间更好的匹配时，这种匹配又将激发技术革新的潜力，推动新一轮技术变革。[④] 由此可见，技术革新的潜在经济效益只有在生产组织相应调整以达到生产力与生产关系相互匹配的状态时才能充分获取。新的生产组织相较于旧的组织的效率优势，使其在模仿中得到扩散，最终成为一段时期内占主导地位的生产组织形式。[⑤] 图 1－1 展现了技术革新推动经济发展的内在逻辑，表 1－1 则总结了历次技术创新浪潮及其技术—经济范式的主要特征。

---

① 《马克思恩格斯全集》第三卷，人民出版社 1960 年版，第 81 页。需要注意的是，在这里，生产关系的概念是用“交往形式”这一术语来表达的。

② ［加］罗伯特·W. 考克斯：《生产、权力和世界秩序——社会力量在缔造历史中的作用》，林华译，世界知识出版社 2004 年版，第 8 页。

③ Richard R. Nelson, *The Sources of Economic Growth*, Massachusetts: Harvard University Press, 1996, p. 35.

④ Christopher Freeman and Carlota Perez, “Structure Crises of Adjustment, Business Cycles and Investment Behaviour”, in Giovanni Dosi et al., eds., *Technical Change and Economic Theory*, London: Pinter Publishers, 1988, p. 38.

⑤ 张倩雨：《劳动力流动性、生产组织变革与后发工业赶超——对 19 世纪中叶至 20 世纪初美国、德国和俄国的比较研究》，《世界经济与政治》2023 年第 1 期，第 87—120 页。

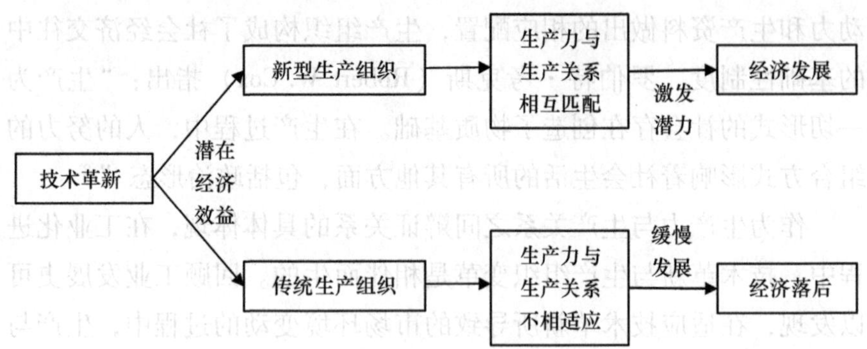

图 1-1　技术革新推动经济发展的内在逻辑

资料来源：笔者自制。

试举一例对技术革新推动经济发展的内在逻辑进行说明。在第二次工业革命中，后发国家美国和德国通过将建设全国铁路运输网所获得的生产组织的革新经验引入其他工业生产领域，实现了生产组织与新技术的互相匹配，从而激发了由电力和内燃机等新技术所带来的规模经济和范围经济的潜在成本优势，推动两国崛起为新的技术领先国和世界工业强国。同一时期的英国则对生产组织的各种改变抱有一种极不情愿的态度，仍保留着工厂制度下的分包体系和授权手工技术人员进行管理的传统生产组织形式。这种第一次工业革命中曾有利于英国工业增长的生产组织形式，到19世纪后期却被证明并不适用于新兴工业技术。① 结果是，截至第一次世界大战前，美国和德国的工业产出已超过英国，而英国却在由电力和内燃机驱动工业资本主义发展的新兴工业领域成了“迟到的工业化实现者”。②

① Chris Freeman and Francisco Louçã, *As Time Goes By: From the Industrial Revolutions to the Information Revolution*, Oxford: Oxford University Press, 2001, p. 253.

② Alfred D. Chandler, Jr., *Scale and Scope: The Dynamics of Industrial Capitalism*, Massachusetts: The Belknap Press of Harvard University Press, 1990, pp. 291-295.

表1-1　历次技术创新浪潮及其技术—经济范式的主要特征

工业革命	技术创新浪潮	兴起年份	标志性事件	核心投入	技术—经济范式主要特征	核心国家
第一次工业革命	第一次浪潮：产业革命	1771	现代工厂体制的创立人阿克莱特（Richard Arkwright）设立纺织厂	棉花、生铁	工业机械化生产（水力） 工厂系统，合伙制	英国
	第二次浪潮：蒸汽和铁路时代	1829	蒸汽动力机车"火箭号"在利物浦到曼彻斯特的铁路上试验成功	生铁、煤炭	工业生产和运输机械化（蒸汽），合股公司	英国，并逐渐扩散到欧洲大陆和美国
第二次工业革命	第三次浪潮：钢铁、电力和重工业时代	1875	卡内基酸性转炉钢厂在美国匹兹堡开工	钢铁、电力、合金	工业生产、运输和家庭电气化，垂直一体化托拉斯	美国和德国赶超英国
	第四次浪潮：石油、汽车和大规模生产的时代	1908	世界第一辆T型车在底特律的福特工厂出产	石油、天然气、合成材料	运输、民用经济和战争机动化，规模经济大批量生产，"福特主义"	美国（起初与德国竞争世界领导地位），后扩散至欧洲
第三次工业革命	第五次浪潮：信息和远程通信时代	1971	世界首款微处理器英特尔4004在美国问世	芯片	信息密集型网络生产、 知识驱动	美国，后扩散到欧洲和亚洲

资料来源：Chris Freeman and Francisco Louçã, *As Time Goes By*: *From the Industrial Revolutions to the Information Revolution*, Oxford: Oxford University Press, 2001; Carlota Perez, *Technological Revolutions and Financial Capital*: *The Dynamics of Bubbles and Golden Ages*, Cheltenham: Edward Elgar, 2002。

第三节　技术创新的分配效应

技术演进的报酬递增特性以及技术—经济范式的存在，意味着技术创新将被视作对当前在位企业、经济组织方式和社会制度框架的威胁和挑战。事实上，技术创新并非一种自诞生之初就广受欢迎的经济驱动力，而是一种革命性力量，应被视为约瑟夫·熊彼特（Joseph A. Schumpeter）所说的创造性破坏（creative destruction）过程。[①] 它在创造出新结构的同时不断摧毁旧结构，像“永远存在的飓风”那样将早已根深蒂固的旧事物连根拔起，产生触目惊心的破坏性影响。在此过程中，既有的人力资本和实物资本逐渐过时，部分社会成员将蒙受暂时的牺牲甚至陷入贫困。从这个意义上说，采用一项新技术的总体成本事实上包含两个部分，分别是发明者所支付的私人成本和社会作为一个整体支付的社会成本。

如果从一种技术转换为另一种新技术所造成的社会成本过高，社会范围内将出现对科技创新的消极惰性。[②] 这具体表现为：一方面，技术经济范式存在的时间越长，就越可能发展起强大的既得利益者。在特定范式走向衰落的时期，这些既得利益者将成为最保守的力量，在成熟技术上的大量投资使他们倾向于避免技术变革所带来的革命性变化。另一方面，作为创造性破坏过程中首当其冲的弱势群体，面对凯恩斯（John Maynard Keynes）所说的“由技术进步而引致的失业”，低技能劳动力很可能掀起一股“质疑、憎恨甚至义愤的浪潮”，这将直接影响社会大众对于科技创

① Joseph A. Schumpeter, *Capitalism, Socialism and Democracy*, London: Routledge, 2003, p. 83.

② Drew Fudenberg and Jean Tirole, “Capital as a Commitment: Strategic Investment to Deter Mobility”, *Journal of Economic Theory*, Vol. 31, No. 2, 1983, pp. 227 – 250.

新的接纳态度。[①] 同时，对稳定的社会秩序的本能需要也将使统治者比起技术创新来更青睐技术改进。历史证明，在经济上和技术上都可行的发明有时候反而受到统治者或焦虑的竞争者的压制和拖延。[②]

具体来看，由技术创新引发的矛盾主要体现在：（1）新兴产业和成熟产业之间；（2）新的或以新的方式升级的现代企业和仍然附着于旧方式的企业之间；（3）现已陈旧的产业集中地带和由新兴产业占据或因之受益的新空间之间；（4）经训练后参与到新技术的劳动力和技能日益过时的劳动力之间；（5）在现代企业中工作或在充满活力的地区生活的人群和仍生活在停滞地区、为失业及不稳定收入所威胁的人群之间；（6）立于技术创新潮头的国家和技术落后的国家之间。[③] 马克·泰勒（Mark Z. Taylor）则指出，技术创新将创造出经济的、社会的、文化的和政治的四类主要失败者（见表1-2）。

表1-2　技术创新中的四类主要失败者

类型	描述	通常包括人群
经济失败者	资产所有者，其资产价值因新科技而减少	劳动者、土地所有者、环境主义者、当前科技的投资者/生产者/消费者
社会失败者	小部分人，创新将改变他们利用或控制现有技术的能力，或者会对他们依现有技术而获得的收益产生负面影响	所有类型中的少数群体

① John Maynard Keynes, "Economic Possibilities for Our Grandchildren (1930)", in Lorenzo Pecchi and Gustavo Piga eds., *Revisiting Keynes: Economic Possibilities for Our Grandchildren*, Cambridge: The MIT Press, 2008, p. 19.

② ［美］乔尔·莫基尔：《富裕的杠杆：技术革新与经济进步》，陈小白译，华夏出版社2008年版，第170、325页。

③ Carlota Perez, *Technological Revolutions and Financial Capital: The Dynamics of Bubbles and Golden Ages*, Cheltenham: Edward Elgar, 2002, p. 39.

续表

类型	描述	通常包括人群
文化失败者	个人或群体，他们反对那些与其长期持有的道德或规范价值相矛盾的创新	宗教或其他文化群体
政治失败者	个体或群体，他们的政治权力或合法地位受到科技进步的影响	选举的官员、政党、官僚、军事官员或利益集团

资料来源：［美］马克·扎卡里·泰勒：《为什么有的国家创新力强?》，任俊红译，新华出版社2018年版，第185页。

根据集体行动的逻辑，由于技术创新的收益通常较为分散，并且需要数十年才能逐渐显现，但损失往往更加立竿见影且更为集中。因此，捍卫现状的、狭隘的、自我服务的利益集团和个人较之那些支持技术变革以促进社会整体发展的广泛群体更容易组织起来，反对技术创新的力量也会比那些为变革而奋斗的力量更加强大。① 潜在利益受损者将采取诸如暴动、破坏机器、针对创新者的个人暴力等非法律途径阻碍新技术的形成和应用，甚至完全消除技术创新的可能。例如，英国在工业革命期间曾遭遇手工业者最强烈的抵抗，这场针对工业机器的暴力反抗就是历史上著名的“卢德运动”。大型复杂机器的“入侵”使手工业者的就业机会、行业习惯乃至价值观都面临根本性冲击，于是他们冲进工厂砸毁象征工业主义及其文化的机器设备。英国政府则以逮捕、监禁甚至是处以绞刑的方式回应他们的暴力行为。② 由此可见，英国的工业革命事实上是在动荡、冲突和暴力中进行和完成的。正如经济史学家乔尔·莫

① ［美］曼瑟·奥尔森：《国家的兴衰——经济增长、滞胀和社会僵化》，李增刚译，上海人民出版社2007年版，第60—63页。

② Malcolm I. Thomis, *The Luddites: Machine-Breaking in Regency England*, Hamden: Archon Books, 1970.

基尔（Joel Mokyr）所言，技术创新这种本来应该交由市场力量决定的事情，（由于社会阻力的存在而最终）变成“由政客和法官来裁决了”。[①]

那么，在弥漫着反对情绪的社会氛围中，国家为什么会进行技术创新呢？泰勒给出了一种可能的解释，即处于创新不安全感（creative insecurity）中的国家更有可能开展技术创新。创新不安全感是一种外部威胁较之国内紧张关系更让人感到不安的状态。它以两类政治为核心，即国内的分配政治和国际的安全政治。分配政治往往减缓创新速率，而安全政治则会加快创新速率。泰勒指出，只有当一个国家的外部经济和军事威胁超过国内政治经济紧张关系时，其国民才可能愿意冒险为科技的快速发展投入必要的政治资本和经济资源（见表1－3）。由此可见，解释各国之间技术创新差异的关键并不在于它们所使用的制度或政策，而是要关注其追求创新背后的政治。事实上，并不存在最有利于技术创新的制度或政策设计，只要能有效解决阻碍技术创新的市场失灵和网络问题，不同的制度或政策设计也能实现相同的目标。[②] 海伦·米尔纳（Helen V. Milner）和黄琪轩等学者也认同国际体系层次的竞争状况是技术变革的重要诱因。他们指出，在国际竞争日趋激烈或大国权力转移的重要时期，国家技术创新的意愿将显著提升。[③]

---

① ［美］乔尔·莫基尔：《富裕的杠杆：技术革新与经济进步》，陈小白译，华夏出版社2008年版，第285页。

② ［美］马克·扎卡里·泰勒：《为什么有的国家创新力强?》，任俊红译，新华出版社2018年版，第13—14、18页。

③ Helen V. Milner and Sondre Ulvund Solstad, “Technological Change and the International System”, *World Politics*, Vol. 73, No. 3, 2021, pp. 545 – 589；黄琪轩：《大国权力转移与技术变迁》，上海交通大学出版社2013年版。

表1－3　创新不安全感如何影响社会对技术创新的态度

分配政治与安全政治的平衡	具体表现	社会对技术创新的态度
外部威胁 > 国内紧张关系	工人罢工较少、贫富差距较小、近期无内战/内部冲突发生、对食品和能源进口的依赖程度较高、距离上一次外部冲突的时间较短	支持
外部威胁 < 国内紧张关系	工人罢工较多、贫富差距较大、近期有内战/内部冲突发生、对食品和能源进口的依赖较少、距离上一次外部冲突的时间较长	反对

资料来源：根据泰勒《为什么有的国家创新力强？》一书整理。

上述分析表明，国际竞争是一国开展技术创新的重要动力，而分配效应则会成为技术创新的主要阻力，它们之间的强弱对比影响着一国能否真正开启有利于技术创新的系统转型进程。对于希望通过技术创新赢得国际竞争的国家而言，首先要做的便是妥善应对和处置潜在利益受损者对技术创新的反对和抵制。可能有三类应对方式：第一，如果一国国土面积广阔且拥有大片有待开发土地，可通过地理空间上的迁移缓解社会矛盾，这曾是早期美国的应对方式，但在当前已较难实现；第二，通过某些治国术来转移社会矛盾，从而将市场逻辑及其所伴随的风险强加给普通大众；第三，提前或及时为技术创新中的弱势群体和潜在利益受损者提供社会保护和新技能培训，从源头解决分配效应及其所带来的阻力，从而建构有关技术创新的广泛社会共识，形成推动技术攻关的强大合力。不论一国具体采取何种应对策略，技术创新的分配效应都启示着决策者，在产业技术革新的过程中，既要利用好创造性破坏中具有创造性的一面，充分发挥科技创新对经济增长的推动作用，也要妥善应对和处置具有破坏性的一面，尽可能地将潜在利益受损者对科技创新的反对和破坏限制在可控范围内，避免大规模企业破产和结构性失业对社会稳定秩序的冲击。[①]

除国际竞争外，对于想要在技术领域赶超技术领先国的后发国家来说，由技术革命所带来的“机会窗口”（windows of opportunity）也可能构成它们开展技术创新的重要诱因。正如佩蕾丝和卢克·索特（Luc Soete）指出的，技术追赶并非后发国家在既有的技术—经济范式内与技术领先国的相对速度问题，成功赶超通常以创设新的范式和新的技术轨道为基础。[②] 这是因为，技术领先国牢牢占据着既有范式下技术创新的制高点，这使后发国家即使有可能在成熟技术上逐渐追赶领先国，也几乎不可能实现技术地位的超越。技术革命则将带来技术—经济范式的转换。在新范式的早期阶段，科技知识大多处于公共知识和实验室阶段，知识的意会性程度、经验和技能要求都很低，因此会将所有具有一定技术实力的国家“拉回同一起跑线”。并且，由于技术领先国在原范式内的大量投资，其国内技术创新阻力通常较大，它们在面对新技术时往往表现得十分踌躇。因此，通常是后发国家能更快适应新的技术—经济范式。[③]

历史经验显示，如果后发国家能在新的技术革命到来时把握机会窗口，不仅有可能缩小与技术领先国的差距，甚至可能在技术地位上超越领先国，成为新的技术—经济范式的主导国。19 世纪中叶以来，几次国际格局变动均以新的技术创新浪潮为背景。在以钢铁和电力为核心投入的第三次技术创新浪潮中，英国受困于旧的技术—经济范式而发展缓慢，美国和德国则率先在新兴工业领域培育

---

① 张倩雨：《技术创新的分配效应及其对国际竞争的影响》，《世界政治研究》2023 年第 4 辑，第 40—45 页。

② Carlota Perez and Luc Soete, “Catching Up in Technology: Entry Barriers and Window of Opportunity”, in Giovanni Dosi et al., eds., *Technical Change and Economic Theory*, London: Pinter Publishers, 1988, pp. 456 - 479.

③ 贾根良：《演化发展经济学与新结构经济学——哪一种产业政策的理论范式更适合中国国情》，《南方经济》2018 年第 1 期，第 18—20 页。

起竞争优势，在工业实力上先后超过执第一次工业革命之牛耳的英国，成为世界第一、二大工业国，致使世界政治的基础性权力结构发生重大变化。[①] 冷战期间，为了应对苏联崛起对自身世界政治领导权的冲击，美国在航空航天、计算机、核技术等领域开展了大规模和系统性的研究和开发工作，成功维护了霸权地位。而在技术竞争中落败的苏联直至冷战结束也未能赶超美国。[②] 20 世纪 70 年代，以半导体芯片为核心投入的第五次技术创新浪潮为日本带来了赶超的机会窗口。在政府大规模资助计划和产业界创新活力的共同作用下，日本逐渐抢占了美国在世界半导体市场的份额，并于 80 年代中期在以半导体、集成电路为核心的电子产业、机电一体化等领域崛起为新的技术领先国，[③] 使得世界经济中心由大西洋两岸向环太平洋地区转移。当前，正值以信息、数据、可再生能源为核心投入的第六次技术创新浪潮的蓬勃发展期，以中国为代表的一批新兴工业化国家在其中发挥着越来越突出的作用，或将推动国际格局朝新的方向演变。

第四节 技术生命周期及其政策启示

如同产品生命周期那样，技术从发明出来到最终走向衰落也会形成一个完整的技术生命周期（Technology Life Cycle，TLC），经历技术开发、技术验证、应用启动、应用扩张、技术成熟以及技术退化等阶段。[④] 技术生命周期的不同阶段各有其特征。著名的“摩尔

① ［美］保罗 · 肯尼迪：《大国的兴衰》，蒋葆英等译，中国经济出版社 1989 年版，第 265、304 页。

② 黄琪轩：《世界技术变迁的国际政治经济学——大国权力竞争如何引发了技术革命》，《世界政治研究》2018 年第 1 辑，第 96—104 页。

③ 冯昭奎：《日本半导体产业发展与日美半导体贸易摩擦》，《日本研究》2018 年第 3 期，第 22—34 页。

④ Michael G. Harvey, “Application of Technology Life Cycles to Technology Transfers”, *The Journal of Business Strategy*, Vol. 5, No. 2, 1984, pp. 51 – 58.

定律”（Moore's law）的提出者杰弗里·摩尔（Geoffrey A. Moore）用钟形曲线来描绘技术采用者在市场中的占比随时间推移的变化情况：在技术发展的最早期，仅有极少量创新者采用这项技术，占比约为2.5%；到技术发展的中期，采用人数显著增多，占比最高时可达34%；至末期，只有少数落伍者仍在使用这项技术，占比降至16%。[①] 佩蕾丝的研究则显示，历次技术革命都经历了四个基本阶段：在第一阶段也即爆发阶段，新的技术—经济范式开始出现，新的技术产品接踵而至；在第二阶段也即狂热阶段，新产业、新技术体系和新基础设施伴随强劲的投资和市场增长走向繁荣；随着创新和市场潜力的全面扩张，技术将进入协同阶段，实现规模生产；而当曾经作为增长引擎的核心产业开始遭遇市场饱和、技术创新收益递减的困境之时，便意味着技术进入成熟阶段，整个技术革命的动力逐渐衰竭。[②]

由此可见，一个完整的技术生命周期包含萌芽期、成长期、成熟期和衰退期四个阶段。萌芽期是指新技术诞生前的基础知识积累和技术研发阶段。成长期是指新技术诞生初期为部分厂商采纳、还存在一定的技术难题、创新扩散动力不足的阶段。成熟期是指技术难题基本得到解决、技术应用大规模铺开并形成较大产业规模、技术标准加快制定的阶段。衰退期则指原技术逐渐被其他更新技术所取代而逐渐退出市场的阶段。每项技术都会经历从兴起到衰落的完整的技术生命周期。然而，由于技术知识涉及不同程度的特定性（specificity）、默会性（tacitness）和复杂性（complexity），不同技术之间生命周期的时间长度（以下简称“周期时间”）可能存在较大差异。例如，移动通信技术从20世纪70年代末兴起至今，在不到半个世纪的时间里已经历了四个完整的生命周期（从1G到4G）。

① Geoffrey A. Moore, *Crossing the Chasm: Marketing and Selling High-tech Products to Mainstream Customers (Revised Edition)*, Harper Collins E-book, 2001, pp. 7 – 11.

② ［英］卡萝塔·佩蕾丝：《技术革命与金融资本——泡沫与黄金时代的动力学》，田方萌、胡叶青、刘然、王黎民译，中国人民大学出版社2007年版。

当前，第五代移动通信技术（5G）正进入成熟期，第六代技术也正处于萌芽阶段。可见，每一代移动通信技术的生命周期大致为十年。而自1957年苏联发射世界首颗人造卫星“斯普特尼克1号”（Sputnik－1）以来，人造卫星技术历经六十余年才发展至技术生命周期的成熟阶段，这表明该技术相对于移动通信技术具有较长的周期时间。①

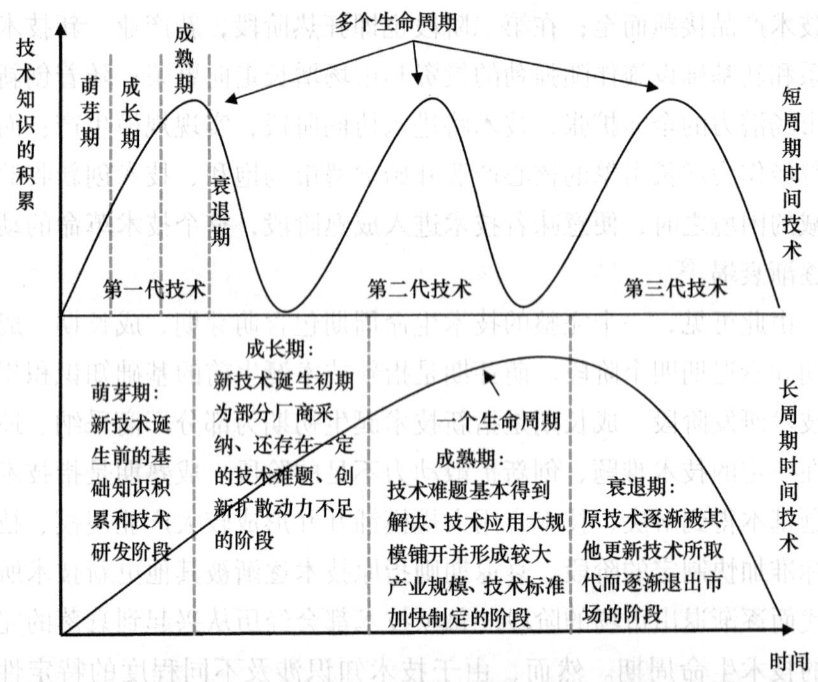

图1－2　技术生命周期的阶段构成及不同技术生命周期时间长度的比较

资料来源：笔者自制。

图1－2展现了技术生命周期的阶段构成及不同技术生命周期时间长度的比较。技术发展的这种阶段性特征以及不同技术之间生命周期时间长度的差异，将为有志于提升国际竞争力的各国提供技

① 张倩雨：《技术权力、技术生命周期与大国的技术政策选择》，《外交评论》2022年第1期，第59—88页。

术政策选择的重要依据。从技术发展的阶段性特征来看，各国在不同阶段的技术政策目标应根据各阶段侧重点的不同而相应调整。而从具有不同周期时间的技术对后发追赶的贡献来看，各国也应策略性地选择首先进入和重点发展的技术领域。

一　技术生命周期不同阶段的技术政策重点

一国在国际市场中的竞争力并非像比较优势理论说的那样简单取决于该国集中生产并出口那些能够充分利用本国充裕要素的产品，而是主要取决于该国产业创新和技术升级的能力。[①] 培育竞争优势的过程往往持续十几年甚至数十年，可能涵盖一个或多个技术生命周期。考虑到技术本身的动态变化及其在生命周期的不同阶段表现出的差异化特征，各国的技术政策选择也将因阶段的不同而相应发生改变。具体来看，在技术发展的萌芽期，新技术的研发尚处于摸索阶段，有的技术甚至只是实验室内的概念性设想。支撑新技术发展的基础科学研究需要大量投资，但有关新技术未来前景的预期高度不确定，导致商业市场和私营企业参与研发的动力不足。因此，这一阶段国家技术政策的重点主要是制定并实施包括财政刺激政策、金融支持政策、专利保护政策、公共采购政策在内的一系列技术创新政策，[②] 并执行协调有效的产业扶植政策，通过政府与市场的通力合作使高新技术产业达到规模经济。[③]

在技术加速商业化和产业化的阶段，技术扩散动力增强。为降低研发成本、获得更多市场反馈以支撑技术更新和升级，国家应重视扩大技术应用市场份额。例如，通过双/多边谈判降低技术产品进

---

① ［美］迈克尔·波特：《国家竞争优势》，李明轩、邱美如译，华夏出版社2002年版。

② Rothwell Roy, "Reindustrialization and Technology: Towards a National Policy Framework", *Science and Public Policy*, Vol. 12, No. 3, 1985, pp. 113 – 130.

③ Paul Krugman, "Increasing Returns and Economic Geography", *Journal of Political Economy*, Vol. 99, No. 3, 1991, pp. 483 – 499.

入他国市场的关税水平和非关税壁垒、拓宽技术产品的商业化用途和军事技术民用化，以及保护本国技术产品的既有市场份额不被其他竞争者抢占。在此阶段，先发国家和后发国家还面临着不同的技术发展目标。对先发国家来说，为了维持技术垄断所带来的权力和财富，它们需要采取严格措施防范先进技术扩散至潜在的竞争对手，如技术扩散限制政策、知识产权保护制度和跨国公司的内部化等。[①] 而对后发国家来说，为了在这一轮技术生命周期的衰退期快速缩小与领先国的技术差距，必须在成长期尽可能多地掌握目前来看仍属先进的知识和技能，在“干中学”中积累起发展更新技术的知识基础，或者基于这些知识实现颠覆性创新。具体的措施包括但不限于与外国技术实体达成商业交易从而获得技术转让、“以市场换技术”，以及跨国技术合作等。[②]

当技术发展至成熟阶段，相关的知识积累已趋于稳定，尖端技术难题基本得到解决，技术采用者人数达到峰值，技术标准化便成为这一阶段各国需要面对的最重要和最突出的事项。由于技术标准和治理规则在技术锁定中的增强作用，各国需要争夺技术标准制定权和治理规则主导权。例如，通过支持尖端技术的基础科学研究及其应用来产出与技术治理相关的规则理念和意识形态，综合运用多种外交手段使得对本国有利的制度规则得以维持、不利于本国的制度规则得到改变，以及推动国内行业协会标准上升为国际标准等。若先发国家获得了这种制度性权力，技术系统将进一步锁定在先发国家主导的技术轨道上。若后发国家抢夺了这种制度性权力，它则很可能利用对自己有利的技术规则在衰退期打破先发国家主导的技术轨道，从而实现“弯道超车”。

① 李平、刘建：《国际技术垄断与技术扩散关系的政治经济学分析》，《世界经济与政治》2006 年第 5 期，第 68—73 页。

② Andrew B. Kennedy and Darren J. Lim, “The Innovation Imperative: Technology and US-China Rivalry in the Twenty-first Century”, *International Affairs*, Vol. 94, No. 3, 2018, pp. 556 – 557.

随着现有技术进入衰退阶段，各国需要将政策重点转向率先发展更新技术以抢占在下一个技术生命周期的垄断优势。通常而言，上一个技术生命周期中的衰退期往往也是下一个技术生命周期的萌芽期。对于这一周期的先发国家而言，若能在衰退期发展起更新的尖端技术，就能在新的周期继续保持技术垄断地位。反之，它的技术主导权将被新的技术主导国所取代。而对后发国家来说，原技术在衰退期的采用人数越来越少，将释放大量市场份额，因此是赶超先发国家的最好时机，即佩蕾丝等学者所说的“机会窗口”。如果成功，后发国家将成为新周期的技术主导者，并凭借这一垄断地位获得权力与财富。因此，不论先发国家还是后发国家，技术预见（technology foresight）都是这一阶段最重要的技术政策目标，即通过对科技、经济、社会和环境的远期未来进行有步骤的探索，选定可能产生最大经济与社会效益的战略研究领域和通用新技术作为重点发展方向。①

综上所述，各国在技术生命周期不同阶段的核心技术政策呈现如下特点：萌芽期的技术政策以技术创新和扶植新技术产业快速成长为目标；成长期技术政策的主要目标则在于技术扩散，一方面，先发国家和后发国家都要重视扩大技术应用的市场份额，另一方面，先发国家要针对性地限制技术扩散以维持技术垄断地位，后发国家则要尽力在技术扩散中吸收先进技术；成熟期的技术政策重点将转向技术标准化；技术预见的重要性则在衰退期尤为凸显。表1－4对各国在技术发展不同阶段的侧重点及技术政策的主要目标进行了总结。

---

① Ben R. Martin and Ron Johnston, “Technology Foresight for Wiring Up the National Innovation System: Experiences in Britain, Australia, and New Zealand”, *Technological Forecasting and Social Change*, Vol. 60, No. 1, 1999, pp. 37－54.

表1-4　　大国技术政策选择的综合分析框架

阶段	萌芽期	成长期	成熟期	衰退期
侧重点	技术创新	技术扩散	技术标准化	技术预见
技术政策目标	率先发展先进技术，抢占技术优势地位	扩大市场份额，防范技术扩散（先发国家）/获得先进技术（后发国家）	主导技术标准和治理规则的制定	率先发展更新技术，抢占下一技术生命周期的优势地位

资料来源：张倩雨：《技术权力、技术生命周期与大国的技术政策选择》，《外交评论》2022年第1期，第59—88页。

二　不同周期时间的技术及其对后发赶超的贡献

技术知识是一种旨在解决物理世界中现实问题的客观知识。随着新问题的出现，旧的技术知识逐渐过时，新的知识则在创新中涌现。在不同的技术领域，知识的过时速度存在差异，而这往往反映了该技术领域的创新频率。具体而言，若某一领域的技术知识“寿命”较长，即长周期时间技术，则给定时间内技术的创新频率就会比较低。这类技术通常更强调知识的累积性特征，创新过程则表现出后续创新是对先前创新进行改进的序贯特征（sequential innovation）。[①] 21世纪以来，许多国家均将知识存量引致创新视作经济发展的“牛鼻子”和“先手棋”，体现了知识积累是一种重要的创新驱动力。[②] 与之相对，某一领域技术知识“寿命”较短，即短周期时间技术，则通常意味着给定时间内的技术创新频率较高。这类技术知识的过时速度较快，往往经过多次更新迭代而形成前后衔接的多个技术生命周期。与长周期时间技术相比，前期知识积累

① 参见 James Bessen and Eric Maskin, “Sequential Innovation, Patents, and Imitation”, *RAND Journal of Economics*, Vol. 40, No. 4, 2009, pp. 611 - 635; Álvaro Parra, “Sequential Innovation, Patent Policy, and the Dynamics of the Replacement Effect”, *RAND Journal of Economics*, Vol. 50, No. 3, 2019, pp. 568 - 590。

② 陈海波：《牵住“牛鼻子”走好“先手棋”——党中央以科技创新引领全面创新述评》，《光明日报》2016年6月8日第1版。

对后续创新的贡献率较低，知识产权和专利保护制度对后来者的创新阻塞也较小。

技术生命周期的时间长度是后发国家在技术追赶过程中需要特别关注的决策因素。国际熊彼特学会前会长、熊彼特奖得主李根认为，后发国家无法通过直接模仿先发国家而实现技术赶超，它们需要走一条与先发国家截然不同的发展道路，即首先发展周期时间较短的技术，在该领域积累起一定实力后再进入周期时间较长的技术领域。这是因为，在短周期时间的技术领域，先发国家所掌握的技术知识会很快被淘汰，其技术领先地位也将被不断涌现的更新技术所打乱。知识的累积性特征被削弱，降低了后发国家进入该领域并快速缩小与先发国家之间技术差距的难度，这使它们不必过于依赖那些被先发国家垄断的既有技术，仅以自身现有的技术能力为基础就能实现技术赶超。李根指出，20 世纪 80 年代的韩国和中国台湾地区以及当前的中国大陆，都是采取的这种“迂回”（detour）式的技术发展道路。技术的周期时间长度一般通过专利授予与专利引用之间的时间跨度来测量。研究显示，机械和工程领域、化学和生物医药领域的技术周期时间通常较长（9 年及以上），电力、通信及半导体元器件等领域的技术周期时间则相对较短（5—7 年）。[①]

然而，后发国家在首先发展周期时间较短的技术以实现技术赶超的过程中面临着两种潜在风险。一方面，短周期时间的技术变动频繁，且对既有技术的依赖较低，因而其变革方向难以预测，不像长周期时间技术已在较长时段内形成了一条清晰的技术发展路径。这意味着，虽然短周期为后发国家提供了许多赶超机遇，但只有当后发国家已经积累起一定的技术能力时，它才可能在没有模仿对象的前提下独立探索出一条成功的技术发展路径。频繁的技术变化会

① ［韩］李根：《经济赶超的熊彼特分析：知识、路径创新和中等收入陷阱》，于飞、陈劲译，清华大学出版社 2016 年版。

干扰后发国家的学习和积累过程。[①] 另一方面，短周期时间技术对后发赶超的所有贡献都是潜在的，只有在新技术得到大规模的市场应用后才能显现。因此，是否存在这样一个新技术的应用市场，或者后发国家能否通过政策措施塑造出一个这样的应用市场，同样是后发技术追赶中不可或缺的关键环节。[②] 图1－3总结了短周期时间技术对于后发追赶的重要性和两类潜在风险。

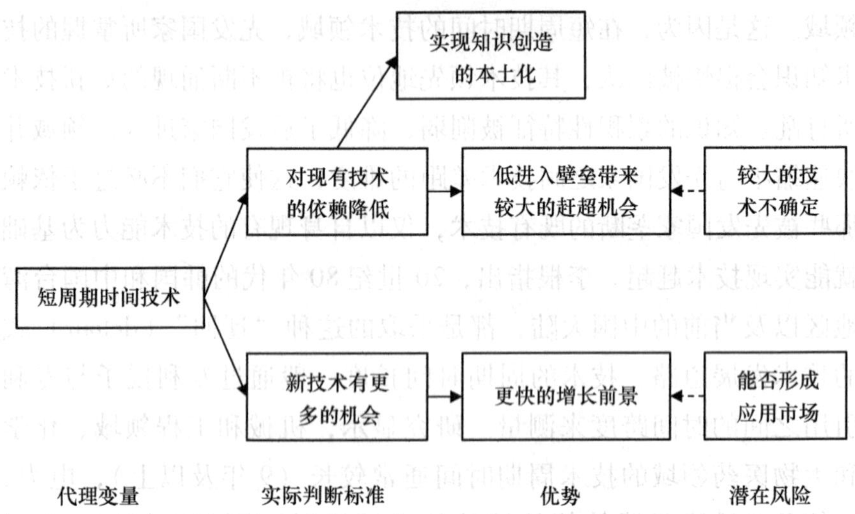

图1－3　短周期时间技术对于后发追赶的重要性和两类潜在风险

资料来源：［韩］李根：《经济赶超的熊彼特分析：知识、路径创新和中等收入陷阱》，于飞、陈劲译，清华大学出版社2016年版，第126页。

值得注意的是，李根提出的后发国家应当优先发展短周期时间

---

① Kyoo-Ho Park and Keun Lee, "Linking the Technological Regime to the Technological Catch-up: Analysis of Korea and Taiwan Using the US Patent Data", *Industrial and Corporate Change*, Vol. 15, No. 4, 2006, pp. 715－753.

② Keun Lee, Chaisung Lim and Wichin Song, "Emerging Digital Technology as a Window of Opportunity and Technological Leapfrogging: Catch-up in Digital TV by the Korea Firms", *International Journal of Technology Management*, Vol. 29, No. 1, 2005, pp. 40－63.

的技术并不意味着所有后发国家都要“扎堆”进入特定的某些技术领域，如半导体芯片、计算机等。周期时间的长短本质上只是一个代理变量。这一政策建议的核心内涵是，后发国家应当关注那些较少依靠现有技术、创新频率较高的技术，从而在技术更新换代的过程中快速缩小与先发国家的技术差距，实现后发技术赶超。[①]

---

① ［韩］李根：《经济赶超的熊彼特分析：知识、路径创新和中等收入陷阱》，于飞、陈劲译，清华大学出版社2016年版，第199页。

第二章

核心变量与分析框架

因果解释离不开对因果机制的探究，而任何因果机制的运转都需要以时间为依托。可以说，政治社会行为的因果动力都要以时间为基础才能展开。[①] 然而，正如保罗·皮尔逊（Paul Pierson）所指出的，当前政治学研究的一个重大缺陷是时间视域非常短，通常聚焦于“快照”（snapshot）而非“动画”（moving pictures）。这种时间上的短视使得许多理论解释沦为“导火线”式的解释，而忽视了在较长时间视域下能够得到的深层因果解释。在社会科学研究的许多缓慢活动中，作为因的x和作为果的y之间存在a、b、c的次序。如果a、b、c本身需要一些时间来完成，那么x和y之间就可能有一个显著的滞后。在研究这种长期的、多阶段的因果过程时，要注意建立有效的因果链论述。因果链论述可能引起两个方面的问题。一方面，如果因果链上有很多环节（links），或者环节本身并非强有力（strong），那么因果链论述的说服力就会急剧下降。因此，只有当因果链中包含的环节极少，并且我们拥有坚实的理论基础或经验基础以确信这些环节是强有力的之时，因果链的论述才可能有说服力。另一方面，基于因果链的论述面临无限回溯的问题，即在链条上总是有更早的环节。为了从无休止地寻找更早的环节中摆脱出来，可以采取三种解决办法：一是在标志着案例开始以显著的方式

---

① 叶成城、郝诗楠：《政治学研究中的时间性：因果机制与事件的时间状态类型》，《复旦政治学评论》第二十一辑，第206页。

产生差异的“关键时刻”打断链条；二是在因果环节变得难以固定时打断链条；三是根据研究者的理论兴趣来限制因果链的无限回溯。①

在上述方法论的指导下，本书尝试建立一个能对较长时段的后发追赶过程做出细致刻画的分析框架。从作为被解释变量的技术追赶模式向因果链的更早环节回溯，技术能力及其培育过程进入了本书的研究视野。虽然规范性研究不断重申后发国家要随发展阶段的不同及时调整追赶模式，在面对赶超的机会窗口时要尽快转换技术轨道以实现“弯道超车”，但这并非心想就能事成。后发国家能否做到这一点很大程度上取决于其所具有的技术能力。这体现了以知识、能力建设和创新为核心的新式产业政策近年来日益成为产业政策研究的重点之原因所在。然而，用产业政策概括技术能力的培育过程是全然不够的，它涉及更广泛的制度变迁内涵，如教育体系的顶层设计和国家创新体系的建设。虽然这种带有普惠性质的制度安排不会像直接关系到利益分配的制度那样，任何微小的变动都可能引起从中获益的个人或集团竭尽全力地去为之奋斗，② 但它无论如何都会导致资源的重新配置和再投入。因此，在因果链的更前端，必须有能对培育技术能力的制度设计和政策措施做出解释的因素。本书提出，政治精英作为由众多个体以及不同派系组成的群体的内部关系，以及政治精英作为独立的行为体与劳工群体的关系，共同决定了后发国家培育技术能力的时间视野和执行效果。

本章依照丹·斯雷特（Dan Slater）等学者提出的“前期条件（antecedent conditions）→关键节点（critical juncture）→结果差异

---

① Paul Pierson, *Politics in Time: History, Institutions, and Social Analysis*, Princeton: Princeton University Press, 2004, pp. 79 - 102.

② 张宇燕：《经济发展与制度选择——对制度的经济分析》，中国人民大学出版社 1992 年版，第 292 页。

(divergent outcomes)”的递进顺序展开对因果过程的详细阐述。[①] 第一节阐述了后发追赶的过程特征及其对想要成功实现追赶的后发国家所提出的要求。在此基础上分析了由精英间关系塑造的后发国家的时间视野，以及受精英与劳工关系影响的后发国家的发展目标一致性。基于上述国内政治社会结构，后发国家可能呈现两种不同类型的发展特征。第二节在对技术能力做出概念界定和层次分解的基础上，讨论了两类后发国家所具有的发展特征如何决定了它们所能培育的技术能力的层次上限。此外，这一节还讨论了应如何刻画各国培育技术能力的具体过程。第三节探讨了两种技术追赶模式对技术能力的具体要求，以及后发国家面对赶超的机会窗口时可能做出的模式选择。第四节是对研究案例的简单介绍。

第一节 国内结构与发展特征

一 后发追赶的过程特征及其对后发国家的要求

后发追赶是一个长时段的缓慢历史过程，从后发国家产生追赶意愿到最终实现跨越式发展通常历经数十年甚至上百年。例如，美国对英国的追赶始于18世纪70年代，直到19世纪末20世纪初才成功取代英国成为世界头号工业强国，前后经历了一个多世纪。以创造出“经济奇迹”闻名世界的东亚和拉美国家，也大多历经四十余年才逐渐缩小与先发国家的经济和技术差距。由此可见，想要成功实现追赶的后发国家需要具有较长的时间视野，能够对较长时段的发展战略进行规划，并一以贯之地执行这种发展规划。吉尔特·霍夫斯泰德（Geert Hofstede）最早将这种长时间视野命名为“儒家工作动力”（Confucian work dynamism），因为它所体现的“坚持不

① Dan Slater and Erica Simmons, “Information Regress: Critical Antecedent in Comparative Politics”, *Comparative Political Studies*, Vol. 43, No. 7, 2010, pp. 886 – 917.

懈”“节俭”“尊卑有序”“知廉耻”等价值观直接与儒家学说产生共鸣。[①] 后来，考虑到这些价值观不只存在于儒家学说，也并非仅见于华人社会，霍夫斯泰德将其更名为“长期导向（long-term orientation）vs. 短期导向（short-term orientation）”，即一个民族对长远利益或近期利益的价值观。

一般而来，具有长期导向的文化和社会主要面向未来，注重对未来的考虑，以动态的观点看待事物，强调节约、节俭和储备。相反，短期导向的文化和社会则主要面向过去和现在，强调尊重传统，注重眼前的利益，要求立见成效、急功近利、不容拖延。[②] 在霍夫斯泰德看来，长期导向可用于解释甚至预测一国的经济增长（见图2－1）。[③] 这是因为，具有长期导向的行为主体通常愿意放弃即时满足而追求长期利益，因此将在人力和物力资本的形成方面表现得更好。研究显示：“时间偏好已被广泛视为国家财富形成的一个基本元素。”[④] 更进一步地，具有长期导向的国家通常拥有充裕的耐心资本（patient capital），这有助于其在基础设施融资中获得显性竞争优势，从而刺激经济高速增长和提高长期增长潜力。[⑤] 耐心资本的向外流动，还可能通过赋予流入国更多财政空间与更灵活的政策选择，而激发流入国的长期经济增长潜力并提升其国

① Geert Hofstede and Michael H. Bond, “The Confucius Connection: From Culture Roots to Economic Growth”, *Organizational Dynamics*, Vol. 16, No. 4, 1988, pp. 5－21.

② Geert Hofstede, Gert Jan Hofstede and Michael Minkov, *Cultures and Organizations: Software of the Mind-Intercultural Cooperation and Its Importance for Survival*, New York: McGraw Hill, 2010, pp. 235－276.

③ Richard H. Franke, Geert Hofstede and Michael H. Bond, “Culture Roots of Economic Performance: A Research Note”, *Strategic Management Journal*, Vol. 12, Special Issue, 1991, pp. 165－173.

④ Oded Galor and Ömer Özak, “The Agricultural Origins of Time Preference”, *American Economic Review*, Vol. 106, No. 10, 2016, pp. 3064－3065.

⑤ 林毅夫、王燕：《新结构经济学：将“耐心资本”作为一种比较优势》，《开发性金融研究》2017年第1期，第3—15页。

家能力。①

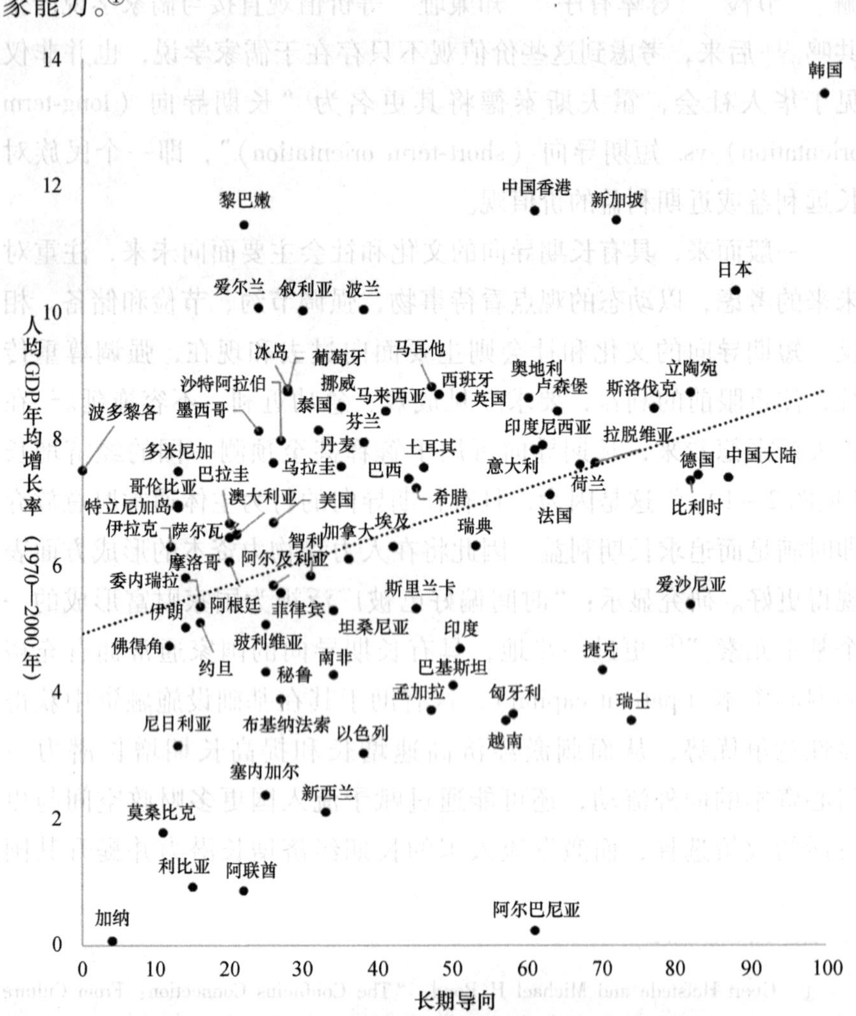

图 2-1　长期导向与人均 GDP 年均增长率（1970—2000 年）

资料来源：根据霍夫斯泰德文化维度理论中的各国/经济体长期导向得分和世界银行数据绘制，参见 https://www.hofstede-insights.com/country-comparison/和 https://data.worldbank.org/indicator/NY.GDP.PCAP.CD?iframe=true。

① Stephen B. Kaplan, *Globalizing Patient Capital: The Political Economy of Chinese Finance in the Americas*, New York: Cambridge University Press, 2021；陈兆源：《投资国家能力：外国直接投资结构与发展中世界的国家建设》，上海人民出版社 2023 年版，第 99—102 页。

除持续时间长外，后发追赶还具有阶段性特征。对于处在追赶初期的后发国家而言，先发国家的产业技术发展经验为其提供了清晰明确的发展方向。借助这种信息优势，后发国家通过集中投入形成规模效应便能快速提升竞争力。[①] 在此过程中，为将工业发展中的劳动力成本降至尽可能低的水平，后发国家的理想策略是将劳工群体排除在现有政治秩序之外，并采取镇压、打击等暴力措施或其他强制手段对其加以控制，从而以较小的劳资代价实现对劳工参与工业建设的驾驭。然而，这种策略随着时间的推移将变得越来越不可持续。一方面，随着后发国家的追赶产业日臻成熟，其对先发国家的模仿空间将逐渐收窄，由国家集中投入以形成规模优势可能因“路径依赖”而变得“积重难返”。另一方面，随着劳工群体作为一个阶级的成长及其不满情绪的积累，维持压制型劳动体制将变得越来越困难，成本也将越来越高昂。[②]

随着发展动力从追赶初期充分释放后发优势向中后期通过自主创新塑造竞争优势转变，劳工群体的主动性和创造性变得日渐重要。并且，在“二战”后的这一轮新技术创新浪潮到来时，与新的技术范式相匹配的新的生产组织方式将劳动者主观能动性的重要性提到了远高于之前的水平。具体而言，适用于第二次工业革命中核心产业发展的生产组织方式——通过“去技能化”实现劳动过程控制权从劳动力所有者转移至劳动力使用者——不再是能够有效推动第三次工业革命中核心产业发展的生产组织方式。在第二次工业革命期间，为尽可能地减少劳动者的劳动能力转化为实际劳动这一过程中的不确定性，劳动力使用者尤为重视将劳动过程的控制权从劳

---

① 陈玮、耿曙：《发展型国家的兴与衰：国家能力、产业政策与发展阶段》，《经济社会体制比较》2017 年第 2 期，第 8 页。

② Choi Chang-Jip, *Labor and the Authoritarian State: Labor Unions in South Korean Manufacturing Industries, 1961 - 1980*, Seoul: Korea University Press, 1989.

动者手中转移至自己手中。[①] 这一目标的实现有赖于劳动分工的细化，即让劳动过程的每个步骤都尽可能地脱离专门知识和专门训练，变为劳动者可以不假思索就执行的简单操作。这样，劳动者就如同一个可随时被替换的齿轮，不再因掌握较为稀缺和具有默会特征（tacit）的熟练技艺而控制劳动过程。[②] 而到第三次工业革命时，芯片、合成材料、新兴和可再生能源等领域的技术突破提出了对无形生产性资产的投资要求，其中最重要的是对劳动力技能的重新强调。[③] 作为相对稀缺和默会的劳动技能的所有者，劳动者再次获得了对劳动过程的（部分）控制权。在此期间，主导性的生产组织方式也从原来的福特制（适应于单一产品大规模生产的流水线作业）转变为丰田制（适应于多元产品需求的精益生产，核心在于有效动员一线劳动者参与挖掘并解决生产过程中的问题）。[④] 由此，产业竞争优势便需要通过劳动者的工作积极性和创新活力加以塑造。

由此可见，劳工群体的主动性和创造性是“二战”后这波技术追赶中除时间视野外后发国家发展特征的另一重要构成。激发劳工群体的工作积极性和创新活力，使其与国家形成一致的发展目标，成为后发追赶中后期不可或缺的关键要素。在这一阶段，工业技术发展所能模仿的对象不复存在，劳动者也不再扮演听从国家指令从事重复性劳动的角色。处于生产第一线的车间工人是一切突破性基础研究转化为具体应用技术的具体执行者，他们对有助于提高劳动生产率的技术极具敏感性，工程师在技术开发中遇到的瓶颈问题也

① Harry Braverman, *Labor and Monopoly Capital*: *The Degradation of Work in the Twentieth Century*, New York: Monthly Review Press, 1974, pp. 56 – 58.

② Harry Braverman, *Labor and Monopoly Capital*: *The Degradation of Work in the Twentieth Century*, New York: Monthly Review Press, 1974, Chapter 3 & 4.

③ 张国胜：《技术变革、范式转换与我国产业技术赶超》，《中国软科学》2013 年第 3 期，第 59 页。

④ 谢富胜：《马克思主义经济学中生产组织及其变迁理论的演进》，《政治经济学评论》2005 年第 1 辑，第 88—107 页。

往往是在一线工人的紧密配合下才得到攻克的。因此，处于车间生产一线的劳工群体成为创新源泉的重要组成部分。

表2－1总结了后发追赶的过程特征及其对后发国家的要求。综上所述，后发追赶的长期性和阶段性特征，要求想要成功实现追赶的后发国家具有较长的时间视野，并能使劳工群体形成与国家一致的发展目标。那么，什么样的后发国家更有可能具备上述发展特征？这需要我们从后发国家的内部寻找答案。

表2－1　后发追赶的过程特征及其对后发国家的要求

后发追赶的过程特征	对后发国家的要求
后发追赶是一个长时段的缓慢历史过程，从后发国家产生追赶意愿到最终实现跨越式发展通常历经数十年甚至上百年	具有关于发展的长时间视野，能够一以贯之地执行发展战略（意愿）
后发追赶具有阶段性：追赶前期以充分释放后发优势为基础，追赶后期转向以自主创新形成竞争优势	有效激发劳动者的工作积极性和创新活力，使其与国家形成较为一致的发展目标（能力）

资料来源：笔者自制。

二　国内结构对后发国家发展特征的塑造

国内结构被认为是一国政策决策的重要影响因素。在后发技术追赶这一特定语境下，国内结构主要体现为作为发展战略制定者的政治精英的内部关系，以及政治精英作为独立行为体与直接参与工业化并对其有巨大影响的劳工群体之间的关系。虽然没有提及“国内结构”这一概念，但瓦尔德纳和武有祥等学者从精英间关系和精英与劳工关系出发探讨发展型国家的形成，实际上体现了对国内结构的关注。这为本书的理论建构提供了参考。然而，接下来的叙述将展现，他们的分析框架均存在修正的必要。

国家建构被视为“政治精英在政策制定和执行的结构性框架上

争夺权威的过程”。[①] 从这一视角出发，瓦尔德纳提出，精英冲突强度将对国家转型和大规模工业发展与下层阶级被吸纳进跨阶级联盟的时间顺序产生影响，进而决定一国的发展面貌。具体而言，剧烈的精英冲突会使精英之间陷入无法相互妥协的分裂状态，只有将平民动员起来作为消灭政治对手和巩固自身统治的社会基础时，精英间的冲突才得以解决。换言之，剧烈的精英冲突会降低精英阶层对吸纳平民的抵制程度。在此情况下，国家转型和大规模工业发展将与吸纳平民同时发生，结果经济发展的每一分收益都要通过分配政策为所有阶级共享，因而限制了能够自我维持增长的并具有国际竞争力的工业体系的形成。由于这种国家建构战略总体上与发达国家战后凯恩斯主义福利国家的政策高度相似，瓦尔德纳将这类国家称为早熟的凯恩斯主义国家，如叙利亚和土耳其。与之相对，若精英阶层相对更有凝聚力，则排除了它们动员平民的激励因素，国家构建将先于吸纳平民。这样，国家构建较少是围绕政治巩固的紧迫需要，更多的是围绕经济发展的长期需求，因而将呈现发展型国家的典型特征，如朴正熙时期的韩国。[②]

瓦尔德纳的分析框架为我们理解发展型国家的起源提供了极具洞见的启示。然而，许多不能忽视的反例削弱了这一框架的解释力。例如，20 世纪 50 年代中期，日本政党政治进入自民党长期执政的“五五体制”时代。直到 1993 年败选为止，自民党保持了长达 38 年的“一党独大”。这种低强度的精英冲突背景并非像瓦尔德纳认为的那样，通过将平民排斥在外、构建一个小范围的阶级联盟的方式，使日本呈现发展型国家的特征。相反，这一时期日本劳资关系经历了从冲突向协调的转变。通过终身雇佣制、年功序列制和企业内工会这“三大法宝”以及制度化的工资谈判斗争“春斗”，

① Ann Grzymala-Busse and Pauline Jones Luong, “Reconceptualizing the State: Lessons from Post-Communism”, *Politics and Society*, Vol. 30, No. 4, 2002, p. 537.

② David Waldner, *State Building and Late Development*, Ithaca: Cornell University Press, 1999, pp. 1 – 8.

日本成功地将工人阶级与企业和国家结成了“命运共同体”，使日本劳工与更为激进的和政治化的工人运动逐渐疏远，为战后日本的经济腾飞和技术赶超打下了坚实基础。[①] 作为发展型国家理论最初提出时所依据的案例，瓦尔德纳在书中未就日本展开任何讨论，这一点是令人感到疑惑的。在处理韩国案例中的李承晚政权和朴正熙政权时，瓦尔德纳的叙述似乎也存在自我矛盾之处。他既未解释为何高强度的精英冲突没有使李承晚建立起广泛的跨阶级联盟，而是在统治集团内部建立了一个排他性的庇护体系，也未解释为什么“相比于李承晚的排他性的庇护体系，朴的战略更类似于叙利亚的早熟的凯恩斯主义……（但）他很快又扭转了这项政策”[②]。此外，印度的实际情况也与瓦尔德纳的分析框架不符。印度独立后多阶级的政治联盟（包含商人、学生、工人、农民、地主阶级、特权阶层的中下层等）并非高强度精英冲突的结果，而是继承自20世纪前半期国大党领导的反抗殖民统治的民族主义运动。正如阿图尔·科利指出的，国大党内部分歧严重和组织松散并非大众运动的原因，而是其结果。[③]

不同于瓦尔德纳所认为的精英间关系将决定其对民众的态度，武有祥将精英间关系和精英与民众关系视作两个独立的自变量，从而得以对瓦尔德纳的分析框架所难以处理的部分反例做出解释。武有祥的分析始于对发展型国家的拆解。他认为，一个国家要呈现发展的特征，需要同时具有以下四个要素：一个稳定的、中央集权的政府，凝聚性的政治组织，趋向增长的国家—阶级关系，以及意识形态一致性。不同的精英间关系（包括精英团结、精英碎片化、精

---

① ［美］T. J. 彭佩尔：《体制转型：日本政治经济学的比较动态研究》，徐正源、余红放译，中国人民大学出版社2011年版，第94页。

② David Waldner, *State Building and Late Development*, Ithaca: Cornell University Press, 1999, p. 133.

③ ［美］阿图尔·科利：《国家引导的发展——全球边缘地区的政治权力与工业化》，朱天飚、黄琪轩、刘骥译，吉林出版集团2007年版，第278页。

英间妥协和精英极化四种类型）和不同的精英与民众关系（包括统合、压制和有控制的动员三种类型）会对发展型国家的上述四个要素产生不同的影响。具体而言，精英极化和精英团结会显著增强上述四个要素，其中前者的积极作用更为明显；精英间妥协和精英碎片化则会削弱上述四个要素，而后者的消极作用更为显著；精英对民众进行有控制的动员或压制均会增强上述四个要素，而统合民众则会削弱它们。武有祥指出，精英间关系和精英与民众关系的不同组合会造成多种不同的国家建构模式，常见于亚洲国家的国家建构模式包括对抗型（“精英极化 + 对民众进行压制或有控制的动员”，如韩国和苏哈托时期的印度尼西亚）、妥协型（“精英间妥协 + 统合民众”，如苏加诺时期的印度尼西亚和 1945—1960 年的越南），以及混合型（“精英间妥协或精英极化 + 统合或压制民众”，如民国时期的中国）。①

作为对瓦尔德纳分析框架的改进，武有祥不再将普通民众视为被动等待精英动员或压制策略“降临”的对象，而是能够向精英提出个人或群体诉求的行为者。但同大部分发展型国家理论的看法一致，武有祥也认为普通民众，或者更确切地说是劳动者的主观能动性将对后发国家快速追赶先发国家形成阻碍，因为它将引起国家分配性的财政行为。这种看法无疑忽略了劳工群体在后发国家大规模推进工业化过程中所能发挥的积极作用。有鉴于此，本书将以国内结构作为分析起点，探讨精英间关系和精英与劳工关系如何分别形塑后发国家的发展特征，并同时关注劳工群体工作积极性和创新活力得到激发的情况。

（一）精英间关系与后发国家的时间视野

强有力的国家干预离不开现代国家的成功建构，即统治集团对国家能力、组织机构和合法性的建立与巩固。作为基于欧洲之外地

① Tuong Vu, *Paths to Development in Asia*: *South Korea*, *Vietnam*, *China*, *and Indonesia*, New York: Cambridge University Press, 2010, pp. 11 - 19.

区的经验而形成的一种现代国家建构理论，[①] 精英冲突理论强调，国家的形成从来不是统治者增强权力的单一过程，而是一些精英试图在与其他精英斗争的过程中取得优势的计划外的副产品。[②] 在斗争中胜利的精英将他们所控制的各种制度性资源带入国家后，国家得以扩张权力和深入渗透社会，从而成为现代社会的利维坦。但这并不意味着精英斗争的休止。尽管旧的精英可能在之前的精英斗争中被消灭，但新的精英始终在形成和生长，这使现代国家始终面临着分裂和崩溃的危险。

精英冲突的强度，或者更一般地说，精英间关系可从以下两个方面加以操作化。其一，竞争性精英集团的数量。最理想的发展型国家通常表现为一种精英统摄全局，在国内形成凝聚性的精英关系结构。当竞争性精英集团的数量增多时，相互斗争的精英关系结构将削弱后发国家的发展特征。其二，政治挑战的具体指涉对象。一般认为，居统治地位的政治精英与竞争性精英集团之间在政策内容和实施方式等方面的分歧较易得到管理和解决。但若政治挑战的目标是统治精英的执政理念特别是政治体制，则这种分歧通常是根本性的且难以管控。

综合考虑上述两个方面，精英间关系可分为凝聚和分裂两类。精英凝聚是指一种精英统摄全局或精英集团之间能就分歧达成共识，精英分裂则指多个精英集团围绕政策实施、执政理念乃至政治体制相互斗争，且统治精英无力管控分歧或不得不与竞争性精英集团分权。对于后发国家而言，精英间关系决定了统治集团对于执政

① 功能主义模型、经济交易模型和战争驱动模型被称为国家形成的原生模型，它们均以欧洲国家形成的经验为蓝本。随着比较政治学的发展，越来越多政治学家开始探究欧洲之外地区现代国家建构的历史经验，并提出了包括精英冲突模型、世界政治的动态模型和政治发展的时间序列模型在内的一系列理论模型。这些模型被称为国家形成的次生模型。参见张孝芳《从欧洲之内到欧洲之外：现代国家形成理论的演进》，《教学与研究》2015 年第 8 期，第 79—85 页。

② ［美］理查德·拉克曼：《国家与权力》，郦菁、张昕译，上海人民出版社 2013 年版，第 47—48 页。

稳定性和政权延续性的看法，进而影响其在国家建构过程中在经济发展的长期需求和政治巩固的迫切需要之间的选择。具体来说，如果精英凝聚，则统治精英对于保持政权稳定和在位时间有较长预期，因而更有动力去创造和维护有利于经济长期发展的制度框架和政策环境。反之，精英分裂则使统治集团深陷不确定性和继承危机，面临随时可能下台的威胁。因此，比起发展经济，统治精英迫切地需要维持政权稳固。当精英阶层内部分歧大到无法相互妥协时，如同单次博弈中的参与者那样，统治集团则会拥有非常大的“背叛”动机，在位期间往往采取短视行为，以掠夺或罚没的方式聚敛财富，以损害社会整体福利为代价充实自己的“腰包”。[①]

统治精英在经济发展和政治巩固之间的取舍很大程度上体现了他们对长远利益/近期利益的态度。这种态度可用后发国家关于发展的时间视野加以概括，即该国具有长期导向还是短期导向。前文已述，后发国家在制定赶超战略时需要具有长期导向，着眼于中长期发展成效而非短期收益。上述分析表明，这通常受该国内部精英间关系的制约，即后发国家内部精英间关系是决定该国具有长期导向还是短期导向的关键因素。一般认为，精英凝聚有助于后发国家形成长期导向，精英分裂则使后发国家更具短期导向。

（二）精英与劳工关系和发展目标一致性

亚历山大·格申克龙在《经济落后的历史透视》一书开篇即写道:“如果从已经切断了与土地联系的脐带从而可以适应现代工厂使用的稳定、可靠以及训练有素的劳动群体这种意义上来考察，那

① 一些研究对政权稳定性和持续性如何影响统治者的时间偏好做出过探讨，参见 Scott Gehlbach and Philip Keefer, “Investment without Democracy: Ruling-Party Institutionalization and Credible Commitment in Autocracies”, *Journal of Comparative Economics*, Vol. 39, No. 2, 2011, pp. 123 - 139; Carles Boix and Milan W. Svolik, “The Foundations of Limited Authoritarian Government: Institutions, Commitment, and Power-Sharing in Dictatorships”, *The Journal of Politics*, Vol. 75, No. 2, 2013, pp. 300 - 316; 冯博、陆铭:《执政稳定、制度约束与经济增长》,《经济社会体制比较》2018 年第 2 期，第 151—161 页。

么落后国家的工业劳动并不是富余，而是严重的短缺。培养出真正名副其实的工业劳动力是一个最困难的任务……”[①] 历史经验显示，后发国家在追赶初期通常以具有比较优势的劳动密集型产业作为先导部门。因此，在工业化进程中，加强对直接参与工业化并对其有巨大影响的劳工队伍的控制，将他们打造为一支守纪律、高素质和高效率的劳动力队伍，似乎成为后发国家一种必然的政策选择。[②] 这启示我们，对后发国家发展特征的考察不能仅聚焦于精英间关系，而忽视居统治地位的政治精英与直接参与工业技术创新及其转化和应用的劳工群体之间的劳动关系。

劳动关系，是指劳动力所有者和劳动力使用者之间围绕劳动力的使用而形成的一系列关系。在资本主义制度中，最显著也是最重要的劳动关系是劳资关系。政府一般不直接作为劳动力的使用者，而是作为劳动关系的调节者和劳动调整制度的制定者和实施者而存在。然而，劳动关系并不等同于劳资关系。特别是在需要快速实现工业技术追赶的后发国家，政治精英与劳工之间围绕劳动力的使用而形成的劳动关系可能较劳资关系更为重要。

精英与劳工关系可从以下两个方面加以操作化。其一，劳动者提出诉求的方式。劳动者一般会在薪资福利、法律权利甚至身份地位等方面提出诉求。根据破坏程度的不同，其提出诉求的方式可分为申诉、协商、谈判、游行、罢工、暴力示威、暴乱等。其二，统治精英回应劳动者诉求的程度。面对劳动者提出的政治经济和社会各方面诉求，统治精英往往依据自身实力、实际需要等进行全盘否定、部分回应或全部回应。综合考虑以上两个方面，精英与劳工关

---

① Alexander Gerschenkron, *Economic Backwardness in Historical Perspective*: *A Book of Essays*, Cambridge: Harvard University Press, 1962, p. 9.

② Hagen Koo, “The Interplay of State, Social Class, and World System in East Asian Development: The Case of South Korea and Taiwan”, in Frederic C. Deyo, ed., *The Political Economy of the New Asian Industrialism*, Ithaca: Cornell University Press, 1984, pp. 165 – 181.

系可分为合作和对抗两类。精英与劳工合作是指劳工群体以破坏程度较小、对政权稳定不产生威胁的方式提出利益诉求，政治精英则对其诉求进行有效回应或采取动员等方式争取劳工群体的合作并延后诉求的满足。精英与劳工对抗则指劳工群体与政治精英处于对抗状态，劳工群体采取极具破坏性的方式要求诉求得到满足，或政治精英以暴力镇压等方式对劳工诉求进行否定。在此期间，工业技术发展进程将被中断。

精英与劳工关系在很大程度上决定了两者之间能否形成关于国家发展的一致目标，而这是劳动者工作积极性和创新活力能否得到有效激发从而在车间生产层面塑造后发国家产业竞争优势的关键所在。正如威廉·拉佐尼克（William Lazonick）强调的，车间是企业中将各种图纸转变为产品的主要场所，是决定生产效率与产品质量的重要环节。而其载体就是车间中的生产工人。[①] 一般认为，劳工群体形成与政治精英相对一致的发展目标，并主动发挥工作积极性和创新活力以推动后发追赶，需要以相对和谐的劳动关系为前提，也就是精英与劳工合作。[②] 若政治精英与劳工群体处于对抗状态，则国家在后发追赶的过程中难以激发劳动者的工作积极性和创新活力。

三 小结

以精英间关系和精英与劳工关系作为两个主要的解释变量，我们可依据后发国家呈现的不同发展特征将其进行分类，即具有长期导向且精英与劳工目标一致的聚合型国家和具有短期导向且精英与劳工目标不一致的分散型国家。合理推断，聚合型国家更有利于实

① Lazonick, William, *Competitive Advantage on the Shop Floor*, Cambridge: Harvard University Press, 1990.

② Stan De Spiegelaere and Guy Van Gyes, "Employee-Driven Innovation and Industrial Relations", in Steen Høyrup et al., eds., *Employee-Driven Innovation: A New Approach*, Hampshire: Palgrave Macmillan, 2012, pp. 230 – 245.

现后发追赶目标（见表2－2）。

表2－2　更有利于实现后发追赶的国家类型

后发追赶的特征	对后发国家的要求	相匹配的国内结构	理想的后发国家类型
长期性	具有关于发展的长时间视野，能够一以贯之地执行发展战略（意愿）	精英凝聚	聚合型国家
阶段性	有效激发劳动者的工作积极性和创新活力，使其与国家形成较为一致的发展目标（能力）	精英与劳工合作	

资料来源：笔者自制。

需要注意的是：第一，本书对后发国家的分类以建立理想型（ideal types）的思考为基础，不可避免地会牺牲掉部分国别细节，这是在纷繁复杂的国别细节和高度抽象的理论建构之间进行取舍的必然结果。第二，本书对两类后发国家的命名方式可能并不那么使人满意，但研究的重点在于两种类型反映出的发展特征，而不是命名本身。第三，在理想状态下，两个变量应能产生四种不同组合，目前缺少精英分裂但精英与劳工合作以及精英凝聚但精英与劳工对抗这两种后发国家类型。对于前一种类型，瓦尔德纳认为，在激烈冲突中想要维持统治地位的精英将会组建一个将下层民众包含在内的跨阶级联盟，这似乎体现了精英与劳工的合作。然而，联系现实加以思考便会发现，激烈的精英冲突使统治集团深陷不确定性和继承危机，这使政治精英很难与劳工群体发展起稳定和长久的合作关系。即使短暂争取到劳工群体的政治支持，也很容易因力量薄弱而反被俘获。并且，在追赶初期因精英冲突激烈而难以规划长期发展战略的后发国家，在追赶的中后期通过发展与劳工群体的合作关系而激发劳动者工作积极性和创新活力的可能性也无从谈起。对于后一种类型，根据定义，后发国家至少要具有一定的追赶意愿，否则只能称为“落后国家”甚至“最不发达国家”。当精英间关系凝聚时，在后发追赶的国家意志的推动下，政治精英将主动发展同劳工群体的合作关系，或至少避免直接对抗以削弱推动发展的国家能力，这使精英凝聚但精英与劳工对抗这种情况也少见于现实。基于此，本书仅讨论现实中经常观察到的精英凝聚且精英与劳工合作，以及精英分裂且精英与劳工对抗这两种后发国家类型。

精英凝聚和精英与劳工合作将带来聚合型国家，即以技术创新为经济社会发展核心驱动力的国家。在这类后发国家中，凝聚性的精英关系结构将使统治者对保持政权稳定和在位时间有较长预期，因而更易形成关于发展的长时间视野，也更有动力去创造和维护有利于经济长期发展的制度框架和政策环境。同时，相对和谐的精英与劳工关系意味着劳工群体与政治精英形成了关于发展的一致目标，并结成后发追赶的共容性利益集团，对劳工群体的分配与再分配将在一种不影响资本积累的程度上进行，劳工群体也会主动寻求技能水平的提高和劳动生产率的提升。在此情形下，劳动者工作积极性和创新活力将得到有效激发。

精英冲突和精英与劳工对抗将带来分散型国家。在这类后发国家中，政治精英内部分歧严重，竞争激烈，这使在位的统治者或统治集团时间视野非常短。比起缓慢构建有利于经济长期发展的制度体系，他们更偏好能够立见成效的政策措施。同时，权力分散的决策结构也限制了政治精英与劳工群体发展长期稳定合作关系的能力。特别是在面对阶级意识较为成熟的劳工群体时，为了减少破坏性的劳工运动对政权稳定的威胁，居统治地位的政治精英不得不在经济增长的同时与劳工群体分利，如提高工资待遇、改善工作环境、完善福利制度等。因此，这类后发国家通常难以积累起用于扩大再生产的必要资本，其后发追赶要么只能取得非常有限的进展，要么则因依赖外来资本而可能陷入依附型发展的窘境。并且，劳动者的工作积极性和创新活力也会因其未与国家形成一致的后发追赶目标而处于主动抑制的状态。

第二节　技术能力及其培育过程

围绕“经济增长的动力从何而来”这一问题，以肯尼思·阿罗（Kenneth Arrow）提出的基于“干中学”的生产率增长模型、[①] 罗伯特·索洛（Robert M. Solow）的新古典经济增长模型，[②] 以及保罗·罗默（Paul M. Romer）的内生经济增长模型[③]等研究为基础，知识积累和技术进步的重要性开始引起广泛关注。诺贝尔经济学奖得主约瑟夫·斯蒂格里茨（Joseph E. Stiglitz）认为，后发国家追赶先发国家的步伐在很大程度上依赖于它们缩小与先发国家的知识差距，这就使得国家如何学习、如何变得更有生产力，以及公共政策如何推进这一进程成为发展经济学的核心研究问题。[④] 在他看来，国家应当着力构建一个学习型社会，在短期内放弃（静态）比较优势，换取较长一段时期内的学习累积过程。[⑤] 在此基础上，产业政策也应转向强调知识或能力的转移、学习、市场的共同创造、集群、创新的生态系统和企业家精神的提升等内容的创新政策。[⑥] 正如李斯特指出的，“国家财富并不在于交换价值的占有，而是在于

---

① Kenneth Arrow, “The Economic Implication of Learning by Doing”, *Review of Economic Studies*, Vol. 29, No. 3, 1962, pp. 155 – 173.

② Robert M. Solow, *Growth Theory: An Exposition*, Oxford: Oxford University Press, 1970.

③ Paul M. Romer, “Increasing Returns and Long-Run Growth”, *Journal of Political Economy*, Vol. 94, No. 5, 1986, pp. 1002 – 1037.

④ Joseph E. Stiglitz, “Rethinking Development Economics”, *The World Bank Research Observer*, Vol. 26, No. 2, 2011, pp. 230 – 236.

⑤ Joseph E. Stiglitz and Bruce C. Greenwald, *Creating a Learning Society: A New Approach to Growth, Development, and Social Progress*, New York: Columbia University Press, 2014.

⑥ Christos Pitelis and Jochen Runde, “Capabilities, Resources, Learning and Innovation: A Blueprint for a Post-Classical Economics and Public Policy”, *Cambridge Journal of Economics*, Vol. 41, No. 3, 2017, pp. 679 – 691.

生产力的占有。正同一个渔夫的财富不在于占有了多少条鱼，而是在于不断地捕鱼以满足他的需要的那种能力和手段”[①]。本书认为，这种“能力和手段”指的便是技术能力。

一　技术能力的定义及衡量

在后发国家技术追赶的过程中，培育本国技术能力（indigenous technological capability）是必不可少的关键环节。技术能力，即一国通过技术活动提高本国的国际竞争优势的能力。[②] 20 世纪 80 年代，出于对技术落后的发展中国家的关注，一批关于技术能力的理论研究成果逐渐面世。在 1984 年出版的那本技术能力理论研究的奠基之作中，熊彼特奖得主马丁·弗莱斯曼（Martin Fransman）将技术能力拆分为六个组成部分，分别是：（1）寻找可用的替代技术和选择最适当的技术进行引进的能力；（2）对引进技术实现将投入转化为产出的能力；（3）为适应特定的生产条件而对技术做出改进的能力；（4）对引进技术进行渐进性创新的能力；（5）在自主研发的基础上对引进技术进行重大创新的能力；（6）制订基础研究计划以提高自身技术创新的能力。[③] 罗纳德·道尔（Ronald Dore）通过研究印度和韩国的工业技术发展历程，认为技术能力应当至少包含三方面内容，即自主的在世界范围内识别可引进技术的能力

① ［德］弗里德里希·李斯特：《政治经济学的国民体系》，邱伟立译，华夏出版社 2013 年版，第 296 页。

② 有关技术能力的研究始于 20 世纪 80 年代学者们对技术落后的发展中国家的关注。80 年代以后，对技术能力的研究逐渐从宏观层面的国家技术能力转向了微观层面的企业技术能力。参见魏江《企业技术能力研究的发展与评述》，《科学管理研究》2000 年第 5 期，第 20—23 页。本书提到的技术能力，若无特别说明，均指宏观层面的国家技术能力。

③ Martin Fransman, "Technological Capability in the Third World: An Overview and Introduction to Some of the Issues Raised in this Book", in Martin Fransman and Kenneth King, eds., *Technological Capability in the Third World*, London: The Macmillan Press, 1984, p. 10.

(IWTRC)、自主的技术学习能力（ITLC）和自主的技术创造能力(ITCC)。[①] 在对印度进行更为细致的考察后，阿斯霍克·德赛(Ashok V. Desai）提出，技术能力从低到高依次是：选择合适的技术来源国并从其手中购买合适的技术的能力、在生产经营中应用技术以提高投入产出效率和产品质量的能力、对引进技术进行复制和扩展的能力，以及技术创新的能力。[②]

上述研究暗含着对技术能力的要求会随技术引进阶段的推进而不断提高的内涵。在此基础上，韩国学者李真珠（Jinjoo Lee）等首次将对技术能力的分解与技术发展过程相结合，提出了一个三层次的技术能力发展模型，即发展中国家在对引进技术进行消化吸收和再创新的过程中，依次需要最低层次的消化和改进世界成熟技术的能力、中间层次的消化和改进世界新兴技术的能力，以及最高层次的创造世界新兴技术的能力。[③] 1989 年，联合国亚洲及太平洋经济社会委员会（ESCAP）出版了一套名为《关于技术发展的框架性综述》的指南，用于协助成员国政府将与技术有关的活动纳入其国家发展规划之中。该指南全套六册，其中第五册专门讨论技术能力有关议题。它将一国的技术能力视为自主技术学习能力、自主技术创新能力和世界先进技术的自主跟踪能力的综合。[④]

表 2 - 3 总结了上述代表性研究对技术能力的分解。由此可见，

---

① Ronald Dore, "Technological Self-Reliance: Sturdy Ideal or Self-Serving Rhetoric", in Martin Fransman and Kenneth King, eds., *Technological Capability in the Third World*, London: The Macmillan Press, 1984, pp. 65 - 66.

② Ashok V. Desai, "India's Technological Capability: An Analysis of Its Achievements and Limits", *Research Policy*, Vol. 13, No. 5, 1984, pp. 303 - 310.

③ Jinjoo Lee, Zong-tae Bae and Dong-Kyu Choi, "Technology Development Processes: A Model for a Developing Country with a Global Perspective", *R&D Management*, Vol. 18, No. 3, 1988, pp. 235 - 250.

④ Technology Atlas Project, *An Overview of Framework for Technology-Based Development*, Bangalore: Asian and Pacific Centre for Transfer of Technology of the Economic and Social Commission for Asia and the Pacific, 1989.

后发国家技术开发活动的深化需要以相应的技术能力作为前提。只拥有挑选合适的技术进行引进能力的后发国家很难对引进技术做出本土化的改进，而在有能力制订和实施系统性的基础科学研究计划之前，后发国家也很难在技术创新方面取得突破。

表 2-3　　部分代表性研究对技术能力的分解

弗莱斯曼（1984 年）	①寻找可用的替代技术和选择最适当的引进技术的能力；②对引进技术实现将投入转化为产出的能力	③为适应特定生产条件而对技术做出改进的能力；④对引进技术进行渐进性创新的能力	⑤在自主研发的基础上对引进技术进行重大创新的能力	⑥制定基础研究计划以提高技术创新的能力
道尔（1984 年）	①自主的技术识别能力；②自主的技术学习能力			③自主的技术创造能力
德赛（1984 年）	①购买技术的能力	②生产经营的能力	③复制扩展的能力	④技术创新能力
李真珠等（1988 年）	①消化和改进世界成熟技术的能力；②消化和改进世界新兴技术的能力			③创造世界新兴技术的能力
联合国亚洲及太平洋经济社会委员会（1989 年）	①自主技术学习能力；②自主技术创新能力；③世界先进技术的自主跟踪能力			

资料来源：笔者根据相关文献整理。

在参考上述研究的基础上，本书将技术能力区分为较低和较高两个层次，并提出，虽然两个层次技术能力的提升均能为后发国家带来增长，但增长的潜力和时间是不同的。较低层次的技术能力是指后发国家对成熟技术做出消化和改进的能力。由于后发优势的存在，仅需具备较低层次的技术能力就能帮助后发国家快速提升生产率。但随着成熟技术走向衰落，技术回报率的下降将使后发国家的增长势头逐渐放缓直至停滞。较高层次的技术能力则指后发国家对新兴技术做出消化和改进，甚至不落后于技术领先国创造出新兴技术的能力。这一技术能力的获得需要后发国家首先在人力和物质资本（如机器设备等）等方面进行一定规模的投资，尤其是投资于基础科学研究领域，因此短期内难见成效。然而一旦掌握，将成为后发国家持续保持国际竞争优势的动力所在。当赶超的机会窗口到来时，较高层次的技术能力更有可能使后发国家实现跨越式发展，跻身技术领先国行列。

目前，世界各国和主要的国际组织就技术能力的评估提出了非常多的数据指标，如主要科学技术指标（Main Science and Technology Indicators，MSTI）、全球创新指数（Global Innovation Index，GII）、自然指数（Nature Index）、科学技术和工业记分牌（STI Scoreboard）、国家创新指数，等等。这些数据指标能够为我们衡量一国的技术能力及其变化提供定量分析基础。但由于许多指标涵盖的时间范围局限于 21 世纪以来，少数包含有 20 世纪 80 年代以来的数据，无法为我们提供第五次技术创新浪潮涌现前后主要国家技术能力的有关情况。为了弥补这一不足，本书对主要指标体系的构成进行了研究，发现它们多从投入和产出两方面来构建评估指数，即技术能力的提升通过创新人才资源的储备和创新活动的投入力度等来体现，效果则表现为知识传播和社会经济影响等。因此，本书在分析具体国家的技术能力时，将采用一些更具可得性的替代指标，如研发支出占 GDP 的比重、每百万人中科研人员的数量、人均发明专利申请数、知识产权的支出费用、高技术产业出口占制造业出口的比重、全要素生产率等。

二　技术能力的培育过程

较低层次和较高层次的技术能力各具特征，它们的培育因而对后发国家提出了不同要求。培育较低层次的技术能力虽然只需相对较少的前期投入，但也并非忽略不计，因此要求后发国家至少具有一定的追赶技术领先国的意愿。较高层次的技术能力能在较长时间内为后发国家提供增长动力，是后发国家持续保持国际竞争优势的动力所在，但需要国家首先在人力和物质资本方面进行集中投资，短期内难见成效，并且需要社会广泛参与技术创新。这意味着，除后发追赶的意愿外，后发国家还要拥有目的明确的权威结构以形成长期导向，并能团结劳工群体使其与国家保持目标一致，从而激发劳工群体参与技术创新的积极性和主动性。表 2－4 总结了培育不同层次的技术能力对后发国家所提出的要求。由此可见，时间视野较短且劳动者未与国家形成一致目标的分散型国家通常只能培育起较低层次的技术能力，具有长期导向且劳动者与国家形成了较为一致的发展目标的聚合型国家则更有可能培育起较高层次的技术能力。

表 2－4　培育不同层次的技术能力对后发国家提出的要求

技术能力的层次	定义	特征	对后发国家的要求
较低层次	对成熟技术做出消化和改进的能力	能在短期内快速提升后发国家的生产率，但技术回报率的下降速度很快	有追赶技术领先国的意愿
较高层次	对新兴技术做出消化和改进，甚至不落后于技术领先国创造出新兴技术的能力	一旦掌握将在较长时间内为后发国家提供增长动力，是后发国家持续保持国际竞争优势的动力所在，但前期需要大量投入，短期内难见成效，且需要社会广泛参与技术创新	国家具有目的明确的权威结构，劳工群体与国家目标一致，具有技术创新的积极性和主动性

资料来源：笔者自制。

综上所述，在精英间关系和精英与劳工关系的共同作用下，后发国家将呈现不同的发展特征，这些特征决定了它们所能培育的技术能力的层次上限。考虑到技术能力的培育并非一蹴而就，而是需要较长时间来完成的缓慢活动，本部分将从三个方面来具体描述后发国家技术能力的培育过程，分别是人力资本发展、技术引进方式和国家创新体系的建设。

首先，人力资本是技术能力形成过程中最基本同时也是决定性的因素，因为技术能力是储存在人之中的。辨别一个国家能否培育起在动态环境中保持高效竞争绩效的技术能力的一个重要指标就是教育和培训体系，它们为企业源源不断地提供具有生产所需技能和知识的人才。这种教育和培训体系包含三个层次：一是培养具有强大科研实力的“高精尖”人才的高等教育；二是旨在提高全社会劳动适龄人口综合素质的中等教育；三是按照产业要求向劳动者提供专用性技能的职业教育和职业培训。有关教育影响经济增长的文献指出，一国教育投入的分配需要与该国相对于技术前沿的距离相匹配。一般而言，距离技术前沿较远的国家需要在中等教育上进行最大投入，而接近技术前沿的国家则需将更多资源投入高等教育。① 这是因为，高等教育培养出的人才承担着引领作为技术创新原动力的基础科学领域知识突破的任务，中等教育培养的则更多是拥有较强学习能力和领悟力的高素质劳动者和技能型人才。同时，劳动者在职业教育和职业培训中的可塑性也高度依赖中等教育的质量。

其次，作为追赶过程中可资利用的一大后发优势，通过引进、吸收与借鉴先发国家的技术、设备和资金，后发国家可以在一个较高的起点上实现跨越式发展。② 后发国家可通过多种方式从外部获得技术经验：一是引进物化技术为主的“硬”技术，如购置成套设

① 参见 Vandenbussche Jerome, Philippe Aghion and Costas Meghir, “Growth, Distance from Frontier and Composition of Human Capital”, *Journal of Economic Growth*, Vol. 11, No. 2, 2006, pp. 97 – 127。

② Alexander Gerschenkron, *Economic Backwardness in Historical Perspective: A Book of Essays*, Cambridge: Harvard University Press, 1962.

备、购买“交钥匙”工程（turn-key project）等。这种技术引进方式的特点是可暂时性地提高生产技术水平，从而获得短期经济效果，但对自主技术能力的提升十分有限。二是引进技术知识为主的“软”技术，如购买设计图纸、专利等。这种技术引进方式要求后发国家具有一定的技术吸收能力，特别是要自行捕捉到已被编成手册、程序和规则的显性技术知识之外的、难以被形式化的隐性技术知识。这类知识多是默会性的（tacit knowledge），藏于个体经验、直觉和洞察力之中，只有通过较长时间的实践才有可能获得。[①] 三是逆向工程（reverse engineering），即专业技术人员运用各种工程设计经验、知识和创新思维，对目标产品进行解构、分析、重构和再创造。这是最能刺激后发国家技术能力提升的途径，但也对后发国家前期技术能力的积累有非常高的要求。其他技术引进方式还包括外商直接投资、技术咨询、合作生产等。

最后，技术创新并不以一种完美的线性方式出现，而是系统内部各要素之间相互作用和反馈的结果。[②] 因此，在技术能力的培育过程中，起着支撑和服务作用的国家创新体系（national innovation system）同样不可或缺。国家创新体系可定义为其相互作用决定着一国创新实绩的一整套制度安排。在实际生活中，国家创新体系具体表现为政府、企业、大学、研究院所、中介服务机构等主体之间围绕科学技术发展形成的一种相互作用的网络化机制，它们在这种网络化机制下为引进、改造、扩散和开发技术进行着各种各样技术的、商业的、财政的、法律的和社会的活动。[③] 在后

① 郁振华：《当代英美认识论的困境及出路——基于默会知识维度》，《中国社会科学》2018 年第 7 期，第 22—40 页。

② *National Innovation System*，OECD，1997，见 https：//www. oecd. org/science/inno/2101733. pdf。

③ Richard R. Nelson and Nathan Rosenberg，“Technical Innovation and National Systems”，in Richard R. Nelson，ed.，*National Innovation Systems：A Comparative Analysis*，New York：Oxford University Press，1993，pp. 3 –21.

发国家技术追赶的过程中，完善而有效的国家创新体系能够为高等院校和科研院所的基础科学研究提供一切必要资源，并在高等院校和科研院所的基础科学研究与企业以市场为导向的创新活动之间架起桥梁，从而形成政产学研用协同创新、产研结合的良性循环机制。①

第三节　技术追赶的模式选择

在第一章理论准备部分，本书已对技术演进所具有的报酬递增特性进行了详细阐述，即某种技术系统一旦获得初始优势，很容易将这种优势一直保持，并形成技术锁定。如果外部刺激不够强大，或系统内的行为体难以承受打破既定技术—经济范式的高昂成本，这种锁定将持续相当长时间。由此可见，技术追赶并非后发国家在既有的技术—经济范式内与技术领先国的相对速度问题，成功的追赶通常以创设新的范式为基础。然而，由于技术能力的差异，各国的技术追赶模式也会呈现出不同。

一　后发国家的技术追赶模式

基于对韩国主要产业的技术追赶过程进行细致考察，韩国学者李根提出了后发者追赶先行者的三种模式。第一种是路径跟随式追赶（path-following catch-up），即后发者遵循与先行者相同的技术发展路径。第二种是阶段跳跃式追赶（stage-skipping catch-up），即后发者在一定程度上遵循先行者的技术发展路径，但是跨越了其中的某些阶段，因而缩短了追赶时间。第三种是路径创造式追赶（path-creating catch-up），即后发者跟随先行者的技术发展路径一段时间后，转而探索自己的道路，并创造出一条全新的技术发展路径。

① 张鸿武：《科技创新需重视技术基础设施建设》，《光明日报》2018 年 7 月 3 日第 11 版。

表2－5形象地概括了三种技术追赶模式的特征。不难发现，第一种追赶模式表现出跟随式发展的特征，后两种追赶模式则表现出跨越式发展的特征。为了对后发者的技术追赶模式做出解释，李根还引入技术体制（technological regime）的概念，并提出，某项技术的创新频率和技术轨迹的可预测性（即技术体制的具体表现）共同决定了企业的研发偏好。具体而言，一项技术的创新频率越高，后发企业要进行的研发工作量就越大；技术轨迹的可预测性越低，企业确定研发目标的难度也就越大。这可能使企业倾向于跟在先行者身后以规避研发风险。然而，如果政府能够提供必要的市场保护甚至参与联合研发，那么技术追赶就更有可能表现出阶段跳跃甚至路径创造的特征。①

表2－5　　技术追赶的不同模式

领先者	A→B→C→D		
后发者	路径跟随	A→B→C→D	跟随式发展
	阶段跳跃	A→C→D	跨越式发展
	路径创造	A→B→E→F	

资料来源：Keun Lee and Chaisung Lim，"Technological Regimes，Catching-up and Leapfrogging：Findings from the Korean Industries"，*Research Policy*，Vol. 30，No. 3，2001，p. 465。

值得注意的是，李根用技术体制来解释不同行业的技术追赶模式，出发点是一种微观的企业视角。并且，他的分析全部立足于韩国这个单一案例。历史经验显示，后发国家在面对技术革命带来的赶超的机会窗口时，其国内重点产业的技术追赶也会呈现类似的不同模式。因此，我们可以借用李根的分类来对各国进行区分。然而，不同国家在同一产业的技术追赶模式可能并不相同。这意味着，与产业特征相联系的技术体制的解释无法为我们提供更多的启

① Keun Lee and Chaisung Lim，"Technological Regimes，Catching-up and Leapfrogging：Findings from the Korean Industries"，*Research Policy*，Vol. 30，No. 3，2001，pp. 459－483.

发。正如本书在第一章的理论准备部分所强调的，政治系统与经济系统的不同以及后发追赶处在国际竞争这样一种隐含的背景之下，需要我们对既有的分析框架做出调整和修正，才能更好地理解后发国家的技术追赶。

本书提出，当赶超的机会窗口到来时，后发国家存在两种可选的技术追赶模式，即跟随式发展和跨越式发展。两种技术追赶模式对后发国家技术能力的要求是不同的。跟随式发展，即后发国家沿着技术领先国走过的路径发展技术，通常表现为对领先国的重复性模仿。由于领先国的技术发展路径清晰可见，并且领先国拥有将成熟技术的生产向外转移的动机，因此，这种技术追赶模式对后发国家技术能力的要求并不高。跨越式发展，是指后发国家在沿技术领先国相同的路径发展技术时跳过了其中的某些阶段，甚至创造出一条与技术领先国截然不同的技术演进轨道，以全面的自主创新发起对领先国的技术追赶。这种技术追赶模式有助于后发国家缩小与领先国的技术差距，并且，一旦成功创设出新的技术演进轨道，后发国家很可能实现技术地位的超越，跻身世界技术领先国行列。但不能忽视的是，跨越式发展要以后发国家具有相当强的技术能力为基础，并且风险极高。

下面试举几例对后发国家的技术追赶模式及其特征做一个说明。美苏在冷战期间围绕计算机技术展开的竞争是大国技术竞争的经典案例。20 世纪 50 年代，在美国及其欧洲盟友已经发展出较为完善的基于数字信号的计算机技术时，苏联选择与之保持距离，专注于创造一条属于自己的技术发展路径，即研发基于模拟信号的计算机技术。同时，在美国及其盟友普遍使用计算机高阶语言（High-Order Language，HOL）的情况下，苏联也致力于自己开发新的计算机语言。[①] 由于无法从他处借鉴发展经验，这种跨越式发展的技术追赶

---

① Seymour E. Goodman，“Soviet Computing and Technology Transfer：An Overview”，*World Politics*，Vol. 31，No. 4，1979，pp. 539 – 570.

模式对苏联的技术能力提出了非常高的要求，苏联也在技术开发过程中经历了非常多的试错和发展痛苦（growing pains）。受一系列复杂因素的影响，到20世纪70年代中后期时，苏联的技术能力已无法与美国相媲美，不得不宣布放弃自主开发，转而采用IBM的model 360作为经济互助委员会国家的计算机集成系统。① 这凸显了跨越式发展对技术能力的极高要求及其极具风险的一面。

日本、韩国和巴西在钢铁制造业中采取的不同技术追赶模式则鲜明地展现了技术体制解释力的不足。同样是在技术创新频率较低和技术轨迹的可预测性较高的钢铁制造业中，日本和韩国更多地体现出跨越式发展的特征，巴西则基本沿着先发国家的技术路径进行钢铁生产。早在19世纪末20世纪初，日本就开始发展钢铁工业。最初，在德国和英国的帮助下，日本建设了釜石制铁所和八幡制铁所。但产出的生铁和钢材质量一直欠佳，使得两个制铁所持续处于亏损状态，几度关停。② 原帝国大学工程学教授野吕景义（Noro Kageyoshi）调查后发现，根本原因在于外国工程师未能根据日本煤矿的特性对高炉炼钢技术做出相应改进。在野吕的指导下，制铁所结合日本的实际情况对西方技术进行改进，通过用木炭替代焦炭作为新的燃料，并重新设计高炉结构，极大地提升了钢铁生产效率和产量，使得日本实现了优质钢材的自给自足。③ 这体现了日本对技术领先国的创造性模仿。韩国的钢铁生产也表现出明显的跨越式发展特征。传统的钢铁产品铸带宽度一般要经历100毫米、200毫米、350毫米、600毫米、800毫米和1300毫米的进步过程。韩国则在

① Chi Ling Chan, "Fallen Behind: Science, Technology, and Soviet Statism", *Intersect*, Vol. 8, No. 3, 2015, p. 7.

② ［日］浜野洁、井奥成彦、中村宗悦、岸田真、永江雅和、牛岛利明：《日本经济史：1600—2015》，彭曦、刘姝含、韩秋燕、唐帅译，南京大学出版社2018年版，第119页。

③ ［日］小田切宏之、［日］后藤晃：《日本的技术与产业发展：以学习、创新和公共政策提升能力》，周超、刘文武、肖丹等译，广东人民出版社2019年版，第154—160页。

掌握了350毫米铸造技术后直接跨越至开发1300毫米铸造技术，从而在较短的时间内缩小了与发达国家钢铁生产的技术差距。[①] 与日、韩相对，巴西采取的基本是跟随式的技术追赶模式。"二战"期间，热图利奥·瓦加斯（Getúlio Dornelles Vargas）利用美国对轴心国在南美洲渗透的担忧，多次向华盛顿表示巴西与德国开展钢铁工业合作的可能性。[②] 结果，1940年8月，美国承诺向巴西的沃尔塔·雷东达（Volta Redonda）钢铁厂建设计划提供优惠贷款和技术援助。在后来发展壮大的过程中，巴西引进的诸如炼铁高炉、氧气顶吹转炉、液压无厚度自动控制轧钢机、连续铸坯技术等，均是已在欧美国家发展至成熟阶段的技术。[③]

二　技术追赶的模式选择

结合上述分析，本书提出，政治精英作为由众多个体以及不同派系组成的群体的内部关系，以及政治精英作为独立行为体与直接参与工业化并对其有巨大影响的劳工群体之间的关系，共同塑造了后发国家在培育技术能力过程中的时间视野和执行效果（T－N期）。以此为基础，具有不同发展特征的后发国家在培育技术能力的过程中在人力资本发展、技术引进方式以及国家创新体系的建设上采取了差异化策略，因而技术能力的培育结果也出现了分化（T－1期）。具体而言，时间视野较短且劳工群体与国家发展目标不一致的分散型国家只能培育起较低层次的技术能力，具有长期导

① Hae-Geon Lee, "Research Efforts of GIFT, A Graduate Institute in All That Is Steel: With an Example of Recent Achievement on Light-Weight Steel Development", *ISIJ International*, Vol. 57, No. 2, 2017, pp. 207－213.

② ［英］莱斯利·贝瑟尔主编：《剑桥拉丁美洲史（第九卷）：1930年以来的巴西》，吴洪英、张凡、王宁坤、王鹏、郭存海、陈会丽译，当代中国出版社2013年版，第412页。

③ Oliver J. Dinnius, *Brazil's Steel City: Developmentalism, Strategic Power and Industrial Relations in Volta Redonda, 1941－1964*, Redwood City: Stanford University Press, 2001.

向且劳工群体与国家发展目标一致的聚合型国家则能够培育起较高层次的技术能力。在技术创新浪潮带来赶超的机会窗口时（T期），各国依据自身所具有的技术能力转向了相应的技术追赶模式，即跟随式发展或跨越式发展。图2－2总结了这一分析框架。

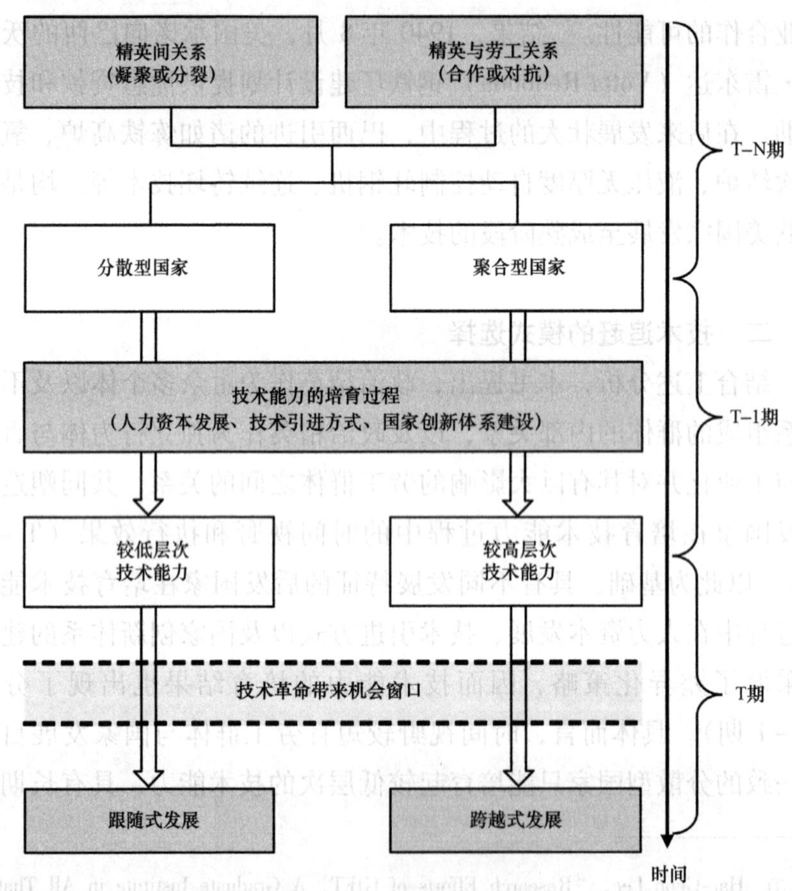

图2－2　分析框架示意图

资料来源：笔者自制。

第四节　案例选择的基本说明

本书将采用比较历史分析加案例内的过程追踪法对以上分析框

架做出检验。案例选择主要遵循以下五条原则[①]：（1）关于案例的既有材料应当是翔实的，包含本书所需要的从前期条件到关键节点再到结果差异的全部内容。（2）所选定的案例应能例证关键性解释变量的变化，即覆盖由精英间关系和精英与劳工关系共同决定的两种不同后发国家类型。（3）所选定的案例应当产生了本书想要探究的不同结果，即跟随式发展和跨越式发展两种不同技术追赶模式。这主要是避免根据因变量选择案例所带来的偏差问题。（4）所选定的案例在本书所规制的时间范围内（“二战”后至20世纪80年代第五次技术革命的影响大规模扩散开来）经历了从前期条件到结果差异的全过程。截取特定时间段进行案例分析，一方面能够避免因果链论述无限回溯的问题，另一方面则能控制时间差异中隐含的情景差异可能带来的干涉和扰动。[②]（5）这些案例合在一起，应该有助于理解本书所提出的因素和机制是如何发挥作用的。

正如历史经验所显示的，20世纪70年代，以世界第一台微处理器在美国加利福尼亚州的英特尔问世为标志，第五次技术创新浪潮开始涌现。这一轮技术革命以芯片和信息技术为核心和关键性投入，由美国逐渐扩散到欧洲和亚洲，由此开启了世界范围的信息和远程通信时代。[③] 面对技术创新浪潮所带来的赶超的机会窗口，一些东亚和拉美地区的后发国家形成了不同的技术追赶模式。结合案例选择的上述五条原则，本书选择“二战”后的巴西和韩国进行比较分析，以展现它们各自的政治社会结构如何决定其所能培育的技术能力，进而在赶超的机会窗口到来时做出的技术追赶的模式

① 唐世平等学者指出，目前尚不存在广为学界接受的选择案例的标准，试图确定这样的标准也几乎是不可能的，研究者应当根据具体的研究目的明确案例选择的标准。参见唐世平、熊易寒、李辉《石油是否导致族群战争？——过程追踪法与定量研究法的比较》，《世界政治研究》2018年第1辑，第65页。

② 叶成城、黄振乾、唐世平：《社会科学中的时空与案例选择》，《经济社会体制比较》2018年第3期，第145—155页。

③ 贾根良：《第三次工业革命与工业智能化》，《中国社会科学》2016年第6期，第100页。

选择。

同为“二战”后的后发国家，巴西和韩国在许多方面具有相似性。[①] 其一，两国在工业技术领域的后发追赶均由政府主导，并相应制定了阶段性的发展计划和产业政策。巴西曾制定包括5个部门30个具体目标的全国发展目标纲要和以赶超发达国家为目标的全国发展计划，韩国则在20世纪60年代设立经济企划院，负责经济开发“五年计划”的制订和实施工作。其二，两国都曾交替采取过进口替代和出口导向的工业发展战略。巴西的进口替代工业化进程始于20世纪30年代的世界经济“大萧条”，60年代中后期巴西逐渐转向外向型工业发展模式，并将政策重点由国内市场转向国际市场。韩国也在20世纪60年代由进口替代转向出口导向型战略。其三，两国都曾经历长时期的军人统治，并在军政府时期取得经济“奇迹”。“巴西奇迹”和“汉江奇迹”似乎都印证了威权统治所具有的发展效率。巴西与韩国在上述方面的相似特征，为我们通过求异比较找寻两国在工业技术领域的后发追赶取得不同成效的原因提供了基础。[②]

① 江时学：《韩国与巴西工业化道路比较》，《当代亚太》2002年第4期，第7页。

② 张倩雨：《巴西工业技术发展缘何进展缓慢？——基于与韩国的比较研究》，《拉丁美洲研究》2024年第4期，第125页。

第三章

走上跟随式技术发展道路的巴西

作为最早一批开展工业化的发展中国家，巴西曾被发展政治经济学家寄予厚望，认为最迟到20世纪末巴西将成为下一个世界经济强国。并且，巴西进口替代工业化战略的实施经验经由劳尔·普雷维什（Raúl Prebisch）的系统化和理论化，成为拉美历史上影响最广泛、指导时间最长的经济理论。[①] 然而，就在1968—1973年取得年均10%以上经济增速的“奇迹”后，巴西的后发追赶却戛然而止，与“二战”结束时处于大致相同发展水平、此后又共同经历威权体制下的高速增长的韩国分道扬镳了。在第五次技术创新浪潮到来时，韩国紧抓机会窗口，成功转向跨越式技术发展道路，巴西却停留在旧的技术范式内，只能亦步亦趋地跟随技术领先国发展工业技术。本章将从巴西国内的政治社会结构出发，探讨精英分裂和精英与劳工对抗如何导致巴西只能培育起较低层次的技术能力，进而阻碍其转向跨越式技术追赶，而陷于跟随式技术发展道路。第一节概述了巴西自第一共和国至“二战”结束的工业发展情况。从比较的视角看，巴西和韩国大致处于同一起跑线。第二节是对“二战”后巴西国内政治社会结构及其发展特征的分析。这一节有助于我们理解巴西为何走上不同于韩国的后发追赶道路。第三节将从人力资本培育、技术引进方式和国家创新体系建设三个方面详细刻画

① 吴红英：《巴西现代化进程透视——历史与现实》，时事出版社2001年版，第72页。

巴西技术能力的培育过程，并指出，各层次教育的失衡发展、技术引进的过程中重国产化而轻内生化的短视行为，以及缺少内部动力和外部稳定性的国家创新体系，使巴西提升技术能力的努力大多失败了。较低层次的技术能力，使巴西在面对赶超的机会窗口时只能采取跟随式技术发展道路，这是第四节的主要内容。第五节是对巴西案例的总结。

第一节　对初始发展条件的说明

巴西最早通过初级产品出口的方式与世界经济发生联系。在三百余年的殖民地历史中，巴西先后经历了“巴西木周期”（16 世纪）、“蔗糖周期”（16 世纪 30 年代到 17 世纪末）、“淘金周期”（1709—1789 年）和“棉花周期”（1760—1818 年）。[①] 1822 年，巴西以相对和平的方式摆脱葡萄牙获得独立。没有大规模的冲突意味着物质和经济上的积累得到保留。独立后，巴西立即成为以英国为主的欧洲和北美新兴工业化国家的初级产品来源地。其中，蔗糖、棉花和咖啡占巴西出口的 75%—80%。[②] 之后，咖啡生产进一步扩大，在巴西对外出口中的占比不断提升，使巴西迅速成为全球咖啡的首要供应国。咖啡业的快速发展产生了重要的后向影响，这主要体现在：一方面，咖啡种植园主进口了大量农业机械和机器设备用于生产加工，因而主导了一部分巴西工业工厂的建立；另一方面，为保障咖啡出口，咖啡巨头还积极投资修建连接咖啡生产区域与沿海港口地区的高效铁路运输网。[③] 到 20 世纪初时，巴西的铁路

① 周志伟：《巴西崛起与世界格局》，社会科学文献出版社 2012 年版，第 211 页。

② ［英］莱斯利·贝瑟尔主编：《剑桥拉丁美洲史（第三卷）：从独立到大约 1870 年》，徐守源、段昭麟、江瑞熙、朱云瑞译，社会科学文献出版社 1994 年版，第 745—750 页。

③ E. Bradford Burns, *A History of Brazil*, New York: Columbia University Press, 1993, pp. 154 - 155.

网主要集中在圣保罗、里约热内卢和米纳斯吉拉斯三个咖啡主产区。这种后向联系同样可见于其他农业出口品，如蔗糖、橡胶、棉花等。事实上，农产品出口部门的集约化发展要求机械设备投资以及运输系统的扩张和现代化，因而带来了巴西早期的工业增长，主要表现为食品加工业、纺织业、家具制造业等。[①] 从当时的工业结构来看，食品、纺织、服装、饮料等轻工业约占巴西工业总产值的80%以上。

表3－1　19世纪巴西主要出口产品占总出口的比重　（单位:%）

时间	咖啡	蔗糖	橡胶	可可	巴拉圭茶	棉花	烟草	皮革与兽皮	总计
1821—1830年	18.4	30.1	0.1	0.5	—	20.6	2.5	13.6	85.8
1831—1840年	43.8	24.0	0.3	0.6	0.5	10.8	1.9	7.9	89.8
1841—1850年	41.4	26.7	0.4	1.0	0.9	7.5	1.8	8.5	88.2
1851—1860年	48.8	21.2	2.3	1.0	1.6	6.2	2.6	7.2	90.9
1861—1870年	45.5	12.3	3.1	0.9	1.2	18.3	3.0	6.0	90.3
1871—1880年	56.6	11.8	5.5	1.2	1.5	9.5	3.4	5.6	95.1
1881—1890年	61.5	9.9	8.0	1.6	1.2	4.2	2.7	3.2	92.3
1891—1900年	64.5	6.0	15.0	1.5	1.3	2.7	2.2	2.4	95.6

资料来源：［美］E. 布拉德福德·伯恩斯：《巴西史》，王龙晓译，商务印书馆2013年版，第132页。

在出口经济的带动下，巴西于19世纪后半叶开始了现代化进程，但它所走的是一条依附性的、畸形的现代化道路。一是国家强调发展以咖啡业为主的出口农业，使得从事咖啡生产和销售的咖啡业主和出口商逐渐控制了巴西国民经济，进而主导了国家政治生活，经济和政治权力也逐渐集中到了生产咖啡的东南地区。二是随

① ［巴西］弗朗西斯科·维达尔·卢纳、［美国］赫伯特·S. 克莱因：《巴西经济社会史》，王飞译，中国社会科学出版社2020年版，第46—65页。

着初级产品出口收入的增加，社会财富越来越集中到少数种植园主和出口商手中，导致贫富差距进一步拉大。在此期间，大地产制不仅没有被动摇，反而得到强化。奴隶制虽在 1888 年得到废除，但过去的奴隶及其后代仍居于社会最底层。三是支撑经济繁荣的是向工业化国家出口初级产品及引进外国资金和技术，因此，现代化的推进反而强化了巴西经济的对外依附。一旦外部环境发生变化，巴西经济将首当其冲。由此可见，这种现代化只是一种“没有发展的增长”。[①]

第一次世界大战期间，同盟国对原料、粮食需求的增加刺激了巴西工业生产部门的规模扩张，巴西工业产值实现翻倍增长。在此期间，巴西新设企业 5936 家。到 1920 年，巴西工业企业数目已达 13336 家，雇佣工人 27.5 万人。其中，食品加工业企业数占比 40.2%，纺织业 27.6%，服装业 8.2%，化学工业 7.9%。到 1928 年时，巴西已有 31745 家工业企业。同时，工业的地理布局也扩大了。以往工业生产主要集中在首都里约热内卢，到 1920 年时，圣保罗的工业产值已占全国的 1/3，超过里约热内卢成为新的工业中心。米纳斯吉拉斯州也新建了一批技术先进、规模较大的工业企业。[②] 然而，不可否认的是，直到 20 世纪 30 年代，巴西工业仍处于较为落后的状态：一是工业增长完全由初级产品出口拉动，受西方市场的需求所牵制，潜在风险较大；二是组织方式传统，手工作坊和半手工作坊仍占工业企业的一半以上，生产所需机械设备大多依靠进口；三是工业资产阶级力量薄弱，国家经济命脉实际上仍然控制在咖啡业主手中。

国际环境骤然变化给一个民族带来的危机感，往往成为其开展工业化的重要促进因素。1929 年，在全球经济一片萧条的背景下，

① E. Bradford Burns, *A History of Brazil*, New York: Columbia University Press, 1993, p. 169.

② 周世秀：《巴西从自主工业化向负债工业化的转折》，载周世秀主编《巴西历史与现代化研究》，河北人民出版社 2001 年版，第 253 页。

巴西国内出口悲观主义浓重，这与其单一的出口结构有很大的关系——20世纪20年代末，咖啡出口额已占巴西出口总额的七成以上。1931年，国际咖啡价格暴跌至1925—1929年的1/3，巴西出口额随之从1929年的4.46亿美元降至1932年的1.81亿美元。[①] 这场世界性的经济危机给巴西咖啡业乃至整体经济带来的致命冲击，使巴西意识到以单一出口作物作为国民经济的支柱是脆弱的。在贸易条件急剧恶化和国际收支严重不平衡的背景下，巴西国内要求通过工业化取得经济独立的呼声日益高涨，巴西政府也第一次表现出对工业化的兴趣。[②]

20世纪30年代，高举民族主义与发展大旗的热图利奥·多内列斯·瓦加斯（Getúlio Dornelles Vargas）开始在巴西推行内向型进口替代工业化战略，即利用出口农业的资本积累发展民族工业，面向国内市场大力生产工业消费品，逐渐替代原来由国外进口的工业消费品，并初步建立生产资料工业，使生产结构渐趋多样化。[③] 第二次世界大战为巴西工业的迅速发展提供了契机。一方面，战争中断了巴西从欧美国家进口工业品的渠道，使得国产工业品需求激增，极大地促进了进口替代工业化的发展；另一方面，欧美国家对战略工业原料、战略物资和一般消费品需求的增加，刺激了巴西重工业和轻工业的发展以及对外贸易的扩大。在瓦加斯的领导下，巴西于20世纪40年代上半期先后建立和管理了一批国有企业，包括国营机电厂、沃尔塔·雷东达钢铁厂、国营制碱公司、多西河谷矿业公司和圣弗朗西斯科水力发电公司等。这些国有企业加强了国家对国民经济的干预和领导作用，极大地推进了巴西工业化进程，并

① Werner Baer, *The Brazilian Economy: Growth and Development*, 6th *Edition*, Boulder: Lynne Rienner Publishers, 2008, p. 35.

② Werner Baer, *Industrialization and Economic Development in Brazil*, New York: Columbia University Press, 1983, p. 263.

③ 韩琦主编：《世界现代化历程·拉美卷》，江苏人民出版社2010年版，第53页。

增强了民族经济实力。①

数据显示，1933—1939年，制药业、冶金业、造纸业和水泥业的年均增长率分别高达30%、24%、22%和16%。到20世纪40年代初，巴西轻工业基本实现了自给自足，工业制成品也首次成为巴西重要的出口品。② 瓦加斯第一次执政时期，巴西年均经济增速取得6%的成绩，工业年均增长率更是高达9%。到“二战”结束时，巴西已成为发展中国家里工业化程度最高的国家之一，本土生产已经能够满足国内绝大部分消费品需求，工业结构也变得日趋多样化。③ 从比较的视角看，战后初期巴西工业产值占国民生产总值的比重与韩国基本持平，两国均在20世纪六七十年代经历了一段军事独裁时期。那么，巴西为什么没有取得像韩国那样的成绩呢？这是接下来要讨论的重要问题。

第二节　“二战”后巴西的国内结构与发展特征

本节主要关注“二战”后巴西分裂的精英关系结构和精英与劳工的对抗关系如何形塑其发展特征。考虑到1951—1954年瓦加斯第二次执政时期的很多政策举措延续自1930—1945年第一次执政时期，瓦加斯于20世纪30年代确立的“热图利奥主义”（Getulismo）政治传统在“后瓦加斯”时代的十年（1955—1964年）仍然存续于巴

① 吴红英：《巴西现代化进程透视——历史与现实》，时事出版社2001年版，第82—83、56—157页。

② Stanley E. Hilton, “Vargas and Brazilian Economic Development, 1930 - 1945: A Reappraisal of His Attitude Toward Industrialization and Planning”, *The Journal of Economic History*, Vol. 35, No. 4, 1975, p. 757.

③ ［美］阿图尔·科利：《国家引导的发展——全球边缘地区的政治权力与工业化》，朱天飚、黄琪轩、刘骥译，吉林出版集团2007年版，第173页。

西政坛之中。[①] 因此，接下来的分析将始于 1930 年瓦加斯首次执政。

一　精英分裂与短期导向

在霍夫斯泰德文化维度模型的“长期导向”维度上，巴西得分 44，在 93 个样本国家（地区）中排名第 49 位。虽然与西欧和北美国家相比，巴西的时间视野较长，但仍远低于东亚和中东欧国家。这表明，巴西更注重保持悠久的传统和规范，同时以怀疑的态度看待社会变化。具体到推进工业化和后发追赶的语境中，这种较短的时间视野通常表现为更强调眼前的利益和希望尽快看到成效。下文将从精英间关系的角度对巴西这种短期导向进行解释。瓦加斯政府持续面临来自地方寡头和左右两翼政治力量的挑战，即使是“新国家”体制也只对激烈的精英冲突进行了暂时遏制。一旦严密监视和强力镇压稍稍放松，政治精英内部的反对势力迅速卷土重来。这使瓦加斯和“后瓦加斯”时代的历任政府均难以推行有助于经济长期稳定增长的政策举措。而在军事独裁时期，巴西虽然制订了追赶发达国家的全国发展计划，[②] 但军队内部温和派和强硬派之间不断扩大的分歧却阻碍了巴西形成一个具有较长时间视野的强政府。

（一）瓦加斯两次统治时期（1930—1945 年和 1951—1954 年）

1929 年资本主义世界经济危机爆发后，国际咖啡价格急剧下跌，咖啡出口面临严重困境。为维护咖啡寡头利益，出身圣保罗州的华盛顿·路易斯（Washington Luís Pereira de Sousa）总统试图

---

① 热图利奥主义，即巴西的民众主义（也称民粹主义），因热图利奥·瓦加斯而得名，以工业主义、民族主义、经济干预主义和发展主义为主要构成。参见段居华《巴西的民众主义——热图利奥主义》，《拉丁美洲丛刊》1985 年第 4 期，第 48—55 页。

② 陈才兴：《二战后巴西与韩国工业化道路比较研究》，《世界近现代史研究》2008 年第 5 辑，第 234 页。

将同样来自圣保罗州的儒利奥·普列斯特斯（Júlio Prestes de Albuquerque）推举为下届总统。由于这一做法违反了约定俗成的权力在圣保罗州和米纳斯吉拉斯州之间轮替的政治安排，米纳斯吉拉斯州联合其他不满圣保罗州垄断联邦政府权力的小州组成自由联盟，推举瓦加斯为1930年总统选举的候选人。① 1930年3月，儒利奥·普列斯特斯以58%的得票率战胜瓦加斯赢得选举。为阻止其就职，瓦加斯及其支持者发动了军事政变。11月，瓦加斯正式就任临时政府首脑，废除了1891年宪法，巴西第一共和国宣告结束。

1930—1945年和1951—1954年，瓦加斯两次执政，代表新兴城市工人阶级、部分中产阶层和农民，与土地所有者和其他与国际贸易、资本和美国密切相关的团体分庭抗礼。② 上台伊始，瓦加斯就在政治上面临着被剥夺政治权力的旧寡头集团的严峻挑战。为加强中央政府权力，结束第一共和国的“州长政治”传统，瓦加斯在除米纳斯吉拉斯州之外的其他各州以中央直接任命的督察员取代州长，并限制各州从国外贷款和组织军事力量的权力。③ 这些措施遭到圣保罗州咖啡利益集团的强烈抵制。1932年，圣保罗州发生叛乱，要求恢复寡头集团过去的特权和势力。虽然叛乱因未得到该州工人和农民的支持而被联邦军队镇压，但反对的声音并未就此消停。

除地方寡头外，瓦加斯政府还同时面临来自共产主义者和整体主义者的政治威胁。面对20世纪30年代法西斯势力的猖狂活动给广大工农群众带来的冲击，一个以共产党为核心的、包括各种进步

① 巴西第一共和国时期，全国范围的政治结构表现为“州长政治”，即圣保罗州和米纳斯吉拉斯州分别以咖啡和牛奶获得大量出口收入，因而具有非常强的政治影响力，它们轮流推举联邦政府的总统。参见［美］托马斯·E. 斯基德摩尔、彼得·H. 史密斯《现代拉丁美洲》，江时学译，世界知识出版社1996年版，第191页。

② 方旭飞：《巴西左右政党的分野、变迁和前景》，《拉丁美洲研究》2020年第5期，第52页。

③ ［巴西］博勒斯·福斯托：《巴西简明史》，刘焕卿译，社会科学文献出版社2006年版，第185页。

党派团体的广泛政治联盟——巴西民族解放联盟（Alianca Nacional Libertadora，ANL）于1935年建立。它以“面包、土地和自由”为口号，要求对外国公司实行国有化，实现完全的个人自由，建立人民政府，将大地产分配给农村无产者。由于上述纲领得到了广大群众的热烈拥护，联盟在短短几个月之内便发展到了500万人的庞大规模，并建立了自己的武装力量。[①] 同一时期，普利尼奥·萨尔加多（Plínio Salgado）创建了巴西极右翼党派“巴西整合运动”（Ação Integralista Brasileira）。以“上帝、祖国和家庭”为口号，萨尔加多认为需要一个强有力的威权政府引导人们实现怜悯、善良等基督教美德，并利用人民的美德、忠诚和爱国来实现巴西的复兴。该党派具有准军事化的风格，包括身着表明级别高低的制服、举行纪律严明的示威游行，以及发表具有攻击性的言辞等。[②] 这两个组织严密、纪律性强的全国性政党给瓦加斯加强国家统一的努力造成了极大障碍。为此，瓦加斯对左翼力量和整合运动实施了暴力镇压，于1937年建立了名为“新国家”的极权政府，开始执行严格的党禁政策。

在“新国家”体制下，瓦加斯的反对者和不信仰他的人均被暴虐的法庭处以流放或监禁，新闻出版和其他公共宣传机构则处于严密的监控之中，瓦加斯得以掌握巨大的个人权力。[③] 以这种精英冲突被强力压制为政治背景，巴西终于首次表现出发展主义的色彩。在瓦加斯的领导下，巴西开始实行内向型进口替代工业化战略，核心内涵包括：一是转变国民经济发展重心，将粗放的外向型农业经济变革成集约的内向型工业经济；二是确立工业化目标，生产进口

---

① 董经胜：《巴西现代化道路研究——1964—1985年军人政权时期的发展》，世界图书出版公司2009年版，第15—16页。

② E. Bradford Burns, *A History of Brazil*, New York: Columbia University Press, 1993, p. 354.

③ Jose Maria Bello, *A History of Modern Brazil, 1889 - 1964*, Translated from the Portuguese by James L. Taylor, Stanford: Stanford University Press, 1966, p. 300.

替代工业品以满足国内需要；三是渐次发展日用消费品生产、耐用消费品生产、基础工业和其他工业部门，最终建成一个门类齐全、先进发达的工业体系。①

然而，通过暴力镇压和极权恐怖的方式遏制政治精英内部冲突终究不能长久。1945 年，瓦加斯放松党禁政策，试图组建政党以团结支持自己的力量。由此，巴西政坛出现了团结在瓦加斯周围的社会民主党（Partido Social Democrático，PSD）和巴西工党（Partido Trabalhista Brasileiro，PTB）以及作为反对党而存在的全国民主联盟（União Democrática Nacional，UDN）三个重要的全国性政党。其中，社会民主党由瓦加斯参与组建，以 1930 年支持瓦加斯上台的反圣保罗州政权垄断的农村寡头和社会力量为核心，并凭借巴西"校官（coroneis）主义"传统而在农村下层中获得较高的支持率。巴西工党则在瓦加斯、劳工部部长和工会领袖的倡议下成立，以城市无产阶级和工人为基础，集中反映了热图利奥主义。② 反对党全国民主联盟主要以银行家、城市中产阶级和部分地方寡头政治集团为基础。

此后，政治精英的内部分裂具象化为党派斗争，削弱了巴西在"新国家"体制下形成的以较长时间视野为导向的发展主义色彩。在 1950 年的大选中，瓦加斯凭借社会民主党和巴西工党的支持再度当选总统。针对日益严峻的通货膨胀和国际收支危机，瓦加斯本计划在国际货币基金组织的指导下推行一系列经济紧缩政策，但这引起了要求工资增长的左翼力量的强烈不满和来自全国民主联盟的猛烈攻击。③ 1954 年，新闻记者卡洛斯·拉塞尔达（Carlos Lacerda）还

---

① 吴红英：《巴西现代化进程透视——历史与现实》，时事出版社 2001 年版，第 69 页。

② A. E. Van Niekerk, *Populism and Political Development in Latin America*, Rotterdam: Rotterdam University Press, 1974, pp. 51 – 52.

③ Thomas E. Skidmore, "The Politics of Economic Stabilization in Postwar Latin America", in James M. Malloy, ed., *Authoritarianism and Corporatism in Latin America*, Pittsburgh: University of Pittsburgh Press, 1977, p. 167.

发动了一场猛烈抨击瓦加斯的宣传攻势，要求瓦加斯下台。面对这种政治形势，瓦加斯不得不暂停其经济稳定计划，但未能有效平息反对声音。8 月，瓦加斯的总统保安司令策划了针对拉塞尔达的暗杀行动，导致拉塞尔达的一名军官保镖死亡。该事件引发全国范围的政治危机，军队也直接卷入其中，最终以瓦加斯开枪自杀而告终。

（二）“后瓦加斯”时代的十年（1955—1964 年）

瓦加斯自杀后，亲瓦加斯派系和反瓦加斯派系的政治斗争更趋白热化。在 1955 年大选中，社会民主党和巴西工党联合提名的米纳斯吉拉斯州州长儒塞利诺·库比契克（Juscelino Kubitschek）和瓦加斯的前劳工部部长若昂·古拉特（João Goulart）分别当选正、副总统。在执政权尚未由看守政府转移至新政府期间，总统若昂·卡费·菲略（João Café Filho）因病住院，总统职位临时移交给宪法规定的继承人下院议长卡洛斯·卢斯（Carlos Coimbra da Luz）。作为库比契克和古拉特的政治对手，很多观察家认为卢斯会阻止他们顺利就职。在此形势下，军队内部分裂为支持库比契克和古拉特以及支持卢斯的两派。其中，以奥迪利奥·德尼斯（Odilio Denys）元帅和国防部部长恩里克·特谢拉·洛特（Henrique Teixeira Lott）为首的军官组成了“宪政主义者军人运动”，于 11 月 11 日发动预防性政变，废除了卢斯，确保库比契克和古拉特按时就职。① 可以说，库比契克和古拉特的当选事实上不是靠选民，而是依靠军队和国防部部长。这使政府很难摆脱军队的影响独立做出决策，在很大程度上影响了巴西统治集团关于发展的时间视野。

1956—1961 年库比契克执政期间，为快速提升工业化水平从而为连任积累政治声望，政府提出了“五年相当于五十年”这一急功近利的发展目标，并制定包含 31 项具体目标的全国发展目标纲要

① Jose Maria Bello, *A History of Modern Brazil, 1889 – 1964*, Translated from the Portuguese by James L. Taylor, Stanford: Stanford University Press, 1966, pp. 330 – 334.

（见表3－2）。为支持这一宏大的发展计划，库比契克政府采取了大量引进外资的发展策略，并扩大货币发行量，结果造成通货膨胀进一步加剧。然而，IMF开出的经济稳定政策清单再次引发了社会各方的批评：限制工业信贷引起了圣保罗州企业家的强烈抗议，对咖啡采购政策进行修改引起了咖啡种植者的愤怒，工资购买力和物价水平之间的不匹配则在更大范围内激起了民众的反对情绪。1960年总统大选在即，库比契克选择中断与国际货币基金组织的谈判，通过向国外寻求利率很高的短期私人贷款以继续实施其扩张性的经济计划。结果，直到库比契克离任时，虽然巴西仍维持着较高的经济增长率，但他为继任者留下了无法克服的经济问题。① 迈克尔·沃勒斯坦（Michael Wallerstein）认为，1964年巴西军事政变的经济根源并非来自古拉特政府（1961—1964年），而是存在于库比契克政府的经济政策中。为在贸易平衡恶化的压力下寻求最大限度的短期经济增长和政治支持，库比契克采取了追求眼前利益而将代价推到以后政府的策略，即以从长远来看难以偿还的利率向国外借贷。②

表3－2　　目标纲要设定的具体目标及完成情况

	部门（预计投资占比）	目标	目标完成情况
		能源（43.4%）	
1	电力	装机能量增长到350万千瓦	完成
2	核能	多目标，包括安装研究用反应堆	完成
3	煤炭	产量提高至250万吨	未完成
4	石油—开采量	提高至9万桶/天	完成
5	石油—精炼量	提高至17.5万桶/天	超额完成

① 董经胜：《巴西现代化道路研究——1964—1985年军人政权时期的发展》，世界图书出版公司2009年版，第27—28页。

② Michael Wallerstein, "The Collapse of Democracy in Brazil: Its Economic Determinants", *Latin America Research Review*, Vol. 153, No. 3, 1980, p. 33.

续表

	部门（预计投资占比）	目标	目标完成情况
交通（29.6%）			
6	铁路—整修	修理路基	完成
7	铁路—新建	新建 1500 公里	完成
8	公路—铺设	铺设约 3000 公里	超额完成
9	公路—延长	建设 10000 公里	超额完成
10	港口服务及排水	未设定数量目标	完成
11	商船	扩大吨位	超额完成
12	空运	购买飞机并提升机场建设	完成
食品（3.2%）			
13	小麦	产量增加 150 万吨	未完成
14	仓库和筒仓	提升储存能力	完成
15	冷库	提升储存能力	未完成
16	工业屠宰场	提高生产能力	完成
17	机械化农业	增加拖拉机使用量	完成
18	化肥	增加化肥使用量并扩大适用范围	超额完成
基础工业（20.4%）			
19	钢铁	产量增至 230 万吨	完成
20	铝	产量增至 2.5 万吨	完成
21	有色金属	多种产品产量增加	完成
22	水泥	产量增至 500 万吨	完成
23	碱	多种产品产量增加	完成
24	纤维素和纸	纤维素产量增至 20 万吨 纸产量增至 45 万吨	完成
25	橡胶	天然橡胶和合成橡胶产量增加	天然橡胶未完成 合成橡胶完成
26	铁矿石出口	出口 800 万吨	完成
27	汽车工业	前期：产量增至 10 万辆 修订后：产量增至 34.7 万辆	完成
28	舰艇建造	生产能力提升至 16 万载重吨/年	完成
29	机械和重型电气工业	未设定数量目标	完成

续表

	部门（预计投资占比）	目标	目标完成情况
		教育（3.4%）	
30	技术人员的编制	未设定数量目标	完成
		综合目标	
31	建设巴西利亚	在巴西国土中心建设首都	完成

资料来源：［巴西］弗朗西斯科·维达尔·卢纳、［美国］赫伯特·S. 克莱因：《巴西经济社会史》，王飞译，中国社会科学出版社2020年版，第143—145页。

在1960年大选中，全国民主联盟候选人雅尼奥·夸德罗斯（Jânio Quadros）当选总统。夸德罗斯执政期间奉行独立的对外政策，强调抛弃意识形态的束缚与中国、苏联及不结盟国家发展贸易。这本有助于巴西逐渐减少对西方资金、技术和市场的依赖，但却招致反对派的强烈批评。他们认为，这些国家不仅无法为巴西带来投资，而且会成为巴西出口产品的竞争对手。在对内政策上，夸德罗斯指出，“我们已经在令人难以想象的程度上花费了本属于未来的财富”，因此，应当执行最彻底的反通货膨胀政策以使经济回到正轨。[①] 然而，就在国际债权人对巴西经济稳定计划的前景抱有希望之时，夸德罗斯却因反对派领导的社会抗议而清楚体会到了反通胀的政治代价。1961年8月，执政仅7个月的夸德罗斯突然宣布辞职。继任的古拉特政府所面临的最紧迫的问题仍然是自20世纪50年代以来持续困扰巴西的国际收支赤字和通货膨胀问题。尽管古拉特组建了一个由著名经济学家、拉美结构主义思想先驱塞尔索·富尔塔多（Celso Furtado）领导的研究团体，针对巴西严峻的经济形势制定了旨在同时实现反通胀和恢复经济高速增长目标的“三年计划”，但巴西的经济问题此时已经积重难返了。[②] 由于得不

① Thomas E. Skidmore, *Politics in Brazil, 1930 – 1964: An Experiment in Democracy*, New York: Oxford University Press, 1967, p. 194.

② Ronald M. Schneider, “*Order and Progress*”: *A Political History of Brazil*, Boulder: Westview Press, 1991, p. 217.

到任何社会集团的支持，“三年计划”提出后仅半年便被迫放弃。

回顾“后瓦加斯”时代的十年，不难发现，巴西历任政府所推行的服务于经济长期稳定增长的反通胀政策均失败了。董经胜认为，原因如果归结为一点，那就是历任政府均无法承担经济稳定政策带来的政治代价。[①] 这种政治代价表现为，在政治精英内部冲突激烈的情况下，统治者不能再失去来自工人阶级、由城市平民构成的国内消费者以及实业阶层的政治支持了。由此可见，激烈的精英冲突阻碍了统治集团在较长的时间视野内形成发展导向的经济政策。正如托马斯·斯基德摩尔（Thomas E. Skidmore）所强调的，“即使威权主义政府也必须有较高程度的内部凝聚力才能推行成功的反通货膨胀政策”。[②]

（三）军事独裁政府时期（1964—1985 年）

由 1964 年政变带来的军事独裁政府，无疑是巴西历史上发展主义色彩最为浓厚的政权。特别是在 1968—1973 年，巴西经济取得 10% 以上的高速增长，被誉为“巴西经济奇迹”（见图 3－1）。一般认为，巴西在军事独裁时期取得的经济成就很大程度上应归功于军官集团在巴西高等军事学院（Escula Superior de Guerra，ESG）“安全与发展”学说的指导下采取的“专家治国”战略。巴西高等军事学院以培养能在与国家安全战略有关的机构中履行行政和顾问职能的文人和军事人员为己任。学院认为，国家安全在很大程度上意味着合理地、最大限度地发挥国家的生产能力和消除国家内部分裂。[③] 因此，其课程除军事内容外，还特别重视国家发展问题，如

① 董经胜：《巴西现代化道路研究——1964—1985 年军人政权时期的发展》，世界图书出版公司 2009 年版，第 34 页。

② Thomas E. Skidmore，“The Politics of Economic Stabilization in Postwar Latin America”，in James M. Malloy，ed.，*Authoritarianism and Corporatism in Latin America*，Pittsburgh：University of Pittsburgh Press，1977，p. 181.

③ Maria Helena Moreira Alves，*State and Opposition in Military Brazil*，Austin：University of Texas Press，1985，pp. 26－27.

巴西科学技术发展模式、区域规划、发达国家和欠发达国家之间日益扩大的经济差距，等等。①

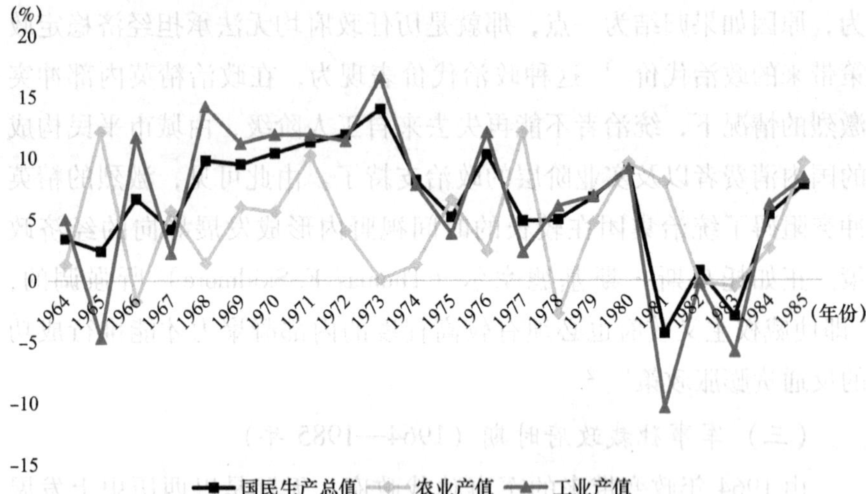

图3-1　军事独裁政府时期巴西宏观经济增速

资料来源：［巴西］弗朗西斯科·维达尔·卢纳、［美国］赫伯特·S. 克莱因：《巴西经济社会史》，王飞译，中国社会科学出版社2020年版，附表3。

军事集团中约三分之二的将军毕业于巴西高等军事学院。② 政变后，以“安全与发展”学说为指导，军政府将经济政策的制定和推行委任给了技术官僚，如经济学家、工程师和企业经理等。这些技术官僚主要就职于外交部、国家经济开发银行、巴西银行、财政部和计划部等职能部门。③ 这一时期，国家经济政策的指导思想也

① ［美］斯蒂芬·罗博克：《巴西经济发展研究》，唐振彬、金懋昆、沈师光译，上海译文出版社1980年版，第220页。

② Riordan Roett, *Brazil: Politics in a Patrimonial Society*, Westport: Praeger, 1992, p. 89.

③ Lin Ning, “The Technocratic Elite in Military Brazil: A Key Actor in the Political Process”, in Lydon B. Johnson, ed., *Policymaking in a Newly Industrialized Nation: Foreign and Domestic Policy Issues in Brazil*, Austin: The University of Texas Press, 1988, p. 176.

从瓦加斯及其追随者的“民众主义”转变为了先增长后分配的“生产主义”。[①] 军政府一再强调，贫困和收入不平等的根本解决办法是迅速的经济增长。因此，必须建立生产型国家，而非分配型国家。[②] 埃米利奥·加拉斯塔苏·梅迪西（Emílio Garrastazu Médici）政府制定的巴西首个全国发展计划明确将“在一代人的时间里使巴西跨入发达国家行列”列为工业发展的战略目标。[③]

由于排除了一贯的来自特定地区和利益集团的政治压力，军政府得以提升决策速度和改进决策质量。在技术官僚的指导下，巴西抓住世界经济相对稳定和繁荣的有利时机，对内向型进口替代发展战略做出修正，力图将其转变为更加开放的经济战略。[④] 然而，在外部政治压力得到压制的情况下，军事集团内部强硬派和温和派之间的分歧却成为阻碍巴西形成聚合型国家的又一新的因素。

由于不同的职业经历，温和派和强硬派具有截然不同的政治经济主张。温和派由“二战”期间巴西派出的远征军成员、参与过英美轰炸中队任务的空军军官和参与过南大西洋局部护航任务的海军军官构成，代表人物包括军政府首任总统温贝托·德·阿伦卡尔·卡斯特洛·布朗库（Humberto de Alencar Castelo Branco）将军，以及有着巴西高等军事学院之父之称的戈尔贝里·多科多·席尔瓦（Gobery do Coeto e Silva）。作为远征军而拥有与美军和英军并肩作战的经历，使温和派军人倾向于将其所观察到的英美两国现实用于对巴西的国家想象之中。他们支持经济自由主义和政治民主体制

---

① 董经胜：《巴西现代化道路研究——1964—1985 年军人政权时期的发展》，世界图书出版公司 2009 年版，第 92—93 页。

② David Wield, “Industrialization in Brazil”, in Ben Crow, Mary Thorpe and David Wield, eds., *Survival and Change in the Third World*, Cambridge: Oxford University Press, 1988, p. 221.

③ 陈才兴：《二战后巴西与韩国工业化道路比较研究》，《世界近现代史研究》2008 年第 5 辑，第 238 页。

④ William G. Tyler, *The Brazilian Industrial Economy*, Lexington: Heath & Co., 1981, p. 11.

(但承认短时间的专制统治是必要的)，同时主张在冷战中坚定地追随美国。另一些没有参加过远征军的军官则组织起来形成了与温和派相抗衡的强硬派，代表人物包括军政府第二任总统阿图尔·达科斯塔·伊·席尔瓦（Artur da Costa e Silva）将军和第三任总统梅迪西将军。他们坚持民族主义和国家干预经济，反对美国与苏联和古巴的对抗以及对巴西经济的渗透，认为在清除反政府力量的过程中牺牲宪法和公民自由是不可避免和可以接受的。[①]

在发动政变推翻古拉特政权的过程中，温和派和强硬派曾短暂结成过政治联盟。但1964年新政府成立后，两派的分歧立刻显现出来（见表3－3）。在温和派的布朗库担任总统期间，强硬派一直控制着陆军，并抓住温和派每一次的政策失误对其施压。1965—1967年，两派在哪一方接任布朗库的问题上发生冲突，最终以强硬派的席尔瓦接任总统，而温和派把持陆军部部长职位而短暂达成一致。席尔瓦任内，两派围绕如何应对和处置国内抗议运动而纷争频发。1969年，席尔瓦病重，强硬派为争夺总统职位发生分裂，导致军政府内部精英冲突更加激化。虽然梅迪西最终代表强硬派出任总统，但其成功是因为得到了来自温和派的支持。1971年，担任空军部部长的强硬派军人因对政治犯施加酷刑而引起军政府内部众多高级军官的不满，温和派趁机强迫其辞职并取得了对空军的控制。[②]温和派的埃内斯托·盖泽尔（Ernesto Geisel）执政期间开始探索政治开放，此举引起了强硬派的激烈反对。有观点认为，盖泽尔实施政治开放进程是出于扩大政治支持以孤立强硬派的需要。[③] 他还通过提前解除强硬派下届总统候选人西尔维奥·德·弗罗塔（Silvio

---

① Bruce W. Farcau, *The Transition to Democracy in Latin America*: *The Role of the Military*, Westport: Praeger, 1996, p. 90.

② 参见董经胜《巴西现代化道路研究——1964—1985年军人政权时期的发展》，世界图书出版公司2009年版。

③ Bruce W. Farcau, *The Transition to Democracy in Latin America*: *The Role of the Military*, Westport: Praeger, 1996, p. 103.

de Frota）的陆军部部长职务，以确保温和派候选人成功当选。此外，1979 年“特赦法案”在温和派执政期间出台，被认为是强硬派取得的阶段性斗争胜利。该法案的赦免范围不仅包括政治犯，还包括对政治犯实施镇压和酷刑的强硬派军官。

表 3－3　巴西军政府内部精英分裂的具体体现

任期	总统	派别	精英分裂的具体体现
1964—1967 年	布朗库	温和派	强硬派把持陆军部部长职位； 强硬派针对布朗库在 1965 年州选举中的政策失误对温和派施压，“第二号制度法”被迫出台
1967—1969 年	席尔瓦	强硬派	温和派把持陆军部部长职位； 两派围绕国内抗议运动的应对和处置发生分歧，强硬派出台“第五号制度法”
1969—1974 年	梅迪西	强硬派	1969 年席尔瓦病重，强硬派为争夺总统职位发生分裂； 强硬派的梅迪西当选总统，背后有温和派的支持，这为温和派控制内阁职位提供了机会； 强硬派军人因支持对政治犯施加酷刑被迫辞去空军部部长职位，温和派趁机控制空军，并将强硬派清洗出去
1974—1979 年	盖泽尔	温和派	强硬派控制陆军； 温和派探索扩大政治参与及与强硬派斗争； 提前解除强硬派下届总统候选人弗罗塔的职务，确保温和派候选人的当选
1979—1985 年	菲格雷多	温和派	“特赦法案”的出台被认为是强硬派取得的斗争胜利，其赦免范围不仅包括政治犯，还包括对政治犯实施镇压和酷刑者（多为强硬派军官）

资料来源：笔者自制。

温和派和强硬派在执政理念和政治经济主张上的根本矛盾，导致巴西军事独裁政府内部精英高度分裂，这使历届军政府都面临着以经济绩效换取政权合法性和政治支持的压力，它们不得不重视能延续其政权生命的近期利益。最典型的表现是，巴西缺少培育和积累国内资本的耐心，而是选择大量引进外国资金和技术以建立面向外国市场的工业部门。结果，巴西形成了对西方发达国家的“技术—工业”依附，[①]陷入了彼得·埃文斯所说的“依附型发展”（dependent development）。[②]

二　精英与劳工对抗和发展目标的背离

巴西精英与劳工的对抗关系需要在民粹主义这种政治思潮下加以理解。民粹主义是拉美国家在进口替代工业化早期阶段推行的一种经济和社会政策。在民粹主义的指导下，政治领导人通过实施包容性的、适度的再分配政策以获取平民大众的政治支持。[③]比较政治学家吉列尔莫·奥唐纳（Guillermo A. O' Donnell）将其称为包容性的政治体制，即有目的地激活平民群体（工人阶级以及中产阶级下层的各部分）并允许它在全国性政治中发出声音。与之相对，排除性的政治体制则是指政府拒绝满足平民群体提出的政治要求，也不允许该群体及其领导者取得那些他们可以凭借来对全国性政策产生直接影响的政治权力职位。在奥唐纳看来，巴西经历了一个从包容到排斥的过程。[④]本书认为，除军事独裁政府曾严格执行劳工压制政策外，巴西在大部分历史时期都采取的是统合性的劳工政策。但这并不意味着精英与劳工之间处于相对和谐的状态。早熟的阶级意识使巴西的劳工群体经常以与国家发展目标相悖的方式提出利益诉求，统治精英基于民粹主义做出的妥协和回应反而助长了劳动者

---

① Theotonio Dos Santos, “The Structure of Dependence”, *American Economic Review*, Vol. 60, No. 2, 1970, pp. 232 - 236；陈子烨、李滨：《中国摆脱依附式发展与中美贸易冲突根源》，《世界经济与政治》2020 年第 3 期，第 26 页。

② Peter Evans, *Dependent Development: The Alliance of Multinational, State, and Local Capital in Brazil*, Princeton: Princeton University Press, 1979.

③ 董经胜：《拉丁美洲的民粹主义：理论与实证探讨》，《拉丁美洲研究》2017 年第 4 期，第 16—34 页。

④ Guillermo A. O' Donnell, *Modernization and Bureaucratic-Authoritarianism: Studies in South American Politics*, Berkeley: University of California, 1973, Chapter 2.

以罢工、示威和干扰的方式要求政治经济诉求得到满足的能力。在这种精英与劳工对抗的关系结构下，由于发展目标的背离，劳动者的创新活力通常被劳工群体主动抑制。

（一）“热图利奥主义”时期[①]

巴西第一共和国时期的政治结构表现为“州长政治”，即咖啡经济中心圣保罗州、米纳斯吉拉斯州和南里奥格兰德州主导全国层面的政治经济决策，地方一级的政治权力则由以农村为根基的各层级校官及其主导的地方委托代理系统控制。[②] 然而，20 世纪 30 年代，世界经济“大萧条”敲响了初级产品出口的丧钟，巴西不得不转而探索进口替代工业化的道路。随着工业化的推进，城市工人队伍逐渐壮大。从供给一侧看，这些城市工人在摆脱农村的家长式社会控制的同时又没有被容纳进既有的政党体制之中，因而成为一支规模庞大的、可以争取的新兴群众力量。从需求一侧看，日益壮大的城市工人队伍开始要求获得经济利益、社会权利和政治参与，这对巴西国家与社会之间的传统关系提出了挑战。1930 年，竞选总统失败的瓦加斯在军队尉官派的支持下发动政变，推翻了代表大庄园主和大资产阶级利益的军人专制政府，于 1934 年正式就任总统。上任后，瓦加斯立即着手将工人阶级增选进政治体系。[③] 通过提高工人工资、改善社会福利、扩大社会下层的政治参与等方式，瓦加斯建立了以工人阶级为主体的广泛的“平民主义”联盟。该联盟以工业化为目标，认为这是改变对外依附和避免外来冲击的重要途

① 由于 1964 年军事政变前巴西历任政府的政治经济政策或多或少可追溯至瓦加斯执政时期，并且体现出民粹主义的色彩。因此，本书用“‘热图利奥主义’时期”来概括 1930—1964 年这段历史时期。

② 拉美史学家约翰·沃斯（John D. Wirth）曾以米纳斯吉拉斯州为案例探讨巴西第一共和国时期的地方政治。参见 John D. Wirth, *Minas Gerais in the Brazilian Federation, 1889 - 1937*, Stanford: Stanford University Press, 1977。

③ Stephan Haggard and Robert R. Kaufman, *Development, Democracy, and Welfare States: Latin America, East Asia, and Eastern Europe*, Princeton: Princeton University Press, 2008, p. 98.

径。而要达成这一目标，就需要消除旧的寡头统治集团和外资在政治上的影响力，并改变与它们相联系的自由贸易政策。[①]

1937 年，威权主义的“新国家”体制建立。瓦加斯高举社会改革的旗帜，大力推动劳工和社会保障立法，继续以民粹主义的执政方式维持统治基础。[②] 在此期间，工会成为合法组织，其领袖可以发挥一定的政治影响；全国最低工资制得到确立，劳工工资定期增加；十年工龄以上的劳动者获得就业稳定的保证，养老金、医疗保健等社会福利的覆盖范围也进一步扩展。总之，在瓦加斯的独裁统治下，巴西工人拥有了连许多民主国家的工人都不曾享有的权利。[③] 到第二次世界大战结束时，随着反对力量要求政治变革和民主化的压力增强，瓦加斯对待劳工群体的态度从合作转向了动员。他认可劳工和工会是一股不可小觑的政治力量，将在未来选举中发挥举足轻重的作用，并相信在战后巴西向民主制转变的过程中政府基本能够控制住这股新的政治力量。[④] 为进一步团结劳动力队伍，瓦加斯充分利用大众传媒宣传自己是劳工群体朋友的形象，并将自己塑造为巴西社会公正的唯一捍卫者、“穷人的父亲”。1951 年，瓦加斯凭借民粹主义的政治风格，以经济民族主义和提高工人工资、改善工作环境为纲领再次赢得大选。[⑤]

---

① Karen L. Remmer and Gilbert W. Merkx, “Bureaucratic-Authoritarianism Revisited”, *Latin American Research Review*, Vol. 17, No. 2, 1982, p. 4.

② Joel Wolfe, “Populist Discourses, Developmentalist Policies: Rethinking Mid-Twentieth Century Brazilian Politics”, in John Abromeit et al., eds., *Transformations of Populism in Europe and the Americas: History and Recent Tendencies*, London: Bloomsbury Academic, 2016, p. 183.

③ ［英］莱斯利·贝瑟尔主编：《剑桥拉丁美洲史（第九卷）：1930 年以来的巴西》，吴洪英、张凡、王宁坤、王鹏、郭存海、陈会丽译，当代中国出版社 2013 年版，第 89 页。

④ Leslie Bethell, *Brazil: Essays on History and Politics*, London: Institute of Latin American Studies, 2018, p. 179.

⑤ 董经胜：《巴西经典民粹主义的实验（20 世纪初至 1964 年）》，《拉丁美洲研究》2020 年第 1 期，第 85—110 页。

瓦加斯时代的劳工整合政策基本奠定了巴西未来几十年劳资关系的框架：1932年，建立了劳动法院用于调节劳资之间的法律纠纷；1939年，出台了第1403号法令将国家对工会的管理制度化；1940年，开始对所有企业雇员强制征收工会税以服务工会日常职能运转；1943年，之前颁布的所有劳动法规被整合进一个《综合劳动法》（*Consolidação das Leis do Trabalho*，CLT）之中。至此，一套完整的国家劳动法规得以形成。[①] "后瓦加斯"时代，劳工统合政策继续主导着政府与劳工群体之间的关系。特别是20世纪60年代初，随着工人阶级的发展势头进一步加快，新任总统古拉特为迎合工薪阶层的诉求开展了更为激进的经济社会改革。代表工人阶级利益的全国劳工委员会则投桃报李，号召通过罢工帮助古拉特恢复总统权力（古拉特就任前一周国会通过修正案将国家体制由总统制改为议会制）。1963年1月23日，巴西恢复了总统制。[②] 1964年3月，面对站在政府对立面的政变军人，古拉特请求没有参与政变的圣保罗州第二军领袖阿毛里·克鲁埃尔（Amaury Kruel）继续忠于政府。克鲁埃尔表示，他的支持取决于总统与共产主义者领导的劳动总司令部（Comando Geral do Trabalho，CGT）决裂。在如此紧迫的情况下，古拉特的回答却是，"劳工的支持必不可少"。[③] 古拉特政府对劳工群体的态度由此可见一斑。

然而，劳工统合政策由于主要服务于统治者稳固政权的需要，在为统治者吸引规模庞大的劳工队伍的政治支持的同时，也助长了劳动者以罢工、示威和干扰的方式要求政治经济诉求得到满足的能力。因此，统治者不得不在很多议题上向劳工群体做出妥协

---

① Renato P. Colistete, "Productivity, Wages, and Labor Politics in Brazil, 1945 - 1962", *The Journal of Economic History*, Vol. 67, No. 1, 2007, pp. 93 - 121.

② 田野、曹倩：《国际贸易、要素禀赋与政体类型的变迁——一个基于阶级均势的分析框架》，《世界经济与政治》2016年第2期，第32页。

③ Thomas E. Skidmore, *The Politics of Military Rule in Brazil, 1964 - 1985*, New York: Oxford University Press, 1988, p. 3.

和迁就，使得本应在后发追赶中扮演"火车头"角色的政府被一个分利集团所"俘获"，狭隘利益取代了共容利益，劳工群体因而也没有动力主动提高自身工作积极性和创新活力。随着20世纪50年代中后期通货膨胀和国际收支压力的增加，统治者需要在进口原材料和中间产品还是进口资本品之间做出抉择——前者有利于维持现有工业水平但却阻碍进一步增长，后者有利于长期增长但由于短期产出急剧下降而可能产生严重的社会政治危机。统治者已意识到了改变工业发展模式的必要性，他们也做出了从海外引进资金和技术推动产业结构升级的尝试。但这种尝试却因劳工统合政策所带来的福利刚性而招致劳动者的强烈反对。在此过程中，由工人阶级领导的政治运动的广度和强度都显著增加了，[①]出现了被塞缪尔·亨廷顿（Samuel Huntington）称为"群众普力夺主义"（mass praetorianism）的政治情形。[②] 最终，巴西不得不在1964年走向军事政变。

（二）军事独裁时期

军事政变后，官僚威权主义（bureaucratic-authoritarianism）在巴西正式确立。作为威权政体的一种特殊类型，官僚威权主义的主要特征可概括为：一是以深度寡头化和国际化的资产阶级上层精英为政权基础，在经济上推行有利于外向型生产部门、上层资产阶级和寡头垄断集团的资本积累模式；二是在政治上排斥先前极为活跃的城市民众和劳工群体，关闭他们参与政治的所有渠道，压制公民权利；三是具有发展取向，为追求经济持续增长和社会秩序稳定，

---

① Kenneth Paul Erickson and Kevin J. Middlebrook, "The State and Organized Labor in Brazil and Mexico", in Sylvia Ann Hewlett and Richard S. Weinert, eds., *Brazil and Mexico: Patterns in Late Development*, Philadelphia: Institute for the Study of Human Issues, 1982.

② ［美］塞缪尔·P. 亨廷顿：《变化社会中的政治秩序》，王冠华、刘为译，上海人民出版社2008年版，第181—194页。

实行由军事官僚与技术官僚相结合的专家治国体制。[①] 在巴西，官僚威权主义表现为国家与跨国资本和民间资本结成三方联盟，通过控制国家机器的威权手段，以牺牲民众政治自由来维持政局稳定，以压制分配公平实现经济增长。[②]

20世纪60年代中后期，巴西的经济发展战略由内向型进口替代转变为外向型进口替代，试图构建以资本密集型和中间技术型产业为主体的经济结构。为了创造一个有利于资本积累和吸引外资的社会环境，巴西政府一方面不断扩大国有企业投资，加速了国有资产的膨胀；另一方面采取了严厉措施限制工人罢工和工会活动，把工人阶级从原来的“阶级合作主义”体制中排除出去。[③] 军政府上台后，首先逮捕了一大批劳工领袖，剥夺他们的政治权利，有的甚至被判叛乱罪。紧接着，通过新的“劳工法”（the Labor Cord）和反“罢工法”，政府对合法罢工施加了种种限制，事实上取消了劳工在几乎所有情况下的罢工权。对非法罢工的惩罚包括罚金、解雇、更换工会领袖、取消工会的合法地位等。[④] 据统计，军政府上台后，巴西的罢工次数出现了陡然下降，从1963年的302次骤降至1971年的零次。[⑤] 并且，由于军队主要驻扎在政治影响较大的城市地区，任何劳工骚乱都会很快得到镇压。在这种官僚威权主义的政权模式下，巴西一改瓦加斯及其追随者因实行统合性劳工政策而具

---

① Guillermo A. O' Donell, “Tension in the Bureaucratic-Authoritarian State and the Question of Democracy”, in Peter F. Klaren and Thomas J. Bossert eds., *Promise of Development: Theories of Change in Latin America*, New York: Routledge, 1986, pp. 280 – 282.

② Peter Evans, *Dependent Development: The Alliance of Multinational, State, and Local Capital in Brazil*, Princeton: Princeton University Press, 1979.

③ 尹保云：《巴西与韩国的“官僚—威权主义”比较》，《拉丁美洲研究》1998年第5期，第44—45页。

④ 董经胜：《巴西现代化道路研究——1964—1985年军人政权时期的发展》，世界图书出版公司2009年版，第65页。

⑤ Maria Helena Moreira Alves, *State and Opposition in Military Brazil*, Austin: University of Texas Press, 1985, pp. 51 – 52.

有的浓厚左翼色彩，成为美国在世界范围推行反共产主义政策的忠实支持者，使得这个拉丁美洲最大的国家很快就吸收了大量来自美国的工业资本。①

巴西在军事独裁时期所采取的劳工压制政策，为工业化提供了充足的廉价劳动力。到梅迪西时期，巴西军政府已取得经济发展的“奇迹”，反政府武装力量也基本得到控制。然而，经历过“热图利奥主义”的巴西工人早已高度政治化了。这种工人阶级的“早熟”使得军政府严厉的镇压措施只会在随后引来更为激烈的反抗。② 特别是，20 世纪 70 年代中期军事集团内部分歧的扩大，以及由收入不平衡状况持续加剧所导致的军政府在 1974 年 11 月民意测验中出人意料的支持率下滑，使得军方不得不重新转为向劳工妥协的政策倾向，包括允许劳工群体为提高工资进行谈判、制定政策以抵消实际工资下降给劳工群体带来的负面影响等。③ 结果，巴西又回到了军事独裁以前政府被分利集团所“俘获”的状况。并且，两次石油危机爆发后，工人激进主义进一步发展，包括化工业、钢铁加工业和汽车制造业在内的进口替代部门的劳动者成为激进工会运动再次兴起的主力。④

三　小结:“二战”后巴西的发展特征

通过分析自瓦加斯第一次执政直至军事独裁时期巴西的精英间关系和精英与劳工关系，本书将巴西归类为由精英分裂和精英与劳工对抗共同塑造的分散型国家。由于政治精英内部缺乏凝聚力，高

---

① Renato P. Colistete, “Productivity, Wages, and Labor Politics in Brazil, 1945 - 1962”, *The Journal of Economic History*, Vol. 67, No. 1, 2007, p. 120.

② 尹保云:《巴西与韩国的“官僚—威权主义”比较》,《拉丁美洲研究》1998 年第 5 期，第 47 页。

③ [美] 斯蒂芬·哈格德:《走出边缘——新兴工业化经济体成长的政治》，陈慧荣译，吉林出版集团 2009 年版，第 201—203 页。

④ Margaret Keck, “The New Unionism in the Brazilian Transition”, in Alfred Stepan ed., *Democratizing Brazil: Problems of Transition and Consolidation*, New York: Oxford University Press, 1989, pp. 261 - 264.

强度的精英冲突使巴西的统治集团持续面临随时下台的威胁，这使他们很难形成关于后发追赶的长时间视野，政策重心更多放在短期内维持政权稳固而非长期经济技术发展。同时，受民粹主义影响所形成的一贯的劳工统合政策传统也因福利刚性而难以逆转，使得统治精英在促增长的同时不得不持续地与劳工群体分利，如提高工资待遇、改善工作环境、完善福利制度等。精英与劳工之间相悖的发展目标使巴西难以积累起用于扩大再生产的国内资本，只能转向外资和外债，无法避免陷入依附型发展的可能。并且，它还进一步助长了劳动者以罢工、示威和干扰的方式要求政治经济诉求得到满足的能力。虽然军事独裁政府曾在20世纪六七十年代实施劳工压制政策，通过逮捕劳工领袖和镇压工人罢工严格控制工资增长，该政策也确实给巴西经济带来了高速增长，但它却未从根本上扭转政府被以劳工群体为核心的分利集团所“俘获”的情况。一旦国内外政治经济形势发生变化，有组织的劳工及激进的工人运动很快便卷土重来，使巴西重新回到缓慢的后发追赶之中。无论哪种情形，劳工群体的工作积极性和创新活力都难以得到激发。正如阿图尔·科利所指出的，巴西军队中的精英之间是分裂的，因此军政府的发展能力十分有限。① 并且，巴西军人政权并不像官僚威权主义理论所认为的那样，是合理且有效的。相反，巴西军事集团摆脱传统政治中的庇护主义和两极分化的民粹主义的政治计划从来就没有成功过。②

第三节　技术能力及其培育过程

作为分散型国家的典型代表，精英分裂和精英与劳工对抗使巴

① ［美］阿图尔·科利：《国家引导的发展——全球边缘地区的政治权力与工业化》，朱天飚、黄琪轩、刘骥译，吉林出版集团2007年版，第208页。

② ［美］弗朗西斯·哈根皮安：《传统政治对巴西国家转型的反动》，载［美］乔尔·S. 米格代尔、阿图尔·柯里、维维恩·苏主编《国家权力与社会势力——第三世界的统治与变革》，郭为桂、曹武龙、林娜译，江苏人民出版社2017年版，第349页。

西在“二战”后的大部分历史时期内都呈现短期导向和劳动者创新活力被抑制的发展特征。因此，巴西虽形成了追赶技术领先国的意愿，但在培育技术能力的过程中不得不采取各种短视措施。并且，由于采取了一种分配与增长同时进行的统合性的劳工整合政策，在后发追赶的过程中，巴西很难筹集起用于扩大再生产的国内资本，不得不对外国资金和技术开放国内市场。下文将从人力资本培育、技术引进方式和国家创新体系三个方面详细分析巴西的技术能力培育过程。军政府时期教育体制改革所导致的各层次教育发展失衡的问题，极大地影响了巴西技术劳动力的可持续供给。同时，技术引进的过程中重国产化而轻内生化的短视行为，导致巴西始终未能建立一个与工业生产体系相互支撑的“内生的技术进步核心”。此外，从私营部门有限的技术活动来看，技术创新的担子落在了公共部门的肩膀上。然而，资源分散和产研脱节大大削弱了公共部门技术研发工作的有效性。结果，第五次技术创新浪潮来临时，巴西仅完成了较低层次技术能力的培育工作。

一 人力资本的培育

自20世纪30年代巴西从初级产品出口向进口替代工业化战略转型起，建立全国统一的教育制度便提上国家发展议程。瓦加斯曾以“教育事关（一国）生死存亡”来强调发展教育的必要性和重要性。在1934年宪法中，教育和文化问题也首次占据一席之地。[①] 依据宪法，所有巴西儿童都要接受四年初等义务教育。这在发展中国家中是非常超前的举措。1930—1945年，小学数量从2.7万所增至5万所。[②] 初等教育入学人数则从1920年的125万人增至1940年的330万人。[③]

---

① Robert Havighurst and Roberto J. Moreira, *Society and Education in Brazil*, Pittsburgh: University of Pittsburgh Press, 1965, p. 132.

② 黄志成：《巴西教育》，吉林教育出版社2000年版，第48页。

③ 陈作彬、石瑞元等编：《拉丁美洲国家的教育》，人民教育出版社1985年版，第112页。

然而，尽管这一时期巴西初等教育取得了进展，但公允地说，第一共和国遗留的地方寡头政治影响仍限制了政府在初等教育方面的资源投入，因为精英阶层对于扩大民众教育并不感兴趣。[①]“二战”后，随着工业化的加速推进，巴西的中等教育、职业教育和高等教育均出现了相应扩张。但从教育投资占政府总投资的比重来看，教育仍未成为国家发展战略中的优先议题。例如，在库比契克政府于20世纪50年代中后期制定的大型发展计划中，投向教育领域的资金比重仅占3.4%。从受教育人口的百分比、平均受教育年限，以及15岁以上人口接受中等及以上教育的百分比等指标来看，巴西均处于十分落后的水平。20世纪60年代初，巴西仍有近半数人口未接受过教育，全国平均受教育年限仅2.1年，表明四年义务教育的任务远未达成。同时，15岁以上完成中等及以上教育的人口不足一成（见表3-4）。

表3-4　　巴西人均受教育程度占15岁以上人群比例　　（单位:%）

年份	文盲率	所获最高学历		
		初等教育	中等教育	高等教育
1950	62.8	31.7	4.8	0.7
1955	57.6	35.2	6.2	0.9
1960	51.8	39.1	7.9	1.2
1965	45.3	43.1	10.0	1.5
1970	37.8	47.1	13.3	1.7
1975	27.0	61.5	7.7	3.8
1980	27.4	59.0	9.3	4.3
1985	24.7	58.4	12.2	4.7
1990	22.3	57.2	15.3	5.2
1995	19.5	52.6	22.1	5.7

① Bernardo Stuhlberger Wjuniski, "Education and Development Projects in Brazil (1930-2008): A Political Economy Perspective", *Brazilian Journal of Political Economy*, Vol. 33, No. 1, 2013, pp. 146-165.

续表

年份	文盲率	所获最高学历		
		初等教育	中等教育	高等教育
2000	16.0	44.0	33.5	6.4
2005	12.4	39.7	41.3	6.3
2010	10.1	37.9	44.4	7.4

资料来源：沈艳枝：《要素投入与巴西经济增长》，南京大学出版社 2014 年版，第 95—96 页。

20 世纪 60 年代，美国著名经济学家西奥多·舒尔茨（Theodore W. Schultz）提出“人力资本”的概念，用以阐述许多无法用传统经济理论解释的经济增长问题。舒尔茨认为，人力资本是当今时代促进国民经济增长的最主要的因素之一，而教育在人力资本的形成中起着非常重要的作用。[①] 舒尔茨的人力资本理论得到了奉行“专家治国”的军事独裁政府的认可。20 世纪 60 年代末 70 年代初，巴西正式确立起人力资本导向的教育发展战略，这从 1968 年《高等教育改革法》和 1971 年《初等及中等教育改革法》的颁布可见一斑。《高等教育改革法》强调，要增加对高等教育经费的投入，并根据经济发展的需要调整学科结构，在鼓励和扶植经济学、管理学等学科发展的同时，适当限制医学、工程学等学科发展。此外，要改革大学招生制度，扩大招生名额，并实行学分制以加快学生培养进程和提高教育效率。《初等及中等教育改革法》则体现了优先发展职业技术教育的战略。该法规定，要调整中小学的办学目标，在初等和中等教育阶段增设职业技术课程，使所有中小学毕业生都能适应劳动力市场的需要。其中，初等教育阶段的职业教育目的在于让学生了解自己适应工作的能力和开始工作的时间，

① 参见 Theodore W. Schultz，“Reflections on Investment in Man”，*Journal of Political Economy*，Vol. 70，No. 5，1962，pp. 1 – 8。

中等教育阶段的职业教育则要让学生了解和掌握工作所需的专业技能。[①]

军政府这种高等教育和职业技术教育优先发展的战略所带来的结果是，1970—1975 年巴西大学就读人数翻了一番，接受过职业技术教育的中学生占比也从 20 世纪 70 年代初的 17% 提升至 1978 年的 59.2%。[②] 应该说，这是一个可观的成绩。但要注意到，高等教育和职业技术教育建立在初等和中等教育普及程度仍十分低下的基础之上。20 世纪 60 年代末这一教育发展战略出台之时，巴西仍有近四成的人口没有接受过教育，中学入学率占适龄人口的比重也不足 20%。这意味着，真正能从这场教育改革中获益的只是那些在 60 年代以前就在接受初等和中等教育的人，他们通常来自精英阶层或者至少是富裕家庭。因此，军事独裁时期发展起来的高等教育和职业技术教育更像是“空中楼阁”，并不能为巴西自主工业体系的建立提供充足且必要的劳动力队伍。曾昭耀评论称，“在这个提高与普及、技术教育与普通基础教育的矛盾面前，新的教育发展战略实际上采取了以牺牲后者来谋求前者的办法，因而是一种最终会削弱整个教育体系的基础、从而也危及教育的提高和科学技术发展的战略”。[③]

在世界工业技术发展突飞猛进的背景下，任何想在世界市场中占据一席之地的国家，都不能不重视人力资本的培育。作为一个以“安全与发展”学说为指导、技术官僚掌握较大话语权的政府，军事统治集团采取以培育人力资本为导向的教育战略并不足为怪。但它之所以选择高等教育和职业技术教育作为优先发展领域，却体现出政治精英内部缺少凝聚力而导致其在发展问题上只具有较短的时

---

① 万秀兰：《巴西教育战略研究》，浙江教育出版社 2014 年版，第 70—71 页。

② Barro Robert and Jong-Wha Lee，“A New Data Set of Educational Attainment in the World，1950 – 2010”，*NBER Working Paper*，April 2010，No. 15902.

③ 曾昭耀：《略论巴西近二十年来开放政策下的教育发展战略》，《外国教育动态》1986 年第 2 期，第 34 页。

间视野——必须在短时间内建立一支像样的高技能劳动力和工程师队伍。经济哲学家英格丽·罗比恩斯（Ingrid Robeyns）关于人力资本导向的教育模式的论述，可以很好地归纳巴西军政府时期教育发展战略所存在的问题，即它将教育的价值片面理解为培养服务于经济快速增长的技能劳动力，因此只看重教育对所期望的经济生产力的贡献。[①] 结果，不论是中学教育还是大学教育，巴西各教育层次入学人数占适龄人口的百分比都远低于其他东亚和拉美国家（地区）。直到20世纪80年代中期，这一情况仍未得到改善（见表3-5）。如果看科学家和工程师占总人口的比重，巴西（每百万人中256人）也比中国台湾（每百万人中1426人）、新加坡（每百万人中960人）、韩国（每百万人中804人）甚至阿根廷（每百万人中360人）都要低得多。[②] 这种极不平衡的教育体制，既限制了巴西中低技能劳动力队伍的形成，还导致了巴西尖端研发人员的极度缺乏，使得巴西在第五次技术创新浪潮来临时被锁定在了较低层次的技术能力上。

表3-5　部分拉美和东亚国家（地区）入学人数占适龄人口的比重（单位：%）

国家（地区）	中学教育		大学教育	
	1965年	1985年	1965年	1985年
巴西	16	35	2	11
墨西哥	17	55	4	16
印度	27	35	5	9
日本	82	96	13	30

① Ingrid Robeyns, "Three Models of Education: Rights, Capabilities and Human Capital", *Theory and Research in Education*, Vol. 4, No. 1, 2006, pp. 69-84.

② Carl J. Dahlman and Claudio R. Frischtak, "National Systems Supporting Technical Advance in Industry: The Brazilian Experience", in Richard R. Nelson, ed., *National Innovation Systems: A Comparative Analysis*, New York: Oxford University Press, 1993, pp. 441-442.

续表

国家（地区）	中学教育		大学教育	
	1965 年	1985 年	1965 年	1985 年
韩国	35	94	6	32
新加坡	45	71	10	12
中国台湾	38	91	7	13
中国香港	29	69	5	13

资料来源：Sanjaya Lall, "Explaining Industrial Success in the Developing World", in V. N. Balasubramanyam and Sanjaya Lall, eds., *Current Issues in Development Economics*, New York: Macmillan, 1991, pp. 118 - 155。

二　技术引进方式的升级

巴西的工业化进程始于20世纪30年代，主要由传统工业部门和新兴工业部门两部分组成。其中，传统工业主要包括纺织、服装、食品、饮料、皮革、木材加工等部门，在巴西工业化进程的初期占有绝对比重。然而，由于传统工业多采取手工作坊制，生产组织形式和生产技术十分落后，随着工业化的深入推进，其影响逐渐减弱。新兴工业则包括钢铁、有色金属加工、石油化工和机器设备制造等部门，具有投入多、产值大、技术含量高的特点，是巴西工业现代化的重要标志。通过一系列有利于工业发展的政策措施，尤其是"二战"后进口替代工业化战略的广泛施行，巴西经济结构发生重大变化，工业对宏观经济的贡献率显著提升，新兴工业部门在工业总产值中的占比也不断增加。特别是军政府时期，在国家的积极干预下，巴西基础工业的生产能力增速明显：1967—1980 年，钢铁产量从近 400 万吨升至 1500 万吨，发电量从近 1000 万千瓦升至 1350 万千瓦，汽车产量从 20 万辆提高至 100 万辆以上，冰箱、洗衣机和电视机等耐用消费品产量也成倍增加。[①] 到 20 世纪后半叶，巴西已建立起相对完整的工业体系，拥有了冶金、机械、纺织、食

① 刘文龙、万瑜：《巴西通史》，上海社会科学院出版社 2017 年版，第 230 页。

品、石油化工、电子、航空、军工、原子能等门类齐全的基础工业部门，具备了大规模生产钢铁、水泥、烧碱、汽车等的能力，实现了真正意义上的工业转型。①

然而，在工业化持续推进的过程中，巴西始终未能建立起一个与工业生产体系相互支撑的“内生的技术进步核心”。② 由于片面追求超过国力所能及的高增长，巴西对外部商品市场、资本市场和技术市场形成了严重依赖。特别是在军政府时期，为加速经济增长，巴西主要采取进口外国技术和设备、购买外国许可证和专利、聘请外国技术专家等手段，希望在短时间内增加国民经济的技术含量、提高工业技术水平。这从巴西中、高技术行业的贸易赤字中可见一斑。巴西一直保持着技术净进口国的地位。1969—1973 年，机器设备、电子设备、运输设备等资本品的进口额占巴西进口总额的比重从 23. 3% 提升至 40. 1%，化学产品、有色金属等中间产品的进口额占比也从 9. 5% 增至 25. 4%。同时，过度利用外资也造成了庞大的外债负担。仅 1968—1974 年这六年间，巴西未清偿的外债总额就从 37. 8 亿美元增至 176 亿美元，增加了 3. 66 倍。负债率也从 1969 年的 10. 8% 上升至 1973 年的 16. 1%。③ 1972—1974 年和 1975—1979 年，巴西实施了两个国家发展计划，它们在推进巴西工业结构多元化的同时，却未能帮助其建立起一个技术创新的核心。20 世纪 80 年代初，巴西陷入债务危机，经历了 20 世纪以来最严重的经济衰退，工业部门的增长趋势中断，甚至一度出现负增长，工业对国民经济的推动作用大大减弱。④ 货币贬值以及随之而来的进

---

① 王飞:《从“去工业化”到“再工业化”——中国与巴西的经济循环》,《文化纵横》2018 年第 6 期，第 66—67 页。

② Fernando Fajnzylber, *La Industrializacion Trunca de América Latina*, Mexico: Nueva Imagen, 1983.

③ 吴红英:《巴西现代化进程透视——历史与现实》，时事出版社 2001 年版，第 169 页。

④ Luiz Bresser Pereira, *Development and Crisis in Brazil, 1930 - 1983*, Boulder: Westview Press, 1984, p. 162.

口设备成本上升，以及由通胀加剧而导致的经济不稳定性，使得巴西丧失了形成内生的技术进步核心所必需的时机和投资。①

巴西经济学家塞尔索·富尔塔多（Celso Furtado）认为，一个未完成工业化进程的发展中国家应借助技术创新所带来的创造力刺激经济增长，而巴西缺少这种创造力的原因在于其后发追赶是纯粹模仿性的。② 以汽车产业为例，早在库比契克政府时期，巴西就致力于将汽车制造业发展为国民经济的支柱产业。以此为目标，政府出台了一系列刺激外国资本投资汽车和卡车制造的政策措施，并吸引了大量外资企业和跨国公司如威利斯—越野、福特、大众和通用等在巴西设厂。1960 年，上述四家大型跨国公司生产的汽车占到巴西汽车总产量的78%，极大地满足了巴西国内汽车需求，并使巴西很快跻身世界汽车制造大国行列。在此过程中，巴西虽然节省了技术研发费用，减少了投资风险和市场风险，并在较短时间内提高了经济绩效，但付出的代价却是阻碍了本国工业技术的自主发展和民族品牌的建立。③ 在跨国企业的持续扩张下，巴西国内汽车生产厂商的重要性逐渐下降。到 20 世纪 60 年代末，大众、福特和通用汽车的产量已占巴西汽车总产量的九成以上。④ 除汽车产业外，巴西其他重要经济部门也出现了被外资控制的现象。数据显示，到 1971 年，跨国公司占巴西橡胶、机械、采矿和家庭用具四个部门纯利润总额的七成；1980 年，巴西肥皂和化妆品制造业产值的 80%、电子通信业的 79%、交通运输业和人造橡胶及医药工业的 75% 均来

① Carmem Aparecida Feijo and Marcos Tostes Lamonica, "The Importance of the Manufacturing Sector for Brazilian Economic Development", *CEPAL Review*, No. 107, 2012, pp. 107 – 125.

② Celso Furtado, *Cultura e Desenvolvimento: em época de Crise*, Rio de Janeiro: Paz e Terra, 1984, p. 27.

③ 陈才兴：《二战后巴西与韩国工业化道路比较研究》，《世界近现代史研究》2008 年第 5 辑，第 241 页。

④ ［巴西］鲍里斯·福斯托、塞尔吉奥·福斯托：《巴西史》，郭存海译，中国出版集团东方出版中心 2018 年版，第 217 页。

自跨国企业。[①]

上述分析表明，巴西虽形成了后发追赶的意愿，但却仅仅停留于利用外生性的后发优势。“二战”后，在发达国家调整经济结构、向外输出资本和技术的背景下，巴西通过大量吸收外资和引进外国技术的方式实现了经济的快速增长。但在此期间，政府只强调短期内的国产化率，而不注重引进技术的内生化，劳动者的创新活力也未得到有效激发。因此，巴西经济始终没有形成自己独树一帜的工业技术体系，同过去一样，依然是作为“中心”发达国家的“外围”寻求经济发展。某种程度上，仍然是发达国家企业车间的搬迁和延伸。[②] 1971 年，巴西经济与社会技术研究所（IPEA）曾对500家企业使用外国技术的情况开展调查。结果显示，无论从对引进技术的消化吸收还是本国的技术创新来看，巴西提高本国技术能力的努力都没有取得成功，对外国技术的依赖反而有进一步增强的趋势。[③] 结果，巴西停留在了低技术甚至零技术含量产业的专业分工之中，难以实现具有竞争力的生产结构多样化，制成品生产始终难以满足国内消费需求，并在相对较低的收入水平上过早地走上了“去工业化”道路，而未能在第五次技术革命浪潮到来时培育起足够的技术能力。

三　国家创新体系的构建

虽然巴西属于较早开始工业化的后发国家，但从科技创新层面审视工业发展的努力却直到20世纪60年代才开始。此前，1947 年建立的航空航天研究中心（Centro Tecnico Aeroespacial，CTA）和

① 吴红英：《巴西现代化进程透视——历史与现实》，时事出版社 2001 年版，第112—113 页。

② 陈才兴：《二战后巴西与韩国工业化道路比较研究》，《世界近现代史研究》2008 年第 5 辑，第 248 页。

③ 转引自李向阳《巴西的技术引进与经济发展》，《管理世界》1990 年第 6 期，第 133 页。

1951 年成立的巴西国家科学技术发展委员会（CNPq）虽标志着巴西在科学技术领域迈出了重要的前进步伐，但这种努力需要放在战后初期国际环境的分裂状况和军事冲突的情境中加以理解。这一时期，巴西对科学技术的强调主要与军方对国家威望的关注有关。[①] 直到20 世纪60 年代，巴西才进入历史上首次对科学技术进行大规模投资的阶段。巴西科学史学家西蒙·舒瓦茨曼（Simon Schwartzman）将其称为“大跃进”（Great Leap Forward）时期。[②]

1964 年，巴西国家经济和社会发展银行建立了总计 1 亿美元、为期十年的科学研究基金。1967 年又成立了科学研究与发展项目信贷局（FINEP），主管与国家战略和重点行业有关的科技项目资助。此后，军政府以民族主义项目的名义，在前沿研究以及基础设施和工业发展方面投入巨资。同时，政府设立理科学生教育奖学金，将数百名巴西科学家送至英、美等国接受教育培训。这些学成归国的科学家后来组成强大的利益集团，致力于在巴西各高校创建现代实验室和引入其他重要的科学研究设备。1966 年，参照德国的柏林洪堡大学所设的研究型大学——坎皮纳斯州立大学（UNICAMP）在圣保罗州建成，主要目的在于建立一个先进的物理学研究中心。许多曾在贝尔实验室和美国高校工作的科学家受聘来此教学，使这所大学很快便与 1934 年创立的圣保罗大学比肩。此外，政府还在许多高校设立飞机、计算机以及核能研究中心。[③] 1968 年，科学技术被正式纳入国家发展规划之中。根据规划，巴西开始探索建立一个国家科学技术发展系统。

---

① Carl J. Dahlman and Claudio R. Frischtak, “National Systems Supporting Technical Advance in Industry: The Brazilian Experience”, in Richard R. Nelson ed., *National Innovation Systems: A Comparative Analysis*, New York: Oxford University Press, 1993, pp. 417 – 418.

② Simon Schwartzman, *A Space for Science: The Development of the Scientific Community in Brazil*, Pennsylvania: The Pennsylvania State University Press, 1991, Chapter 9.

③ ［巴西］弗朗西斯科·维达尔·卢纳、［美国］赫伯特·S. 克莱因：《巴西经济社会史》，王飞译，中国社会科学出版社 2020 年版，第 198—199 页。

巴西的这个国家科学技术发展系统可从阿根廷物理学家、科学技术创新政策先驱豪尔赫·萨瓦托（Jorge Sábato）的“萨瓦托三角”（Sábato Triangle）理论加以理解。按照萨瓦托的设想，政府、生产结构（主要指工业界）和科技基础设施（主要指学术界）是支撑一国科技创新不可或缺的三大主体，三者之间应当保持紧密的互动关系。其中，政府与科技基础设施之间的关系主要表现为政府为后者分配资金；政府与生产结构之间依靠双方将现存知识融入生产体系保持联动；科技基础设施和生产结构之间则主要通过人员交流来维系和强化互动。[①] “萨瓦托三角”是世界首个科技创新关系模型，其提出早于理查德·纳尔逊（Richard R. Nelson）的“国家创新体系”概念。两个模型均从政府、工业界和学术界之间的三方关系出发，集中于阐释与知识生产和传播有关的过程以及政策的制定和执行情况。但对于何者（应）在创新中承担更主要的作用，两个模型却有不同的看法。国家创新体系更强调企业的关键作用，认为国家和学术界的作用在于为企业的技术创新提供制度激励和新的知识。萨瓦托则强调政府的重要性，并在考虑拉美国家政府具有脆弱性的现实基础上提出，在政府扭转脆弱性状态之前，其作用可暂由科技基础设施部门承担。[②]

在军政府的设计中，国家科学技术发展系统将制定一系列科学基础计划，并由一个国家科学技术发展基金来支持各项基础计划的具体实施。基础计划并不确定政府在科研项目和活动方面的具体行为，而是通过政策方向来引导公共（即学术界和国有企业）和私人部门（即私营企业）。同时，为了更好地服务工业技术发展，政府于1972年在工业和贸易部（Ministerio de Industria y Comercio, MIC）下设立产业技术司（Secrertaria de Tecnologia Industrial,

① Jorge Sábato and Natalio Botana, “La Ciencia y La Tecnología en el Desarrollo Futuro de América Latina”, *Revista de la integración*, Vol. 4, No. 3, 1969, pp. 15 – 36.

② 宋霞:《“萨瓦托三角”创新模式的运行机制及历史地位》,《拉丁美洲研究》2021年第4期，第77—95页。

STI)。这是巴西第一个部级设立的科学技术单位，主要职责包括为企业提供技术信息和研发资助，并通过国家工业产权所（Instituto Nacional da Propriedade Industrial，INPI）来规范技术转移。[①] 上述设计符合“萨瓦托三角”的理想形态，但在具体实践中，由于跨国公司等外部因素的介入，“萨瓦托三角”逐渐从三维稳定的理想形态转变为极不稳定的四方形态（见图3-2)。跨国公司作为第四极在巴西的创新体系中起着重要但不稳定的作用。“重要”是因为它能为巴西带来资金和技术，“不稳定”则是因为它导致巴西创新体系的对外依附，并使其极易受国际金融动荡的影响。[②] 还有研究显示，跨国公司在巴西科技发展中的作用被普遍高估了。事实上，跨国公司的子公司在巴西进行的绝大多数研发投资是对母公司开发的技术产品进行适应性改造以匹配巴西的社会经济环境，转让给巴西企业的技术也大多是在国际上属于边缘甚至已经过时的技术。

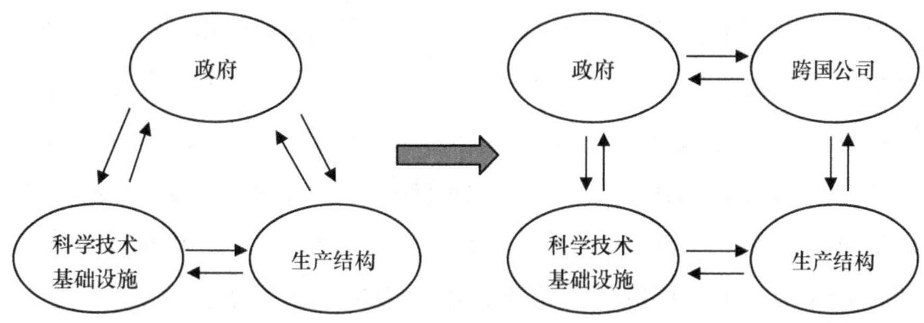

图3-2　“萨瓦托三角”的理想形态和在巴西的实际情况

资料来源：笔者自制。

① Carl J. Dahlman and Claudio R. Frischtak, “National Systems Supporting Technical Advance in Industry: The Brazilian Experience”, in Richard R. Nelson, ed., *National Innovation Systems: A Comparative Analysis*, New York: Oxford University Press, 1993, p. 419.

② 宋霞：《“萨瓦托三角”创新模式的运行机制及历史地位》，《拉丁美洲研究》2021年第4期，第81—82页。

除跨国公司所带来的不稳定性外，由于内生动力不足，巴西的“萨瓦托三角”也一直处于撕裂状态，这具体表现为：第一，巴西的知识创新过度集中于大学和研究院所等公共部门，私营企业的创新意识十分薄弱。事实上，巴西的科技体系基本上由以大学和研究院所为中心的供应拉动，全国70%的研发经费来自政府和公共部门，大学和研究院所承担了全国80%以上的研发项目。私营企业的研发投资主要来自少数大企业，作为经济主体的中小型民族企业几乎不存在研发和创新活动。即使有，其研发努力也并不针对出口需求，而是面向国内市场（见表3－6），这削弱了巴西拉近与国际技术前沿差距的努力的有效性。第二，由于长期实行进口替代工业化战略，巴西拥有一个庞大且多样的国内产业基础，但由此带来的问题是，过分多元的产业结构阻碍了研发资源的集中投入。以巴西曾实施的一项信息产业科技研发计划为例，该计划拥有6000万美元的研发预算，但项目涉及电子开关、数字传输、光通信、数据与文本通信、卫星通信设备、工具、设备7个优先领域80余个子领域，每个子领域能获得的研究经费不足100万美元。缺乏研究焦点导致该计划进展十分缓慢，严重延误了市场应用。[①] 第三，受传统天主教文化强调研究的纯粹性和独立性的影响，巴西学术界普遍认为，科学研究应独立于工商业部门，不介入经济行为。如果强行将大学和研究院所置于市场的压力之下，则会破坏知识发展的平衡。[②] 在这种思想传统下，巴西的国家创新体系面临着严重的产研脱节问题。[③]

---

① Carl J. Dahlman and Claudio R. Frischtak, “National Systems Supporting Technical Advance in Industry: The Brazilian Experience”, in Richard R. Nelson, ed., *National Innovation Systems: A Comparative Analysis*, New York: Oxford University Press, 1993, pp. 425－428.

② Noela Invernizzi, “Science and Technology Policy in Transition: New Challenges for Cardoso’s Legacy”, *International Journal of Technology and Globalization*, Vol. 1, No. 2, 2005, p. 169.

③ 宋霞：《影响巴西竞争力的深层原因：国家创新体系的矛盾性和脆弱性》，《拉丁美洲研究》2008年第6期，第51—56页。

表3-6　开展研发活动的巴西企业的部门分布

	产业部门	研发活跃的企业数量A(家)	A中的出口企业数量(家)	A中面向国内市场的企业数量(家)	企业总数B(家)	A/B(%)
1	钢与其他金属	24	17	7	517	4.6
2	金属加工	9	3	6	419	13.8
3	资本货物	49	7	42		
4	机动车	17	12	5	70	24.3
5	汽车配件	12	8	4	139	8.6
6	橡胶产品	3	3	0	—	—
7	电子	90	4	86	258	34.9
8	石化	34	12	22	635	16.6
9	化学	47	8	39		
10	肥料	8	0	8		
11	医药/精细化工	13	0	13		
12	纸浆与造纸	9	4	5	131	6.9
13	非金属矿物	12	0	12	231	5.2
14	纺织、服装、鞋类	8	4	4	757	1.6
15	皮革货品、木制品	4	2	2		
16	食品与饮料	24	5	19	712	3.4
类一	金属/机械（1—5）	111	47	64	1145	9.7
类二	电子（7）	90	4	86	258	34.9
类三	化学/石化（8—11）	102	20	82	635	16.1
类四	传统（14—16）	36	11	25	1469	2.5

资料来源：Carl J. Dahlman and Claudio R. Frischtak, "National Systems Supporting Technical Advance in Industry: The Brazilian Experience", in Richard R. Nelson ed., *National Innovation Systems: A Comparative Analysis*, New York: Oxford University Press, 1993, Table 13.8。

第四节　技术追赶的模式选择

20世纪70年代，在第五次技术创新浪潮由美国向全世界扩散的过程中，巴西正取得经济突飞猛进的奇迹。然而，10%以上的年均高速增长却未能帮助巴西培育起足够其转向跨越式发展道路的技术能力。上一节的分析表明，巴西在初等和中等教育的普及工作尚未完成之时就将资源几乎全部投向了高等教育和职业教育，技术引进过程中过于强调快速的国产化而轻视对技术的消化吸收，以及国家创新体系中存在公共部门研发资源分散以及产研脱节等问题。这些因素共同决定了巴西只能培育起较低层次的技术能力，因而在赶超的机会窗口到来时只能沿着先发国家创设好的技术轨道进行技术追赶。巴西的跟随式技术发展主要体现在上一轮工业革命的核心产业，即钢铁和汽车制造。在日本和韩国等东亚经济体相继跨越到微电子领域寻求对先发国家的技术赶超时，巴西的半导体之路却显得困顿坎坷。但也要注意到，巴西在支线客机制造和生物燃料研发方面取得了令人瞩目的成就。下文将从钢铁及运输机械制造和生物燃料技术两个方面对巴西的技术追赶展开详细分析。

一　钢铁及运输机械制造技术

钢铁工业作为制造业的基础性部门在巴西有较长的发展历史。1890 年，巴西第一座炼铁炉在米纳斯吉拉斯州建成投产，标志着巴西钢铁工业的兴起。但直到“一战”前，由于技术水平落后，巴西仍只能生产生铁，且日产量不足 10 吨。1922 年，巴西寻求与欧洲的“钢铁王国”卢森堡开展合作，在卢森堡阿尔贝德钢铁公司的指导下建成巴西首家钢铁联合企业，并引入托马斯炼钢法开始生产粗钢。到 1929 年时，巴西粗钢产量已达到 2.6 万吨。[①] 这种依靠技术合作和引进成熟技术的做法基本成为巴西后来发展钢铁工业的主要策略。1940 年，在瓦加斯的争取下，美国承诺为巴西建设沃尔塔·雷东达（Volta Redonda）钢铁厂提供资金和技术援助。作为交换，巴西允许美国在巴西北部租借空军基地。瓦加斯亲自监督美国承诺

① 吴红英：《巴西现代化进程透视——历史与现实》，时事出版社 2001 年版，第 190—191 页。

的钢铁工业复杂技术设备的到位情况，并于1943年3月再次争取到2000万美元的优惠贷款。1946年，巴西工业现代化的重要标志——沃尔塔·雷东达钢铁厂如期建成，一经投产便立即替代了50%的进口钢材。[①] 在随后的发展中，巴西坚持引进先进设备和成熟炼钢技术。例如，1976年，巴西兴建炼铁高炉和氧气顶吹转炉，采用了连续铸坯的先进工艺；1977年，巴西在生产环节引入液压无厚度自动控制轧钢机；等等。这种跟随式的技术追赶策略有效地提升了巴西钢铁生产能力。1950—1980年，巴西粗钢产量从78.9万吨增至1527.2万吨，轧钢产量从62.3万吨增至1280.2万吨，生铁产量则从72.9万吨增至1264.2万吨。[②] 这使巴西不仅实现了钢铁产品的自给，而且开始向外出口。同时，钢铁生产能力的提升还有力地推动了制造业其他部门的发展。

作为巴西经济的重要支柱，汽车制造业于20世纪50年代中后期开始从组装阶段向国内制造阶段过渡。1956年，库比契克政府制订了巴西第一个汽车工业发展计划，并设立汽车工业发展执行小组（GELA）监督计划实施情况。由于缺少必要的设备和技术，政府积极邀请外国汽车公司来巴西设厂，并为它们提供信贷、税收和外汇等方面的优惠政策，条件是这些汽车制造商必须逐步增加使用巴西生产的汽车零配件，以实现五年内国产化率达到90%—95%的目标。按照库比契克政府的设计，对国产化率的强调将在外资整车企业与本土零部件企业之间建立配套合作关系，从而帮助本土企业获得先进生产技术，提升技术水平。[③] 这体现了巴西通过跟随式追赶

---

① Oliver J. Dinnius, *Brazil's Steel City: Developmentalism, Strategic Power and Industrial Relations in Volta Redonda, 1941 - 1964*, Redwood City: Stanford University Press, 2001, p. 1.

② James W. Wilkie, *Statistical Abstract of Latin America Hardcover, Volume 32*, Oakland: University of California Press, 1997, p. 495.

③ 陈涛涛、陈晓：《外资依赖型产业发展战略：激励和限制因素——巴西汽车产业发展研究》，《国际经济合作》2014年第4期，第4—10页。

策略逐渐缩小与先发国家的技术差距的意图。然而，在实践中，绝大多数本土零部件企业由于竞争力较弱而沦为外资企业的二级或三级供应商，极少数成为一级供应商的本土企业也在20世纪60年代后期被外资企业兼并或收购。

我们应从正反两个方面来看待巴西在汽车制造业中实施的跟随式技术追赶策略。从积极的一面看，巴西政府提供的优惠政策吸引了诸如美国福特和通用、德国大众和奔驰、日本丰田等汽车制造商，有力地推动了巴西汽车工业的发展。1967—1974年，巴西汽车产量年均增长率达到22%。仅1975年国内汽车产量就达到85.8万辆，较1965年增加一倍多。1979年，产量增至111.7万辆，国内销量突破百万辆大关，达到101.2万辆。[①] 到1980年时，巴西已成为全球第八大汽车制造国。汽车制造业产值占巴西工业总产值的比重达12%，直接雇用工人人数超过10万，同时还带动了玻璃、轮胎、汽油、仪表、收音机、空调器等大批相关产业的发展，是“巴西经济奇迹”的重要原因之一。[②] 在成为巴西工业的龙头部门后，汽车制造业开始进军国际市场。1972年，巴西开始实施出口促进政策，给予汽车出口较多的制造商以进口豁免和税收优惠等刺激。20世纪70年代末，几乎所有在巴西经营的汽车企业均签订了出口协议，使得巴西汽车出口量从1970年的仅409辆猛增至1987年的34.6万辆。[③] 但从消极的一面看，全面开放的发展模式使巴西汽车制造业陷入了依附型发展的窘境。由于过度依赖外国的资金和技术，巴西迟迟未能建立自主汽车品牌，反而沦为大型跨国汽车品牌的制造基地，在全球产业链中承担零部件生产和装配的分工。同时，这

① 吴红英:《巴西现代化进程透视——历史与现实》，时事出版社2001年版，第191—193页。

② 沈艳枝:《要素投入与巴西经济增长》，南京大学出版社2014年版，第43页。

③ Rhys Jenkins, “The Political Economy of Industrial Policy: Automobile Manufacture in the Newly Industrializing Countries”, *Cambridge Journal of Economics*, Vol. 19, No. 5, 1995, pp. 629 - 633.

种技术追赶策略并未改变巴西汽车制造业生产效率低、技术创新实力弱的缺陷。研究显示，在巴西，装配一辆汽车的平均时间为48.1小时，日本和美国则分别为16小时和25.1小时；巴西设计一款新型汽车的平均年限为11年，日本和美国则分别为2年和4年。[①] 由于缺少内生的技术进步核心，巴西汽车制造业的升级发展几乎完全依靠外资企业。一旦国际经济形势发生变化或外资企业转移投资，巴西汽车制造业则会像“无本之木”那样很快萎缩和重新落后。

与汽车制造业几乎完全为外资所控制的情况不同，飞机制造业是巴西国防工业的重要组成部分，也是国民经济中最具国际竞争力的工业部门之一。巴西最早于20世纪20年代提出航空工业发展计划。“二战”后，巴西相继设立航空航天研究中心（CTA）和航空理工学院（ITA），以研究应用航空科学和培养航空工程师为主要任务，并聘请了50位德国航空工程师担任技术指导。然而，受制于基础工业实力不足等因素，这一时期的巴西仍主要从国外进口主机和零配件，在国内进行组装，充当加工飞地。为改变这一情况，政府于1969年设立巴西航空工业公司（Embraer），并由军方为其提供产品销售市场。同时，政府还扶植以创新技术研究协会（ANPEI）为代表的科技创新组织，要求它们在政府和企业之间发挥信息传递功能，以促进产学研协同合作，加速技术孵化。[②] 考虑到航空技术研发的高风险和高耗费，政府不仅为巴航提供了许多税收优惠，还允许巴西企业将每年不超过1%的所得税用于购买巴航股票，从而为巴航提供了充足的资本注入。1970—1980年，政府投资占巴航总资产的比重从82%降至8%，私人投资则由18%增至92%。[③]

---

① Werner Baer and Joseph S. Tulchin, eds., *Brazil and the Challenge of Economic Reform*, Washington, D. C.: Woodrow Wilson Center Press, 1993, p. 16.

② 黄懿明、李艳华：《巴西航空制造产业技术创新模式研究》，《科技经济市场》2018年第10期，第3—6页。

③ 严剑峰：《巴西航空工业发展的历程、经验及启示》，《航空制造技术》2012年第3期，第60—65页。

除政府的大力扶植外，巴航的成功还离不开准确的市场定位和有重点的技术投入。早在成立之初，巴航便敏锐地观察到，以美国波音公司为代表的一批飞机制造企业已在大型干线客机这一市场深耕多年，不论在技术实力还是市场份额方面都很难与之竞争。因此，巴航选择了成本更低、更适应本国相对落后的机场设施的支线客机作为战略重点，有效填补了支线客机这一市场空白，从而在竞争激烈的航空工业市场中以后来者的身份缔造了“巴西神话”。并且，以支线 ERJ 系列客机为基础，巴航后来也掌握了准干线 E2 系列客机的生产技术。[①] 同时，巴西并不谋求掌握高附加值的尖端航空技术，如发动机、航电、飞控、反推等，而是专注于整机设计、机身生产和机体组装。这使巴西在掌握部分核心技术的同时，能够充分利用全球供应链对市场需求做出快速反应，以及时推出新的机型。[②] 正因如此，巴航的业务范围广布商用飞机、公务飞机和军用飞机，在支线客机、教练机、农用机甚至轰炸机等领域均能拿出“拳头”产品。20 世纪 70 年代中后期，巴航 EMB－110、EMB－120 等机型得到海外客户的青睐，出口额占销售总额的比重从 1975 年的 5% 猛增至 1980 年的 53%。仅 1986 年就向秘鲁、埃及、伊拉克和洪都拉斯等国出口了 550 架飞机。[③]

作为一个后发国家，巴西能在飞机制造业这一历来由欧美主导的现代高科技产业取得巨大成功，其技术创新能力是值得肯定的。然而，需要指出的是，巴航目前虽已成为仅次于波音和空客的全球第三大飞机制造商，但这并不能说明巴西掌握了全球顶尖的航空技术。事实上，飞机制造中的关键设备——从发动机到飞控、航电以

① Sanjay Badri-Maharaj, “EMBRAER: Brazil’s Aviation Success Story”, *IDSA Issue Briefs*, July 2017, pp. 5－6.

② Andrea Goldstein, “EMBRAER: From National Champion to Global Player”, *CEPAL Review*, No. 77, 2002, pp. 100－101.

③ 吴红英：《巴西现代化进程透视——历史与现实》，时事出版社 2001 年版，第 194—195 页。

及客舱系统——都依赖欧美的成熟产品，巴西并不具备消化和吸收这些技术的能力。可以说，巴航主要受益于航空产业链的全球化，其强大源于作为供应链龙头企业的带动能力。[①]以 E 系列喷气客机为例，巴航主要承担整机整合和整流罩的研发与生产，其合作公司如通用电气提供涡轮风扇、动力装置和发动机短舱，美国霍尼韦尔公司提供航空电子系统，日本川崎重工则提供机翼旋转轴、发动机吊架等。除商用飞机外，军用飞机亦是如此。如果没有国际航空发动机公司（IAE）的 V2500 涡扇发动机，巴航力推的新一代中型涡扇动力军用运输机 KC－390 根本无法起飞。此外，在 ERJ145 及更新一代机型的研发和生产中，巴航还采取了“以股权换技术”的方式，以从欧美国家快速获得先进技术。由此可见，巴西在飞机制造业中仍主要采取的是跟随式的技术追赶模式。

二　生物燃料技术

按照前两次工业革命的发展进程，一个完整的工业革命通常包含新兴产业的形成与规模化以及动力/能源的转换两个部分。巴西的微电子产业兴起之路虽困顿坎坷，但其在生物燃料的开发上却取得了举世瞩目的成就。这或许是巴西技术追赶中最能体现跨越式发展特征的产业。生物燃料，泛指由生物质组成或萃取的固体、液体或气体燃料，可替代从原油中提炼的汽油和柴油，是可再生能源开发利用的重要方向。巴西是最早开展生物质能研究的国家之一，目前已成为仅次于美国的世界第二大生物燃料生产国，生物燃料在一次能源消费结构中占比超过 40%，远超全球平

① 李巍认为，技术水平高低和市场规模大小是决定民航工业发展成败的两个关键要件。就巴航而言，它仅仅是找准了竞争不那么激烈的支线客机作为发展重点，因而赢得了市场规模，其技术水平本身并不够强大。这或许是巴航的发展未能有效带动巴西整体工业实力提升的原因所在。参见李巍、张梦琨《空客崛起的政治基础——技术整合、市场拓展与战略性企业的成长》，《世界经济与政治》2021 年第 11 期，第 4—37 页。

均水平（15.6%）。[①] 其中，以甘蔗为原料的乙醇燃料一直是巴西生物质能的发展重点。相较于美国以玉米为原料生产的乙醇燃料，巴西的乙醇燃料更具价格优势，因而在全球能源市场中更受欢迎，是全球乙醇燃料的第一大出口国（约占全球乙醇出口总量的一半)。[②] 在乙醇燃料的研究、开发和产业化取得重要进展的同时，巴西还在生物柴油、生物煤油、木炭及其他固体生物燃料的技术研发中积极投资，并凭借丰富经验和先进技术在新的国际能源格局中扮演着不可或缺的重要角色。

早在20世纪20年代，巴西就开始了以甘蔗为原料的乙醇燃料研究。当时，国家科学技术委员会（INT）进行了一系列乙醇作为汽车发动机燃料的可行性试验，并于1925年成功完成乙醇燃料汽车400千米长距离测试。这意味着，巴西在20年代中期时就已掌握乙醇燃料的生产和应用技术。瓦加斯执政时期，巴西接连出台737号法案和4722号法案，将乙醇燃料视为国家利益的重要组成部分，强制要求在所有类型的汽油中添加乙醇，并保证乙醇燃料销售的最低价格。[③] 在这些政策刺激和法律保障下，巴西乙醇燃料产量从1933年的10万升猛增至“二战”期间的7700万升，汽油中的乙醇含量最高时达到62%。[④] 同时，为保证原材料供给，瓦加斯政

① Emilio Lèbre La Rovere, André Santos Pereira and André Felipe Simões, “Biofuels and Sustainable Energy Development in Brazil”, *World Development*, Vol. 39, No. 6, 2011, pp. 1026 – 1036.

② Paulina Calfucoy, “The Brazilian Experience in Building a Sustainable and Competitive Biofuel Industry”, *Wisconsin International Law Journal*, Vol. 30, No. 3, 2012, pp. 558 – 594.

③ Luís Augusto Barbosa Cortez et al., “An Assessment of Brazilian Government Initiatives and Policies for the Promotion of Biofuels Through Research, Commercialization, and Private Investment Support”, in Silvio Silvério da Silva and Anuj Kumar Chandel, eds., *Biofuels in Brazil: Fundamental Aspects, Recent Developments, and Future Perspectives*, New York: Springer, 2014, pp. 31 – 60.

④ Antonio Dias Leite, *Energy in Brazil: Towards a Renewable Energy Dominated System*, London: Routledge, 2009, p. 149.

府还建立了甘蔗和乙醇协会（IAA），并出台《甘蔗种植法》，统筹协调和依法管理甘蔗种植商和乙醇生产商之间的关系。1946—1972年，巴西甘蔗产量从约2000万吨增至7800万吨，为发展生物乙醇提供了充足的原材料。①

20世纪70年代，在石油危机的冲击下，巴西加快了对生物燃料的研发和应用。1975年11月，巴西颁布第76593号法案，启动了全球最大的化石燃料替代方案——“国家乙醇燃料计划”（PROALCOOL）。② 在计划的第一阶段（1975—1979年），政府鼓励制糖厂扩大乙醇生产规模，并强制要求无水乙醇和汽油混合使用，以达到1980年混合燃料中乙醇比重提高至20%的目标。在第二阶段（1980—1985年），政府为建设乙醇蒸馏厂的燃料企业提供低息贷款，向乙醇生产商承诺将以确保其获利的价格收购乙醇，同时还强制要求全国所有加油站必须销售乙醇。③ 为降低生物乙醇的生产成本，20世纪80年代，巴西独立研发出用甘蔗渣生产乙醇的Dedini快速水解法技术，将每公顷甘蔗的乙醇产量由原来的7740升提高到13800升，使生物乙醇成本降幅超过40%。随着生产技术的进一步提升，1996年时，巴西生物乙醇的生产成本降为1980年的2/3。④

在需求端，为扩大生物乙醇的市场规模，从20世纪70年代起，巴西政府积极组织公共和私营部门开展乙醇燃料汽车的研发工

① 张帅：《巴西乙醇燃料发展的历史、特点及对中国的启示》，《西南科技大学学报》（哲学社会科学版）2017年第2期，第13页。

② André Luis Squarize Chagas, “Socio-Economic and Ambient Impacts of Sugarcane Expansion in Brazil: Effects of the Second Generation Ethanol Production”, in Silvio Silvério da Silva and Anuj Kumar Chandel, eds., *Biofuels in Brazil: Fundamental Aspects, Recent Developments, and Future Perspectives*, New York: Springer, 2014, pp. 69-83.

③ Alexandre Salem Szklo et al., “Brazilian Energy Policies Side-effects on CO_2 Emissions Reduction”, *Energy Policy*, Vol. 33, No. 3, 2005, pp. 349-364.

④ 张宇、杨松：《巴西生物质能发展可持续性研究》，《拉丁美洲研究》2018年第3期，第136页。

作，相继研制出双燃料汽车、灵活燃料汽车和纯乙醇燃料汽车。仅1980年，巴西就生产了25万辆完全以生物乙醇作为燃料的汽车。[①]1984年，以生物乙醇作为主要动力的汽车已占到巴西汽车总产量的84%。[②]此后，巴西还成功试飞世界首架以生物乙醇为燃料的飞机，并建成世界首座生物乙醇发电站。目前，巴西的生物乙醇生产工艺、加工装置技术水平均已达到世界顶尖水平，不仅拥有500多家乙醇燃料生产厂，还向南非、印度等国出口和转让乙醇燃料生产技术和设备。同时，借助乙醇燃料生产和出口，巴西积极开展乙醇外交，提高了自身在可再生能源合作、世界乙醇市场和气候变化谈判中的影响力。[③]

由于得天独厚的自然条件，除甘蔗外，巴西还拥有种类丰富的其他生物质资源，如大豆、棕榈等油料作物和其他油脂，木质纤维生物质，以及农林残余等废弃物。根据这些生物质原料的特性，巴西在发展生物柴油、生物煤油、木炭和其他固体生物燃料方面亦存在很大潜力。其中，通过早期跨越式的技术发展，巴西在利用糖类发酵制备乙醇方面已处于世界前列。目前，研发重点主要在于探索新的生物质原料，如玉米、木薯等淀粉类作物。类似地，作为拉美首个将生物煤油应用于航空飞行的国家，巴西已发展起相对成熟的生物煤油生产技术，如加氢法和气化—费托合成法。因此，目前的研发重点也主要是开发新的生物质原料。[④]关于生物柴油，国际上已有许多通用的制备工艺。巴西主要着眼于酯交换反应这一新工艺的研究，一定程度上体现了跨越式发展的特征。木炭主要通过对木

① 王卓宇：《巴西生物能源发展的成就与问题》，《拉丁美洲研究》2016年第1期，第56页。

② 李进兵：《后发国家新兴产业竞争优势培育中的产业政策变迁研究——以巴西生物质能源产业为例》，《拉丁美洲研究》2016年第4期，第116页。

③ 王卓宇：《巴西生物能源发展的成就与问题》，《拉丁美洲研究》2016年第1期，第53—68页。

④ Luís Augusto Barbosa Cortez, ed., *Roadmap for Sustainable Aviation Biofuels for Brazil: A Flightpath to Aviation Biofuels in Brazil*, Sao Paulo: Blucher, 2014, p. 189.

质纤维素的热解获得。这是一种较为原始的制备技术，不仅浪费木材，而且也会产生严重的环境污染问题。因此，巴西正在逐步淘汰对木炭的利用。[①] 以秸秆、草、木材等农林废弃物为主要原料的固体生物燃料属于第二代生物质能。与第一代生物质能相比，它在减少环境污染的同时还能避免与粮争地以及由此引发的粮食安全问题。[②] 对于固体生物燃料，巴西主要通过与其他国家开展技术合作，提高燃烧效率和缓解燃烧所带来的不利影响。图 3 – 3 总结了巴西主要的生物燃料类型及其原料。

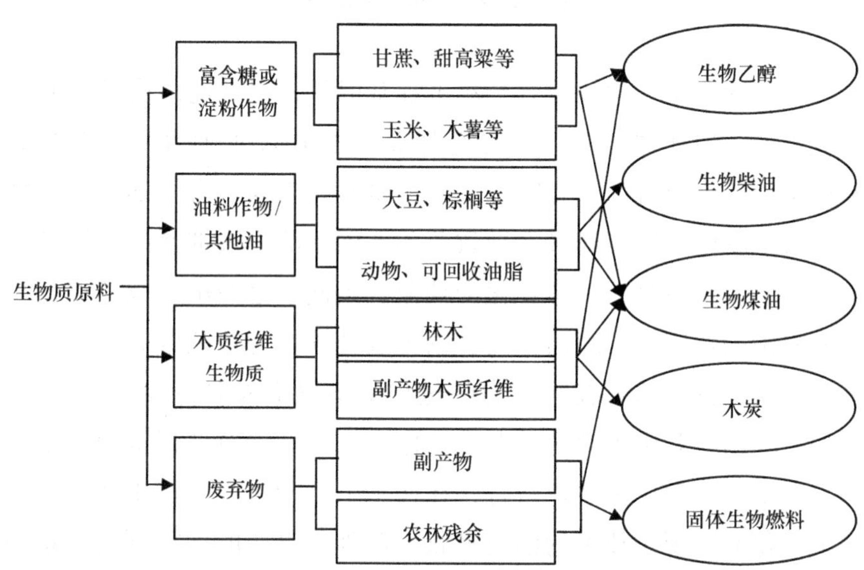

图 3 – 3　巴西主要的生物燃料类型及其原料

资料来源：周晚秋、娄春、何子林、傅峻涛：《巴西生物燃料技术现状与发展》，《中外能源》2017 年第 6 期，第 25 页。

由此可见，在生物燃料技术的发展上，巴西既是先发者（生物

① 周晚秋、娄春、何子林、傅峻涛：《巴西生物燃料技术现状与发展》，《中外能源》2017 年第 6 期，第 24—31 页。

② John Wilkinson and Selena Herrera, "Biofuels in Brazil: Debates and Impacts", *Journal of Peasant Studies*, Vol. 37, No. 4, 2010, p. 756.

乙醇和生物煤油),又是竞争者(生物柴油)和相对后来者(固体生物燃料)。依据在技术轨道上的相对位置,巴西针对不同的生物燃料采取了不同的技术发展策略。然而,与机械制造技术相比,生物燃料技术对产业链上下游的辐射带动作用十分有限,难以切实推动工业核心竞争力的显著提升。因此,巴西虽在生物燃料技术领域呈现出了一定的跨越式发展特征,但其并不能助推巴西缩小与世界技术领先国的整体技术差距。

第五节 案例总结

自瓦加斯第一次执政直至军事独裁时期,巴西的国内结构并非一成不变。但在“二战”后的绝大部分时间内,巴西都以精英分裂和精英与劳工对抗为主要特征。本书将其归类为具有短期导向和精英与劳工发展目标相悖进而导致劳动者创新活力被抑制的分散型国家。当然,这只是一种理想化的抽象。由此,巴西虽形成了追赶技术领先国的意愿,但政治精英要以经济绩效作为执政基础和合法性来源,这使其在培育技术能力的过程中不得不采取各种短视措施。例如,在初等和中等教育的普及工作尚未完成之时就将资源几乎全部投向了高等教育和职业教育,在技术引进的过程中过于强调快速的国产化而轻视对技术的消化吸收。此外,巴西的国家创新体系还存在公共部门研发资源分散以及产研脱节等问题。这些缺憾与不足使得巴西在第五次技术创新浪潮到来时仅培育起较低层次的技术能力,因而只能沿着先发国创设好的技术轨道进行缓慢的技术追赶。这种跟随式的技术追赶在钢铁工业和汽车制造业中均有鲜明体现。图 3-4 对此进行了总结。

但是,我们也不能忽视,巴西曾在军事独裁政府成立初期短暂地表现出类似于朴正熙时期韩国的发展特征,即精英凝聚塑造的关于发展的长时间视野。这或许是巴西较其他拉美国家具有更强的后发追赶动力的重要原因之一。同韩国一样,巴西也在 20 世纪 60 年

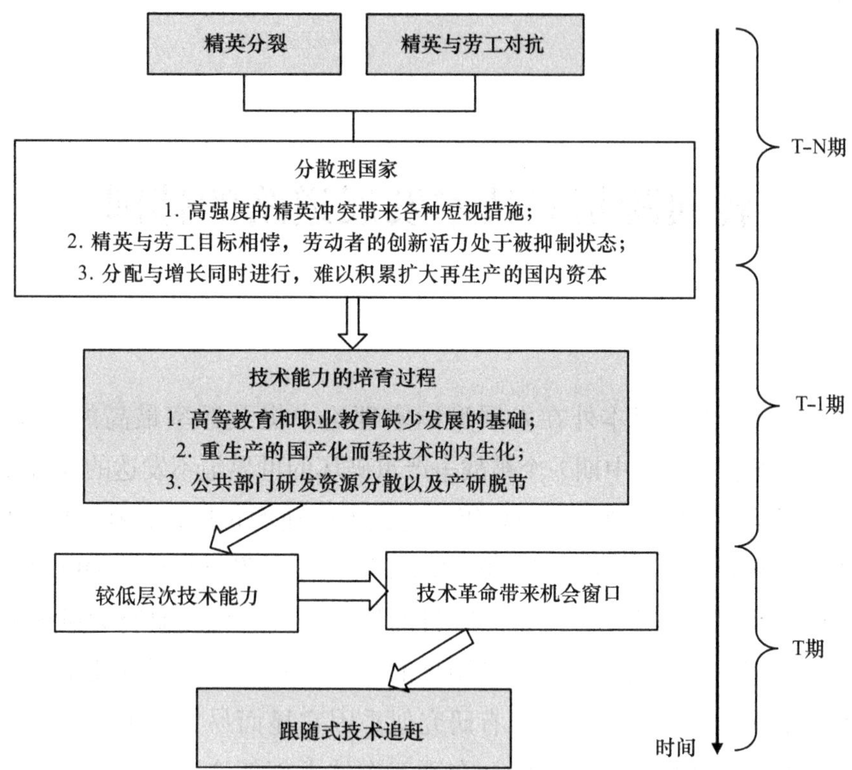
精英分裂
精英与劳工对抗
分散型国家
1. 高强度的精英冲突带来各种短视措施；
2. 精英与劳工目标相悖，劳动者的创新活力处于被抑制状态；
3. 分配与增长同时进行，难以积累扩大再生产的国内资本
技术能力的培育过程
1. 高等教育和职业教育缺少发展的基础；
2. 重生产的国产化而轻技术的内生化；
3. 公共部门研发资源分散以及产研脱节
较低层次技术能力
技术革命带来机会窗口
跟随式技术追赶
T-N期
T-1期
T期
时间

图3-4　巴西采取跟随式技术追赶道路的因果机制梳理

资料来源：笔者自制。

代中后期进入经济高速增长阶段，并在飞机制造和生物燃料领域表现出了一定的跨越式发展特征。目前，巴航已成为仅次于波音和空客的世界第三大飞机制造商，同时也是世界第一大生物乙醇出口国。虽然本书并不计划探讨各种技术追赶模式与赶超结果之间的关系，但将巴西在飞机制造和生物燃料领域的相对成功与实施跟随式技术追赶的钢铁工业和汽车制造业的现状进行比较，或可为我们理解不同技术追赶模式的成效提供一个参考。

第 四 章

转向跨越式技术发展道路的韩国

韩国，是除日本外在发展型国家理论中提及频率最高的国家。从20世纪50年代中期一个被战争严重破坏的世界最不发达的经济体之一开始，韩国于20世纪60年代起进入高速增长期，并在1996年加入了有着“富国俱乐部”之称的经济合作与发展组织（OECD），取得了发展中国家历史上最为瞩目的经济奇迹。许多研究尝试解释这一奇迹，并提出了许多极具洞见的观点。其中，韩国的技术追赶模式是一个非常关键，但既有研究似乎因它显而易见而未过多着墨的因素。正如历史所显示的，在第五次技术创新浪潮到来时，韩国牢牢抓住了赶超的机会窗口，以远超其他后发国家的技术能力为支撑，实施了跨越式技术追赶。本章将聚焦于韩国这一技术追赶模式的国内政治社会结构基础，探讨精英间关系和精英与劳工关系如何塑造了韩国的发展取向，进而对其技术能力的培育过程产生影响。第一节概述了朝鲜日据时期的工业发展情况，这构成了战后韩国发展的初始条件。由于李承晚政权与朴正熙政权截然不同的政治经济特征，本章将在第二节和第三节分别探讨两个历史时期韩国的国内政治社会结构以及由此塑造的发展特征。第四节将从人力资本培育、技术引进方式和国家创新体系三个方面详细刻画韩国技术能力的培育过程。以较高层次的技术能力为基础，韩国转向了跨越式的技术追赶道路，这是第五节的主要内容。第六节则是对韩国案例的总结。

第一节　对初始发展条件的说明

1910年，朝鲜与日本签订《日韩合并条约》，朝鲜半岛正式并入大日本帝国，日本开始了对朝鲜的殖民统治。基于明治维新时期国内改革的经验，日本殖民者首先着手在朝鲜建设一个高度官僚化的、具有渗透力的国家政权，以此来加强对社会的政治控制和经济改造。[①] 按照日本的设计，向两班阶层的旧有精英发放养老金后将他们排除出统治集团，中央决策权高度集中于总督府，总督的意愿则通过广泛的、精心设计的、有纪律的官僚系统得到执行。组织良好的警察部队除维持公共安全外，还被授予执行经济监管、打击工会活动、管理工商事务、安排公共福利救助等职责。[②] 通过警察“胡萝卜加大棒”的策略，朝鲜地方精英被吸收到统治联盟中来。当以上机制都失去作用时，还有运转良好的情报部门对社会实施严密监管。[③]

国家建构完成后，日本开始在朝鲜推行工业化战略。日本殖民统治下的朝鲜工业化进程大致可分为三个阶段：一是殖民统治的首个十年，日本对朝鲜民族资本采取了严格的抑制政策；二是第一次世界大战期间，日本引入垄断资本加强了对朝鲜经济的渗透和控制；三是第二次世界大战期间，为将朝鲜建设成为自己的军事基地，日本重点投资军事工业，客观上推动了朝鲜重化工业

---

① Mark R. Peattie, “Introduction”, in Ramon H. Myers and Mark R. Peattie eds., *The Japanese Colonial Empire, 1895 – 1945*, Princeton: Princeton University Press, 1984, p. 29.

② Robert M. Spaulding, Jr., “The Bureaucracy as a Political Force, 1920 – 1945”, in James W. Morley ed., *The Dilemmas of Growth in Prewar Japan*, Princeton: Princeton University Press, 1971, pp. 36 – 37.

③ ［美］阿图尔·科利：《国家引导的发展——全球边缘地区的政治权力与工业化》，朱天飚、黄琪轩、刘骥译，吉林出版集团2007年版，第19页。

的发展。[①]

在殖民统治的第一个十年，日本主要将朝鲜视为初级产品来源地和制成品的输出地。最初，为保证工业制成品的销售市场，日本严格限制朝鲜新办工业企业。但当出口至朝鲜的产品不能及时满足朝鲜地主阶层的需求后，日本逐渐放开了设立小型工厂的限制，朝鲜开始出现雇佣10—20人的家庭工业，生产范围涉及染布、造纸、陶瓷、胶鞋、针织袜、米酒、酱油等。[②] 同时，为了产品运输的需要，日本加大了对铁路、港口、电力等基础设施的投资力度。1914年，朝鲜建成与农产品出口直接相关的湖南线，同年8月，京元线开通。1915年，朝鲜半岛主要干线铁路全部完成通车，总里程1500公里。此后，铁路运输网进一步扩张。到1919年时，铁路总里程增至2197公里，货运量较1907年增长了十倍以上。“一战”前夕，陆海联运体制也基本完成建设。

“一战”期间，朝鲜因前期殖民地产业基础工作的完成而具备了良好的投资环境。同时，随着本土企业利润的膨胀，日本也开始寻求对外输出资本的机会。在此背景下，日本殖民者放松了在朝鲜生产制造品的限制，并为国内垄断资本进军朝鲜提供了大量优惠条件。这一时期，三井、三菱等大型企业集团积极投资朝鲜的采矿、炼铁、炼钢甚至是造船工业，获得了巨大的殖民地超额利润。一些朝鲜模仿者则紧随其后，逐渐参与到工业制造部门中来，成为朝鲜早期财阀，如琼邦集团（Kyongbang）、强欣针织公司（Kongsin Hosiery）、白山贸易公司（Paeksan Trading Company）、华星百货公司（Hwasin Department Store）、木浦橡胶公司（Mokpo Rubber

① Alice H. Amsden, *Asia's Next Giant*: *South Korea and Late Industrialization*, New York: Oxford University Press, 1989, p. 33.

② Soon Won Park, *Colonial Industrialization and Labor in Korea*: *The Onada Cement Factory*, Cambridge: Harvard University Press, 2000, pp. 11 – 47.

Company）等。①

“二战”前夕，日本开始将朝鲜纳入其宏大军事战略的一部分加以考虑。通过重点投资金属工业、造船工业、铁路机车工业、化学工业、火药工业等与军事战略相关的工业部门，朝鲜重化工业得到了快速发展。这一时期，日本垄断资本在朝鲜兴建了许多大型工厂，如赴战江水力发电所、兴南氮肥工厂、朝鲜油脂株式会社清津工厂、朝鲜石油会社元山工厂、阿吾地煤炼液化工厂、矿石冶炼工厂等。另外，原有的钢铁厂、冶炼厂、粮食加工厂等也得到了扩建。到20世纪40年代初时，朝鲜工业产值已与农业产值持平。1943年，重化工业产值在工业总产值中的占比已接近一半（见图4-1）。在此过程中，朝鲜企业家阶层开始兴起，其中包括三星、现代和LG等现代韩国重要财阀的创始人。

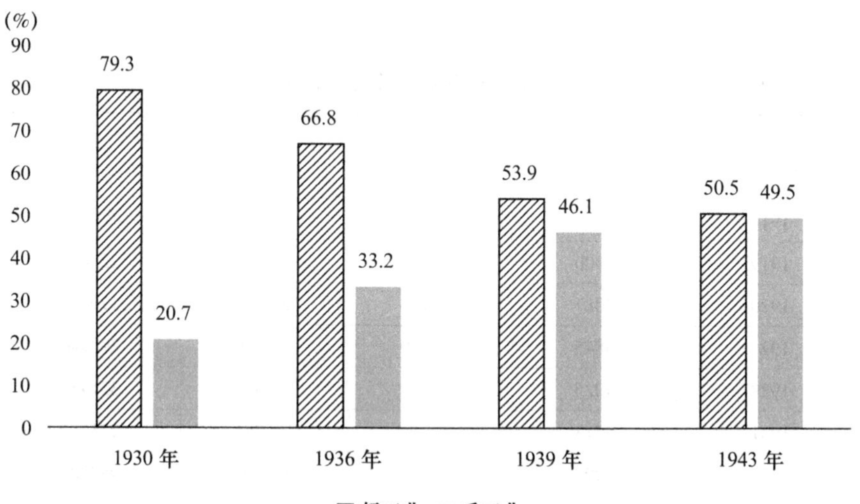

图4-1　1930—1943年朝鲜（韩国）工业结构的变化

资料来源：Jung-en Woo, *Race to the Swift: State and Finance in Korean Industrialization*, New York: Columbia University Press, 1991, Table 2.2。

① ［美］阿图尔·科利：《国家引导的发展——全球边缘地区的政治权力与工业化》，朱天飚、黄琪轩、刘骥译，吉林出版集团2007年版，第32—33页。

综合来看，日本殖民统治者在朝鲜推行的工业化战略取得了可观的成绩。1910—1943 年，朝鲜的工厂数从 151 家增至 1.4 万家，工业产值从 922.9 万朝鲜元猛增至 20.5 亿朝鲜元（见表 4－1）。这一时期，朝鲜工业部门年均增长率保持在 10% 左右的高水平。到 1940 年时，商品总生产的三分之一以上来自工业部门。[①] 然而，如果对其工业结构和技术基础做详细分析便会发现，朝鲜工业具有严重的殖民地性质。这表现在：第一，朝鲜工业命脉掌握在日本垄断资本的手中，工业资本中九成以上属于日本人，矿产、化学等工业部门中几乎没有朝鲜人自己经营的企业；第二，重工业完全服务于日本的军事扩张，各工业部门之间缺少有机联系，且产品生产出来后直接运往日本，朝鲜需要时还需从日本进口；第三，绝大多数工业企业的技术和设备十分落后，朝鲜工人几乎完全被排除在技术劳动之外，如奴隶般的苦役使他们失去了提升技能的兴趣。

表 4－1　　殖民地时期朝鲜工业发展状况

年份	工厂数（家）	资本额（千元）	工人数	产值（千元）
1910	151	2566	8203	9229
1914	654	17371	20963	32754
1919	1900	129378	48715	225404
1920	2087	160744	55279	179318
1924	3845	166940	73184	293946
1929	4025	—	93765	351452
1931	4613	—	106781	275151
1937	6298	—	207003	959308
1939	6952	—	270439	1498277
1943	14356	—	549751	2050000

资料来源：白凤南、李东旭编著：《朝鲜经济史概论》，延边大学出版社 1988 年版，表 13、表 17 和表 22。

① Suh Sang-Chul, *Growth and Structural Changes in the Korean Economy, 1910－1940*, Cambridge: Harvard University Press, 1978, p. 38.

除畸形的工业结构和薄弱的技术基础外，战后初期韩国工业发展面临的最大问题是，殖民地时期建立的重化工业如煤炭、钢铁、水力发电、化学等部门均主要分布在朝鲜半岛的北部地区，南方工业则以食品加工、纺织、机床、烟草等轻工业为主（见表4－2）。这意味着，在朝鲜半岛分裂为两个国家后，日据朝鲜长达三十余年的工业发展成绩，几乎没有多少为韩国所继承。然而，虽然工业发展的物质基础被破坏了，但在工业实践中逐步积累起来的知识与理念却在战后韩国国内持续发挥作用。[①] 美国学者卡特·埃克特（Carter J. Eckert）指出，战后韩国，尤其是朴正熙政府时期的经济发展模式，有许多能从日本殖民统治时期找到根源。例如，国家发挥着至关重要的经济功能，通过控制银行来影响企业的投资行为；经济活动由少数大企业集团或财阀领导开展，对国家宏观战略目标的适应是企业或财阀取得成功的先决条件；强调出口；以战争的威胁作为经济发展的刺激；等等。[②] 从这个意义上说，战后韩国的工业技术追赶并非从零开始。

表4－2　殖民地时期朝鲜工业生产布局状况　（单位:%）

类别	南部地区	北部地区
食品加工	65	35
煤炭	20	80
钢铁	5	95
水力发电	10	90
化学	15	85

① 诺贝尔经济学奖得主保罗·罗默（Paul Romer）在分析各国经济发展差距时曾提出“理念差距”和“物质差距”的概念，参见 Paul Romer, “Idea Gaps and Object Gaps in Economic Development”, *Journal of Monetary Economics*, Vol. 32, No. 3, 1993, pp. 543－573。

② Carter J. Eckert, *Offspring of Empire: The Koch'ang Kims and the Colonial Origins of Korean Capitalism, 1876－1945*, Seattle: University of Washington Press, 2014, pp. 253－259.

续表

类别	南部地区	北部地区
机械制造	65	35
消费品	80	20

资料来源：Jung-en Woo，*Race to the Swift*：*State and Finance in Korean Industrialization*，New York：Columbia University Press，1991，Table 2.3。

第二节　李承晚时期韩国的国内结构与发展特征

由于韩国后发追赶中秉持的许多政策理念可追溯至殖民地时期，一些学者试图将韩国战后的高速发展与殖民时代的政治经济相联系，认为韩国试图追赶发达国家的发展取向具有较长的历史延续性。这无疑是对李承晚时期历史事实的曲解。“二战”后，快速的去殖民化过程以及随之而来的朝鲜战争给韩国经济带来了巨大冲击。针对社会经济空前混乱的局面，美国占领军以过渡政府的名义向韩国无偿提供了大量粮食、被服、农用物资、工业原料等经济援助。1953—1960 年，美国对韩国的援助占到韩国年均生产总值的 10% 以上，并且几乎全部都是直接赠予。然而，美援的核心考量是遏制共产主义的威胁而非韩国经济技术发展。同样，李承晚也从来没有形成专注经济增长的发展目标，他的全部图谋仅仅是确保个人权力，抵抗北方的意识形态威胁，控制国内的反对派，以及从美国获得最大限度的援助。为了探究李承晚政权的这种发展取向（或者说，完全不具有发展意愿），下文将从这一时期韩国精英间关系和精英与劳工关系两个方面展开分析。

一　精英分裂与短期导向

人如其名，李承晚（Rhee Syngman）继“承”“李”氏朝鲜王朝的专制主义传统，为建立帝王式的总统中心制而不择手段地排斥统治集团内一切异己势力。[①] 早期李承晚政权所面临的政治挑战包括两方面的内容：一是与在野党围绕总统中心制还是内阁责任制问题而展开的对立。曾在1948年5月大选中支持李承晚的韩国民主党（以下简称“韩民党”），因在组阁时被李承晚故意忽视，几乎无人在首届政府中任职。以此为背景，韩民党于1949年1月与大韩国民党合并为民主国民党（以下简称“民国党”），积极扩张其在国会和政府中的势力，到第二届国会末期（1948年底至1949年初）成为反对李承晚独裁统治的院内第一大在野党。民国党认为，李承晚实行独裁统治的根本原因在于总统制。因此，要根除独裁统治的源头，就必须推翻总统中心制，实行内阁责任制。二是国会内外围绕美国撤军和南北协调等问题形成的对李承晚的挑战。1949年1月，苏军撤出朝鲜半岛后，韩国独立党党首、有着大韩民国“国父”之称的政治家金九（Kim Koo）提出要求美国撤军和建立南北统一政府的政治主张，得到了国会内部主张体制改革的少壮派的强烈响应。少壮改革派包括韩国独立党系统的同仁会、民族青年团系统的青丘会以及进步的理论俱乐部成仁会。他们与金九一起，成为挑战国会和政府内部亲美、亲日势力的重要竞争对手。[②]

1949年6月，面对以金九和少壮派为核心的新兴政治力量发起的大规模进攻，李承晚与民国党在共同利益的促使下联合起来，发动了“六月攻势”。6月26日，金九在汉城京桥庄住宅内遇刺身亡。随后，13名少壮派国会议员也被李承晚以涉嫌接触南朝鲜劳动党间谍为由逮捕。“六月攻势”后，国会内支持李承晚政权的右翼势力有了明显增长。1949年11月，国会内支持李承晚的议员纠集原大韩国民党中的亲李势力，组建了大韩国民党（以下简称“国

---

① 曹中屏、张琏瑰等编：《当代韩国史（1945—2000）》，南开大学出版社2005年版，第76页。

② Yong-Pyo Hong, *State Security and Regime Security: President Syngman Rhee and the Insecurity Dilemma in South Korea, 1953 - 1960*, New York: Palgrave Macmillan, 2000, pp. 26 - 27.

民党"），成为国会中占据多数席位的执政党。然而，政治斗争却并未停息。1950年1月，影响力得到恢复的民国党联合部分无党派议员提出了改革总统中心制、建立内阁责任制的宪法修正案，对李承晚的绝对权威再次发起挑战。在李承晚及其领导的国民党的顽强抵抗下，宪法修正案在随后的国会表决中遭到否决，但却未能阻止反对情绪的蔓延。到1950年5月国会大选时，众多反对李承晚的无党派人士当选议员，一些拥有很高名望的中间派人士也进入国会，极大地削弱了国民党在国会内的执政党地位，使李承晚的政权稳固性受到极大威胁。①

1951年末，李承晚的总统任期即将结束。国会内执政党地位的削弱，对李承晚谋求连任十分不利。因此，李承晚指使追随者向国会提出了以总统直选和两院制为内容的宪法修正案，并在1952年7月第二届国会全体会议上，动用总统卫队和武装警察监督议员赞同修正案的通过。这部宪法在总统的产生方式上对1948年的制宪宪法做出了重大修改。原宪法规定，总统由国会通过无记名投票选举产生，而新宪法则将其改为总统通过国民的普遍、平等、直接和秘密投票选举产生。② 凭借其作为朝鲜独立运动的领袖在国民心中的较高威望，李承晚在1952年8月举行的第二届总统选举中以75.3%的得票率当选。③ 1954年7月，李承晚再次发起了修宪运动，旨在废除原宪法中关于限制总统连任的条款。在对修宪案进行的投票表决中，到会的203名国会议员共投出135张赞成票，未达到2/3（应为135.33票）。但李承晚仍以数学中的"四舍五入"原理辩称135票已满足2/3的要求，将修宪案加以合法化。"四舍五入"修

① 曹中屏、张琏瑰等编：《当代韩国史（1945—2000）》，南开大学出版社2005年版，第81页。

② 李宝奇：《韩国修宪历史及其政治制度变迁研究》，中国政法大学出版社2013年版，第89—95页。

③ 尹保云：《民主与本土文化——韩国威权主义时期的政治发展》，人民出版社2010年版，第78页。

宪案的无理通过将在野党的反对推向了高潮，进一步加剧了韩国政局的混乱无序。[①]

1955 年 9 月，以民国党为基础联合部分脱离自由党的人士和右翼无党派人士组建的民主党宣告成立。在 1956 年的第三届总统选举中，民主党推举申翼熙（Shin Ik-hee）和张勉（Chang Myon）分别为正、副总统候选人。申翼熙提出的建立内阁责任制民主政府和“活不下去就更换政府”的竞选口号，对顽固坚持独裁统治的李承晚形成了严重挑战。虽然李承晚最终以微弱优势取得总统之位，但副总统之职却为自由党候选人张勉收获。此后，李承晚通过加强新闻统制的《国政保护临时措施法》和无限扩大“犯罪”范围的《新国家安保法》等，在全国范围内实施“恐怖政治”，并对政敌发起了扫荡性镇压。这些举措引起了更广泛的全民抵抗，最终于 1960 年酿成了导致政权垮台的“四月革命”。[②]

自 1948 年就任大韩民国首任总统至 1960 年下台，李承晚在长达 12 年的执政生涯中持续面临着来自众多竞争性精英集团的强烈威胁，政治挑战的指涉对象多为政治体制。李承晚甚至一度需要通过强制修宪的方式维持其统治的合法性。在这种精英冲突激烈的背景下，经济和社会发展从来没有进入过李承晚的优先考虑范围内，使得这一时期的韩国完全不具有后发追赶的意愿。正如韩国学者李汉彬（Lee Hahn-been）所总结的，李承晚政权初期所具有的时间视野为规避型（escapist），即对过去的怀旧性（nostalgic）、对现在的游移性（erratic）和对未来的空想性（utopian）。而到后期，政治精英内部冲突的加剧使该政权转变为了榨取型（exploitationist），即对过去具有悔恨（regretful）的心态，对未来则

① 李宝奇：《韩国修宪历史及其政治制度变迁研究》，中国政法大学出版社 2013 年版，第 102—103 页。

② Yong-Pyo Hong, *State Security and Regime Security: President Syngman Rhee and the Insecurity Dilemma in South Korea, 1953 - 1960*, New York: Palgrave Macmillan, 2000, pp. 123 - 143.

充满恐惧感而表现出躁急（hasty），想最大限度地在短期内获利，因此在当下采取享乐主义（hedonistic）。与李承晚不同的是，朴正熙政权的时间视野属于发展型（developmentalist），即传承过去（inheritance）和预备未来（preoperational），并在当下保持积极进取（prospective）。①

二　精英与劳工对抗和发展目标的缺失

新权威主义体制下的压缩型现代化进程使后发国家的劳工运动呈现出与西方国家截然不同的特征。而在后发国家这个群体内部，日本和韩国的劳动关系模式也存在显著差异。日本于20世纪60年代基本完成了从冲突型劳动关系向协调型的转变，韩国则是冲突型关系的典型代表。因此，查默斯·约翰逊将战后日本称作“软性威权主义国家”（soft authoritarian state），韩国则是“强硬国家”（hard state）。② 而与巴西等拉丁美洲国家相比，韩国的劳动关系亦有不同。韩国从未经历过拉美政治精英所面临的那种两难困境，即在推进工业发展的过程中，既要控制组织化的劳工，又要寻求影响巨大的劳工队伍的支持。③ 在韩国，劳工群体一直是统治集团控制和排斥的对象，不曾被视作需要争取的政治同盟。早在日据时期，朝鲜的劳资关系就有利于资方对劳工进行控制：劳动者被禁止成立任何形式的自发组织，否则会被开除并逮捕；劳动者在工厂中受到严密的劳动监督，甚至涉及人身管理；劳动者离开厂区或接待访客都需得到专门的批准。这一切都使工厂看起来像是一

① Hahn-been Lee, *Korea: Time, Change and Administration*, Honolulu: East-West Press, 1968.

② Chalmers Johnson, "Political Institutions and Economic Performance: The Government-Business Relationship in Japan", in Frederic C. Deyo, ed., *The Political Economy of the New Asian Industrialism*, Ithaca: Cornell University Press, 1984, p. 138.

③ Ruth Berins Collier and David Collier, *Shaping the Political Arena: Critical Junctures, the Labor Movement, and Regime Dynamics in Latin America*, Princeton: Princeton University Press, 1991, pp. 48 – 50.

所“轻度设防的监狱”。

1945年日本宣布投降并撤离朝鲜后，不少韩国劳工开始接管日本人留下的工厂，并在韩国劳动组合全国评议会（以下简称“全评”）之下形成了强大的左翼工会。“全评”形成后，劳动冲突迅速增加，劳动者不时与警察和美军发生冲突。从1945年8月至1947年3月，韩国共发生2388次劳工示威，超过60万劳工参加其中，被学者视作1987年以前韩国劳工运动史上暴力性最强的时期。[①] 如火如荼的劳工运动被美国军政当局视为共产主义的暴动。在美国的授意下，李承晚政府很快取缔了“全评”，并于1946年建立了一个新的劳工组织——大韩独立促成劳动总联盟（以下简称“大韩劳总”）。这个工会虽然按照美国的法律形式建立，但在实际运作中采取的仍然是日本式的警察控制劳工的方法。[②] 并且，“大韩劳总”没有基层组织，对增进劳工福利并不真正感兴趣，它的主要目的是与左翼工会竞争并最终摧毁左翼工会。在1947年1月铁路大罢工期间，左右翼劳工团体之间爆发血腥对抗，“全评”遭到了警察、右翼工会和美国军事政府联合起来的力量的致命打击，数百人被杀害或被处决，数千人被监禁，使得韩国的劳工运动逐步陷入低谷。

在李承晚执政的12年里，韩国的劳工群体持续处于一种极为不利的政治、意识形态和话语环境之中。随着朝鲜半岛分裂为两个敌对国家和朝鲜战争的爆发，南部所有具有战斗性的左翼工会组织均被右翼力量和美国军事政府彻底摧毁，没有给韩国劳工留下任何发展劳工运动可以依赖的组织基础。并且，在紧张的冷战环境中，反共压倒了一切其他意识形态，它给了统治集团随时可以利用来压制政治自由和公民权利的理由，并成为控制劳工活动和政治异议运

---

① ［韩］具海根：《韩国工人——阶级形成的文化与政治》，梁光严、张静译，社会科学文献出版社2004年版，第31—32页。

② George E. Ogle, *South Korea: Dissent within the Economic Miracle*, London: Zed Books, 1990, p. 12.

动的强大工具。[①] 在李承晚政权之下，“大韩劳总”很快蜕变为巩固李承晚权力基础的御用政治工具，积极为独裁统治摇旗呐喊。1955 年，它被政治纳入自由党，成为附属于执政党的政治团体，并解散了普通会员，主要职能从提高劳工福利转变为组织支持李承晚的政治集会。[②]

其实，从韩国首届内阁的组成亦可看出李承晚政权对待劳工的态度。李承晚提名出任国务总理兼国防部部长的人选为右翼组织“朝鲜民族青年团”团长李范奭（Lee Beom-seok），他曾是蒋介石秘密情报机关蓝衣社的特务人员，后为美国军事谍报机关效力。外务部部长张泽相（Chang Taek-sang）为原首都厅警察长官，曾在 1946 年“学生兵事件”中枪杀 3 名学生，并在大选时命令向反对单选的群众射击。内务部部长尹致瑛（Yun Chi-young）曾在“二战”期间为日本军国主义效力，战后又利用李承晚秘书的身份赚取高达数亿韩元的不义之财。政务部部长李青天（Ji Cheong-cheon）是战后韩国最大的恐怖组织——大同青年团的头目。社会产业部部长则由专门从事分裂劳工运动、破坏罢工的“大韩劳总”的负责人担任。[③] 在这种严密监视和沉重打击的政治背景下，劳工群体的工作活力都很难得到激发，更不用说提升技能和形成技术创新的主动性和积极性。

三　小结：李承晚时期韩国的发展特征

李承晚时期，韩国政治精英内部分歧严重，竞争激烈，这使李承晚的执政稳定性受到极大威胁，因此他更偏好在短时间内榨

① Choi Chang-Jip, *Labor and the Authoritarian State: Labor Unions in South Korean Manufacturing Industries, 1961 – 1980*, Seoul: Korea University Press, 1989.

② ［韩］具海根：《韩国工人——阶级形成的文化与政治》，梁光严、张静译，社会科学文献出版社 2004 年版，第 32 页。

③ 李宝奇：《韩国修宪历史及其政治制度变迁研究》，中国政法大学出版社 2013 年版，第 74 页。

取尽可能多的利益，以损害社会整体福利为代价谋取个人或集团私利。在这种精英关系结构下，李承晚政权的时间视野非常短，未曾形成后发追赶的意愿，因而也不曾为韩国构建任何有利于经济长期发展和技术能力积累的制度体系。压制性的劳工政策则是李承晚用以最大化地榨取社会利益的工具和手段。通过严密监视和暴力镇压一切劳工活动，李承晚一定程度上减少了政权被颠覆的风险，但却以牺牲工业化的推进过程中最为宝贵的劳动者的积极性和创造力为代价。由此可见，李承晚时期的韩国不仅缺少追赶发达国家的发展目标，同时也扼杀了自下而上推动工业技术发展的可能性。

正如许多韩国研究学者所指出的，李承晚执政的首要目标从来不是国家现代化和社会经济发展，而是专制政体的巩固与维持。在整个官僚机构中，上下级官员之间以私人关系和私人忠诚为联系纽带，美国的经济援助则成为官员寻租的“本钱”。在拍卖日据政权遗留下来的工厂时，绝大多数以远低于评估的价格出售给了贿赂政府官员或同政治领导人有私情的企业主，结果加重了官商勾结。治安、司法、银行、税收等方面的法律规定也被腐败所侵蚀，中小企业和普通民众经常遭遇警察及地方官的敲诈勒索。[1] 总之，李朝时期如裙带关系、任人唯亲等腐败现象均可在李承晚政府各级官僚机构中找到。这一时期的韩国官僚完全成为压迫和剥削社会的特权阶层，官僚机构也极具排他性，既不容许新的力量进入，也绝对禁止社会上新的经济组织、新的经营活动等创新的出现。[2] 因此，韩国经济虽然在20世纪50年代经美国援助而逐渐复苏，但仍然面临严重的发展障碍。

---

① 尹保云：《韩国的现代化：一个儒教国家的道路》，东方出版社1995年版，第51—57页。

② Hahn-been Lee, *Korea: Time, Change and Administration*, Honolulu: East-West Press, pp. 80 - 99.

第三节　朴正熙时期韩国的国内结构与发展特征

1961年5月16日，朴正熙（Park Chung Hee）及围绕在他周围的以陆军士官学校第八期毕业生为核心的少壮派军官发动军事政变，推翻摇摇欲坠的“第二共和国”，开启了韩国长达二十余年的军人专制统治。就任第三共和国总统后，朴正熙立即将“经济第一主义”列为单一的国家目标，并成立由国务副总理担任长官的经济企划院，统筹领导韩国的后发技术追赶。为了对这一时期韩国截然不同于李承晚时代的发展特征做出解释，下文将从精英间关系和精英与劳工关系两个方面展开详细分析。

一　精英凝聚与长期导向

军事政变后，为稳定住大局，朴正熙拉拢了一批高级军官进入最高会议或政府内阁。在朴正熙抓牢权力后，这些高级将领或被判刑，或被流放美国。随着军事集团内可能对朴正熙构成威胁的高级军官被一批批地清洗，“5·16政变”的主导力量——朴正熙及围绕在他周围的以陆军士官学校第八期毕业生为核心的少壮派军官——全面主宰了国家和军队。[①] 以朴正熙为核心的军事集团对于实现国家现代化具有强烈的渴望，他们相信，韩国的未来首先取决于建设南部的独立经济力量和高度的政治稳定。这种目标明确的民族主义信念使他们与政变前的革新政党、学生军以及其他运动团体所组成的反政府阵营有很大不同。他们具有很强的工具理性精神，欣赏日本的明治维新模式，希望通过建立一个强大政府来推动经济

---

① 尹保云：《民主与本土文化——韩国威权主义时期的政治发展》，人民出版社2010年版，第150页。

现代化。[①] 这些特征也在朴正熙1962年出版的《我们国家的道路》中有鲜明体现。在这本著作中，朴正熙对韩国的古今历史、文化传统、民族性格、李氏王朝的教训以及战后韩国生硬模仿西欧民主制度和国家发展等问题做了深刻的反思与讨论。他指出，李承晚及其追随者照搬外来民主制度而建立的政党政治不过是官僚政客和财阀追求私利的工具，它将韩国引向了党同伐异、争权夺利、政治腐败的深渊之中，“把国家驱向了崩溃和毁灭的边缘”。[②] 朴正熙认为，“我们无法奢望在像韩国这样的后进国家中，以模仿外国的民主和代议制政府的形式来获得政治上的成熟和经济上的重建”。作为建立民主的两个先决条件，经济的发展和人民生活水平的改善应该是政府的优先目标。而在制订长期发展计划以实现这一优先目标的过程中，“保持一个强有力的统治机器是绝对必要的，甚至是不可避免的”。[③]

为了集中一切力量发展经济，朴正熙采取了一系列排除威胁政权稳定的社会政治势力的举措。第一，设立中央情报部负责管理和监督军政各部门的情报收集活动。作为一个无处不在、无处不往的“超国法机关”，中央情报部有权对“反革命”及威胁政府施政的一切力量进行搜捕和镇压，其搜查官可任意行使犯罪搜查权，其他机关部门需对其活动予以协助和支持。1964年，中央情报部的机构成员达37万人，周围还有一些秘密的外围组织，如潜伏在大学校园内刺探情报、破坏学生运动的“青年思想党”（YTP）。第二，通过制度改革和国家机关的结构调整增强权力集中。为确保民主共和党（以下简称“共和党”）在国会中的优势地位，朴正熙在第三共和国

---

① David C. Cole and Princeton N. Lyman, *Korean Development: The Interplay of Politics and Economics*, Cambridge: Harvard University Press, 1971, p. 96.

② ［南朝鲜］朴正熙：《我们国家的道路——社会复兴的思想》，陈琦伟等译，华夏出版社1988年版，第10页。

③ ［南朝鲜］朴正熙：《我们国家的道路——社会复兴的思想》，陈琦伟等译，华夏出版社1988年版，第155、159、172页。

时期的第六届（1963年）、第七届（1967年）和第八届（1971年）国会选举中均采取了小选区选民直接选举和全国区比例代表制的选举方式，确保可以通过共和党操纵国会，将行政权和立法权同时握在手中。朴正熙还改组和加强了青瓦台机构，使总统秘书室成为保障一切国家政治权力集中于总统周围的辅助决策的幕僚机构。第三，利用乡缘、学缘和亲缘等纽带关系构筑支持和追随自己的社会力量。以1963年的国会选举为契机，朴正熙将许多大邱系政治势力拉进了统治集团。结果，在朴正熙执政时期，六成以上的军事将校、大多数政府高级官员和执政党干部，以及半数以上的大企业家都出身于庆北高等学校及其前身大邱高等普通学校，他们构成了韩国政治中最大的社会宗派势力——“大邱军团”。[①]

正如旅美韩国学者金世镇（Kim Se-jin）所言，朴正熙领导下的第三共和国既是一个高压的专制政权，也是一个政治目标明确、善于管理、讲究实际、有求实创新精神、拥有无限权威、政绩卓著的政权。[②] 在朴正熙的强权政治下，政治斗争的矛头直指玩弄政治的政客和腐败无能的官僚，为其赢得了韩国民众的广泛认可。同时，他大胆起用有能力的军人担任政府高级职务，取代只知争权夺利的政治既得利益集团，为集中力量进行后发追赶打下了坚实基础。[③] 在政治权力与政治决策高度集中的同时，为使国家的经济政策尽量不受国会与政治斗争的影响，朴正熙将建设部的综合计划局、物流计划局、内务部的统计局与财政部的预算局合并，于1961年7月成立了以技术官僚为主的经济企划院。经济企划院负责制订并调整经济开发计划，长官由国务院副总理担任，体现了其相对于

① 曹中屏、张琏瑰等编:《当代韩国史（1945—2000）》，南开大学出版社2005年版，第255—258页。

② Se-Jin Kim, *The Politics of Military Revolution in Korea*, Chapel Hill: University of North Carolina Press, 1971, p. 136.

③ 金光熙:《朴正熙与韩国的现代化》，黑龙江朝鲜民族出版社2007年版，第36页。

其他政府机构极其重要的地位。

20 世纪 70 年代初，韩国国内外政治经济形势出现重大变化。在国内，普通劳工和城市贫民不满于工资收入和生活质量未随工业化的加速推进而明显提升，发起了争取生存权的民众斗争，并带动了学生运动及知识界、新闻界和宗教界争取民主的斗争。在民众运动广泛开展的过程中，在野政治势力得到了较大发展，对朴正熙的执政稳定构成了挑战。同时，尼克松主义的出台、1971 年底包括驻韩美军第 7 师团在内的 45 万美军从亚洲撤离、中国恢复在联合国的合法席位、1972 年 2 月尼克松访华以及同年 10 月中日建交等一系列国际事件，也使韩国赖以生存的外部环境发生了巨大变化。在此背景下，朴正熙于 1972 年底启动“维新体制”，以效率和国家安全的名义反对自由、民主，将反政府的团体视为非法的、不道德的、侵犯政府的。[①] 自此，韩国历史进入第四共和国时期。新出台的《维新宪法》将国家权力全部集中到总统一人手中，规定总统任期为 6 年，并且可以继续连任；取消原来国民直接选举总统的规定，改由总统任议长的统一主体国民议会选举。由此，“维新体制”确保了朴正熙连任总统和“独裁开发”体制的延续。[②]

总体来看，韩国在朴正熙执政的 18 年时间里表现出了高度的强政权特征，统治的军事集团内部高度凝聚，潜在的反政府力量及其活动基本为情报部门所扑灭。以此为基础，朴正熙得以将“经济第一主义”列为单一的国家目标，并在追赶西方发达国家的过程中保持较长的时间视野。在霍夫斯泰德文化维度模型中的“长期导向”维度上，韩国以 100 的满分成绩位列榜首，是最务实、眼光最长远的国家。作为典型的后发国家，韩国通过实施连贯而有效的后发追赶战略，在长达三十余年的时间内一直保持经济高速增长，渐

① Sunhyuk Kim, *The Politics of Democratization in Korea: The Role of Civil Society*, Pittsburgh: University of Pittsburgh Press, 2000, p. 58.

② 李宝奇：《韩国修宪历史及其政治制度变迁研究》，中国政法大学出版社 2013 年版，第 203 页。

次步入中等收入阶段和高收入阶段，目前已成为世界第八大工业强国和主要发达经济体之一。韩国这种面向未来的发展眼光可通过各阶段五年计划的具体目标鲜明体现。根据经济企划院的规划，第一个五年计划（1962—1966 年）的主要目标在于奠定韩国的自主工业化基础，第二个五年计划（1967—1971 年）则强调构建出口导向型产业，第三个五年计划（1972—1976 年）重点在于培育重化学工业并使其成为韩国的出口支柱产业，第四个五年计划（1977—1981 年）则掀开韩国新技术产业、技术密集型产业时代的篇章。① 可见，韩国各个五年计划的发展目标是逐步递进的。在此过程中，培育自主发展能力和建设民族工业的目标一直被摆在十分重要的位置。

二　精英与劳工合作和发展目标的趋同

朴正熙延续了韩国自建立以来的劳工压制传统，运用强大的国家权力，采取刚性的强制战略和较为封闭的排斥战略，对劳工群体和工会组织展开了严密控制。② 但与李承晚时期压榨劳工以稳固政权和攫取私利所不同的是，朴正熙的劳工压制政策更多地服务于出口导向型发展战略，即在保证劳工充足供应的同时尽可能地降低劳工成本，从而确保韩国劳动密集型产业在国际市场中的竞争优势。③ 在 1963 年的就职演说中，朴正熙就曾明确表示，要使国家“摆脱旧世纪的枷锁”，“用汗水、鲜血和艰苦工作”创造新韩国。④

---

① ［韩］赵利济编著：《韩国现代化奇迹的过程》，张慧智译，吉林人民出版社 2006 年版，第 230 页。

② 田野：《国际贸易与政体变迁：民主与威权的贸易起源》，中国社会科学出版社 2019 年版，第 173 页。

③ Ronald A. Roger，“An Exclusionary Labor Regime under Pressure：The Changes in Labor Relations in the Republic of Korea since Mid - 1987”，*UCLA Pacific Basin Law Journal*，Vol. 8，No. 1，1990，p. 92.

④ Andrew C. Nahm，*Korea*：*Tradition and Transformation—A History of the Korean People*，Seoul：Hollym International Corporation，1988，p. 450.

1961年发动军事政变上台后，朴正熙集团首先对劳工组织进行了重组，通过扶持亲政府的全国性劳工组织对劳工和劳工运动进行严密监视和控制。朴正熙解散了“大韩劳总”，逮捕劳工队伍中的活跃分子，并禁止劳动罢工。新成立的中央情报部挑选和培训了一批高层劳工领导，让他们建立一个新的工会——韩国劳动组合总联盟（以下简称“韩国劳总”），并将他们安插到劳工队伍中掌权，以达到从政治上瓦解劳工运动的目的。[①] 新成立的“韩国劳总”按照行业组织工会分支，官方认可的行业工会被赋予在该行业的唯一最终代表权。同时，朴正熙还对既有的与劳工相关的法律做出修订，不断剥夺劳工群体在经济和政治上的权益。1963年，朴正熙对李承晚时期制定的《工会法》进行修改，规定工会不能从会员中筹集政治资金或将工会会费用于政治目的。这意味着禁止了工会与其他政治力量进行任何形式的联合或合作，使游离在统治集团之外的政治力量无法团结劳工来反对政府。此外，《劳动法》中还新增了若干限制条款，使工会组织集体行动变得更加困难，并扩大了国家干预劳动关系的范围。[②] 但政府却为财阀集团提供政治保护，通过严厉压制劳工运动保证了财阀的高额利润。这主要是因为执政的共和党以财阀集团提供的政治献金作为最主要的经费来源。[③]

20世纪70年代初，朴正熙在选举中遭遇来自爱国民主人士金大中（Kim Dae-jung）的严重威胁。同时，美国军事力量部分撤出韩国、朝韩即将开始的对话，以及尼克松访华等国内外形势的新变化，引起了朴正熙集团的高度关注和警惕。1971年12月，朴正熙宣布国家进入非常状态，开始实施“维新体制”。在维新体制下，

---

① Bret L. Billet, “South Korea at the Crossroads: An Evolving Democracy or Authoritarianism Revisited?”, *Asian Survey*, Vol. 30, No. 3, 1990, p. 305.

② ［韩］具海根：《韩国工人——阶级形成的文化与政治》，梁光严、张静译，社会科学文献出版社2004年版，第34—35页。

③ 张光军主编：《韩国执政党研究》，中国出版集团、世界图书出版公司2010年版，第91页。

朴正熙以“安保逻辑”(即国家安全的需要)对付一切政治民主运动,以“成长逻辑”(即经济发展的需要)对付工人团体运动。这一时期,劳动者的基本权利进一步被压制。① 首先,《国家安保特别措施法》禁止了劳动者进行集体讨价还价和开展集体行动。其次,“韩国劳总”被纳入国家制度化的劳动政策机制,失去了20世纪60年代组织反对劳动统制法案的请愿、抗议游行和示威以及对政府政策产生实质性影响的能力,只能在政府、劳总与企业家三方参与的“劳使恳谈会”中有限地参与有关劳资纠纷的审议。② 在严格限制工会组织及其活动的同时,朴正熙还力图改造现有的工会结构,将其从“条状”的行业工会结构改造为“块状”的企业工会结构,从而切断全国性工会与其地方分支的紧密联系。新的劳资纠纷法则加强了政府在争议调停方面的权力,并禁止基层教会组织和学生等外部团体介入劳动争议。③ 通过上述措施,政府对劳工的控制程度达到了顶峰。资料显示,当时韩国工业区的每个警察局都设有专门负责劳工管理的办公室,一旦接到公司管理者汇报有不“听话”的劳动者就会马上展开调查,讯问对象除了本人,还包括其工友、家属、邻居、上司等。警察局还与劳动部、公共秩序部、检察院以及中央情报部就劳工管理保持密切联系。④ 工厂内甚至采取军事化管理:劳动者穿着统一制服,头发剪得很短;在正式开工前要列队齐唱军歌;即使在食堂吃饭也根据级别不同而有不同安排。⑤

---

① 曹中屏、张琏瑰等编:《当代韩国史(1945—2000)》,南开大学出版社2005年版,第271页。

② Choi Chang-Jip, *Labor and the Authoritarian State: Labor Unions in South Korean Manufacturing Industries, 1961 – 1980*, Seoul: Korea University Press, 1989, p. 454.

③ [美] 斯蒂芬·哈格德:《走出边缘——新兴工业化经济体成长的政治》,陈慧荣译,吉林出版集团2009年版,第146页。

④ George E. Ogle, *South Korea: Dissent within the Economic Miracle*, London: Zed Books, 1990, p. 60.

⑤ [美] 阿图尔·科利:《国家引导的发展——全球边缘地区的政治权力与工业化》,朱天飚、黄琪轩、刘骥译,吉林出版集团2007年版,第92页。

在压制劳工以将他们塑造为高度纪律性的劳动力大军的同时，朴正熙也深知，暴力镇压劳工运动和将劳工群体排除在政治之外，会加剧政府与劳工群体之间的矛盾，无助于社会生产率的提高。为此，朴正熙集团在意识形态和话语层面将韩国的劳动者描述为“产业战士”，强调他们在这场全球性的经济战争中扮演着和士兵一样的角色，为国家安全和民族中兴的光荣而战斗。民族主义和发展主义的意识形态与浓厚的军事化修辞交织在一起，形塑了出口导向型产业中快速壮大的劳工群体的工作动力和身份认同。[①] 这种话语动员策略在朴正熙政府时期十分有效，它使劳工群体与政治精英形成了关于国家发展的一致目标。劳工群体逐渐接受了新的“规范性伦理”，成为韩国后发技术追赶中富有生气的生产者。[②] 在此过程中，劳动者的工资水平仅小幅提升，不及工业发展速度。[③] 20 世纪 60 年代，制造业部门劳动者的平均工资不仅无法满足城市生活的消费支出，甚至连除了房费、取暖费、杂费之外的纯食品费用都不能满足。[④]

从经济上看，韩国这种高强度的劳工压制政策无疑是成功的，它在有效动员劳工群体建设工业化项目的同时，以最小的劳资代价

---

① Hagen Koo, “Labor Policy and Labor Relations during the Park Chung Hee Era”, in Hyung-A Kim and Clark W. Sorenson, eds., *Reassessing the Park Chung Hee Era, 1961 - 1979: Development, Political Thought, Democracy, and Cultural Influence*, Seattle: University of Washington Press, 2011, pp. 122 - 141.

② Kim Hyung - A, “Industrial Warriors: South Korea's First Generation of Industrial Workers in Post-Developmental Korea”, *Asian Studies Review*, Vol. 37, No. 4, 2013, pp. 577 - 595.

③ Lee Changwon, “Labor and Management Relations in Large Enterprise in Korea: Exploring the Puzzle of Confrontational Enterprise-Based Industrial Relations”, in Lee Changwon and Sarosh Kuruvilla, eds., *The Transformation of Industrial Relations in Large Size Enterprise in Korea: Appraisals of Korean Enterprise Unionism*, Seoul: Korea Labor Institute, 2006.

④ ［韩］姜万吉：《韩国现代史》，陈文寿、金英姬、金学贤译，社会科学文献出版社 1997 年版，第 368 页。

实现了对劳工的驾驭。但这种成功也蕴含着使其最终走向失败的因素。政府在对管理方违反劳动法的行为视而不见的同时，却在镇压一切劳工运动的萌芽时十分迅速和残酷。劳动者要求政府保护自身免受劳动压迫的呼吁通常遭到忽视，而雇主提出的阻止建立工会的干预请求却往往得到积极响应。[①] 沉迷于促进经济快速增长的韩国政府，对劳动者在工作场所遭受到的令人难以置信的剥削和虐待采取了视而不见的态度，引发了劳工群体的极度不满和憎恨。这种情绪在1987年6月全面爆发，并在20世纪80年代后期演变为大规模的劳工抗争浪潮，开启了韩国的政治转型进程。[②]

三 小结：朴正熙时期韩国的发展特征

朴正熙时期的韩国与李承晚时期最大的不同在于，由于精英冲突被限制在极低水平，统治集团无须担忧政权更迭的威胁而具有了较长的时间视野。此时的韩国开始形成发展意愿，并为追赶西方发达国家实施了有步骤的、逐渐递进的经济和技术发展战略。从精英与劳工关系上看，虽然两个政权均采取了强力压制劳工的政策，但由于实施手段的差异，它们在韩国后发工业化进程中的作用却截然不同。李承晚时期以稳固政权和攫取私利为目标的劳工压制政策所带来的，是威权政府与劳工之间反抗、镇压、再反抗、继续镇压的恶性循环。而在朴正熙时期，劳工压制政策是更大的国家发展战略的一个组成部分。为使劳工群体形成与政治精英一致的关于国家发展的目标，朴正熙还策略性地采取话语动员策略，争取到了劳工群体在工业技术发展方面与国家的合作。这一时期，对劳工的压制使

① Hagen Koo, "Labor Policies and Labor Relations during the Park Chung Hee Era", in Hyung-A Kim and Clark W. Sorensen, eds., *Reassessing the Park Chung Hee Era, 1961–1979: Development, Political Thought, Democracy, and Cultural Influence*, Seattle: University of Washington Press, 2011, pp. 122–123.

② 张彦华、张振华：《控制与抗争：韩国威权时期劳动体制演变的历史制度主义分析》，《韩国研究论丛》2016年第二辑，第253—265页。

得分配总是让位于增长，国家因而积累起了充足的用于发展的国内资本，避免了对外来资本的过度依赖。由此可见，“产业战士”不仅是一种修辞，亦是朴正熙希望通过劳工整合政策达到的目标，它鼓动了韩国劳工群体为国家安全和民族中兴的光荣而发挥工作积极性和创新活力。

第四节 技术能力及其培育过程

韩国学者金麟洙（Linsu Kim）指出，韩国经济的高速发展得益于众多经济、社会以及技术的因素，其中最重要的莫过于技术能力。但是，培育技术能力的过程中是如此多样和复杂，以至于简单的分析无济于事。[①] 下文尝试从人力资本培育、技术引进方式和国家创新体系三个方面对韩国技术能力的培育过程进行详细分析。朴正熙时期的韩国因精英凝聚而具有长时间视野，同时，政治精英与劳工群体之间的合作关系也使韩国形成了上下齐心的追赶目标。由此，朴正熙时期的韩国在技术能力的培育过程中表现出极强的耐心，采取了渐次有序的教育发展战略，有意识地引导企业对引进技术进行消化吸收和再创造，并模仿技术领先国构建官产学研协调一体的国家创新体系。在第五次技术创新浪潮到来时，韩国培育起了较高层次的技术能力，得以在微电子技术和运输机械制造业技术发展中取得亮眼成绩。

一 人力资本的培育

受过良好教育的公民人数持续稳定增长是“二战”后（尤其是20世纪60年代以后）韩国工业快速推进的关键因素。韩国教育

① Linsu Kim, “National System of Industrial Innovation: Dynamics of Capability Building in Korea”, in Richard R. Nelson ed., *National Innovation System: A Comparative Analysis*, New York: Oxford University Press, 1993, p. 358.

普及程度的快速提高，不仅与该国历来重视教育的文化传统有关，更重要的是政府适时采取相应的政策措施，使教育的发展能够切实服务于国家的后发追赶战略。李承晚时期的教育发展虽无关后发追赶，但在美国的帮助下，这一时期的韩国完成了教育基础的组织建设。以“弘益人间”为理念，李承晚时期的教育制度注重培养全体国民的健全人格、自主生活能力和作为公民之资质，从而为民主国家的发展和人类共荣理想的实现而服务。根据1949年的《教育法》，韩国教育制度的基本框架确定为1—2年的学前教育、6年小学教育、3年初中教育、3年高中教育、4年大学本科教育和至少1年的研究生教育。其中，小学阶段实施强制性义务教育。到1959年时，韩国的小学入学率提升至96%。同一时期，由韩国教育部、民政部以及卫生与福利部牵头制定的“扫除文盲五年计划”取得重大进展，韩国的文盲率从1948年的78.2%大幅降至1958年的4.1%。①

20世纪60年代，在朴正熙“经济第一主义”的国家目标指导下，“教育与经济发展”成为韩国教育体系的崭新命题。不同于“弘益人间”的教育理念强调个体发展，1968年公布的《国民教育宪章》中所表达的教育理念以国家为基点，强调教育的目的在于培养“积极参与建设的、高度奉献”的国民精神。②由此可见，相较于李承晚时期教育制度重点关注个人知识和道德的发展，朴正熙政府的教育重点在于使教育适应社会发展的需要。③在具体实践中，政府采取了“巩固初等义务教育，普及中等教育，提高高等教育，

---

① ［韩］司空一、高永善主编：《跨越中等收入陷阱：韩国经济60年腾飞之路》，刘平、郁步利译，江苏人民出版社2021年版，第260页。

② 袁本涛：《从属与自立：韩国教育发展研究》，山西教育出版社2006年版，第103—105页。

③ Noel F. McGinn, Donald R. Snodgrass, Yung Bong Kim, Shin-bok Kim and Quee-Young Kim, *Education and Development in Korea*, Cambridge: Harvard University Press, 1980, pp. 34 – 35.

加强职业技术教育”的方针，积极推进教育制度的健全与完善，并将教育的发展提高到与国家发展直接联系的战略高度。1962 年，文教部根据经济发展的第一个五年计划制定了“文教再建五年计划”。“二五”计划期间，“科学技术教育振兴五年计划”相应出台。“三五”计划期间，为配合政府发展重化工业的政策重点，文教部制定了“加强重化工业教育方案”，明确五年内各年度需要培养的各专业领域人才指标，以及需要扩建和新建的有关职业高中、专科学校、大学等的数量。[①]

回顾朴正熙时期的教育发展政策可以看到，政府并不追求所有层次的教育集中发展以在短时间内构筑一个全面的教育体系，而是通过有序的、有重点的方式完成教育普及工作，教育的普及顺序则与韩国经济社会的发展状况相挂钩。20 世纪 50 年代末初等教育的普及为朴正熙在 20 世纪 60 年代初发展劳动密集型产业提供了合适的劳动力，但小学毕业生人数激增也加重了中等教育的负担。为此，韩国于 1969 年起推行初中升学免试制和学区学群制，起到了促进中等教育平等化和普及化的作用，也为 20 世纪 70 年代韩国发展资本技术密集型产业储备了充足劳动力。在中等教育的建设上取得成就后，政府制定了一系列高等教育发展规划，以培养适应高技术产业发展的多样化人才，尤其是大量理工科人才。例如，通过实施大学入学配额制，韩国成功使主修理科的学生数量超过文科。[②]

同一时期，职业教育也在并行发展。根据 1963 年颁布的《产业教育振兴法》，文教部设置了“实业教育审议会”，还成立了实业高等专门学校，以培养高技能产业工人和熟练劳动力、研究产业技术等为主要目标。20 世纪 70 年代初，专门培养职业技术人才和劳动力的职业学校暴露出设施设备缺乏、教育质量低下、实践教育

① 孙启林：《战后韩国教育研究》，江西教育出版社 1995 年版，第 120—121 页。

② ［韩］司空一、高永善主编：《跨越中等收入陷阱：韩国经济 60 年腾飞之路》，刘平、郁步利译，江苏人民出版社 2021 年版，第 260 页。

不足、学生毕业后工作适应性差等问题。为解决这些问题，政府制定了“产学合作”政策，在文教部内设立产学合作科，管理和协调产学合作活动；还成立了“产学合作财团（基金会）”，共筹集30亿韩元用于支付奖学金和支援研究经费等。在推进产学合作的同时，政府还加强了职业培训制度的建设。通过《职业培训法》（1967年）、《职工培训特别措施法》（1974年）和《职工培训基本法》（1974年）等法律文件，使职业培训得以系统化和制度化。[①]

当然，职业培训制度的建设和完善，需要政府与企业的协同配合。根据韩国法律，凡是员工超过300人的工业企业必须实行强制性的在岗培训。研究显示，许多大型企业集团每年投资于员工培训的经费约为2500万—3000万美元，韩国员工平均每年约有一至两周的时间是在接受职业培训。除法律要求外，韩国企业的管理层本身也普遍重视教育。这体现在：一方面，企业内的高级主管会积极进修。一流大学开设的高层主管培训课程，报名人数最高可达录取名额的十倍以上。另一方面，高层主管普遍拥有高等学历，其中不乏具有工程博士学位的高级管理人员。这种特色直接影响了韩国企业重视技术和强调自主技术创新能力的观念。[②] 此外，政府还于1975年出台了《国家技术资格法》，将职业培训与技术资格制度挂钩。这一方面解决了企业之间技能培训质量良莠不齐的问题，另一方面通过对获得技术资格者实施各项优惠政策，增进了劳动者再学习的积极性。

值得一提的是，海外考察和出国留学也是韩国人力资本培育的一大重要特征。海外考察的传统可追溯至20世纪50年代的外国援助时期。在当时的经济援助计划下，政府、企业以及学术界的一大

① 袁本涛：《从属与自立：韩国教育发展研究》，山西教育出版社2006年版，第126—127页。

② ［美］迈克尔·波特：《国家竞争优势》，李明轩、邱美如译，华夏出版社2002年版，第455页。

批高级人员被派往以美国为主的西方发达国家进行考察和培训。① 同时，许多韩国学生也通过政府公费或企业资助出国留学。这些韩国留学生大多专攻工程技术领域，并有不少人取得了美国一流大学的高等学位。学成归国后，他们将学习经验、先进知识与在美国建立的人际关系带回了韩国，成为韩国工业技术发展中的重要助力。② 据统计，20 世纪 70 年代中期时，韩国留学生占世界留学生总数的比重是阿根廷、巴西、印度等新型工业化经济体的两倍以上，这使韩国取得了远超这些国家的教育成就。③

综合来看，各层次教育的有序发展为韩国的工业技术追赶提供了人力资本方面的坚实支撑。特别是对中等教育投入的重视，使得韩国劳工群体的技术吸收能力远超其他后发国家。这符合有关教育影响经济增长的文献所强调的，距离技术前沿较远的国家应当在中等教育上进行最大投入。④ 1950 年时，韩国仅 5% 的人口完成了中等及以上教育。到 1980 年时，这一比例提升至 35.2%，仅次于美国和日本。同时，韩国的平均受教育年限也提升为 8.3 年，处于中等教育程度。另一项有关韩国人力资源发展的调查显示，初中和高中入学率在 20 世纪 70 年代出现大幅增长。到 20 世纪 80 年代初时，初中入学人数占相应年龄组的百分比已经超过 94%，高中则接近

---

① Edward S. Mason, Mahn Je Kim, Dwight H. Perkins, Kwang Suk Kim and David C. Cole, *The Economic and Social Modernization of the Republic of Korea*, Cambridge: Harvard University Press, 1980, pp. 342 – 378.

② ［美］迈克尔·波特：《国家竞争优势》，李明轩、邱美如译，华夏出版社 2002 年版，第 454—455 页。

③ Larry E. Westphal, Linsu Kim and Carl J. Dahlman, "Reflections on the Republic of Korea's Acquisition of Technological Capability", in Nathan Rosenberg and Claudio R. Frischtak eds., *International Technology Transfer: Concepts, Measures, and Comparisons*, New York: Praeger, 1985, pp. 167 – 221.

④ 参见 Vandenbussche Jerome, Philippe Aghion and Costas Meghir, "Growth, Distance from Frontier and Composition of Human Capital", *Journal of Economic Growth*, Vol. 11, No. 2, 2006, pp. 97 – 127。

70%（见表4－3）。[①] 在此过程中，政府发挥了不可替代的作用。20世纪50年代末至80年代初，教育占政府预算总额的比重从2.5%提升至22%，反映了朴正熙政府对国民教育的重视。[②]

表4－3　　韩国人力资源发展指标

	1953年	1960年	1970年	1980年
入学人数占相应年龄组的比重（%）				
小学（6—11岁）	59.6	86.2	102.8	101.0
初中（12—14岁）	21.1	33.3	53.3	94.6
高中（15—17岁）	12.4	19.9	29.3	68.5
大学/研究生院	3.1	6.4	9.3	14.9
职业培训中心的毕业生（每千人）	—	—	31.6	104.5
高校毕业生（每万人）	—	10	11	27
1945年以来科学与工程专业毕业生累计人数（人）	4157	16436	65687	174832

资料来源：Linsu Kim，"National System of Industrial Innovation：Dynamics of Capability Building in Korea"，in Richard R. Nelson ed.，*National Innovation System：A Comparative Analysis*，New York：Oxford University Press，1993，Table 11.1。

二　技术引进方式的升级

建国初期的韩国在科学技术方面几乎是一片空白。伴随着经济发展的第一和第二个五年计划的实施，韩国的科技事业也随之起步。20世纪60年代，韩国主要通过引进国外成熟技术的方式积累自身技术能力。1962—1969年，韩国共引进技术1605项，支付的技术引进费用合计3505.8万美元。[③] 从技术引进的对象来

① ［韩］司空一、高永善主编：《跨越中等收入陷阱：韩国经济60年腾飞之路》，刘平、郁步利译，江苏人民出版社2021年版，第264—265页。

② ［美］迈克尔·波特：《国家竞争优势》，李明轩、邱美如译，华夏出版社2002年版，第454—455页。

③ 赵同成：《韩国产业技术创新研究》，吉林人民出版社2004年版，第46页。

看，20世纪60年代前半期引进的主要是一些劳动密集型、对技术能力要求不高的加工和组装技术。随着劳动力受教育程度的提高和技术能力的初步积累，技术引进的目标逐渐转向零部件和中间产品的制造技术。在技术引进的过程中，为形成规模效应，政府在外国专家的指导下投资兴建了一批大型工厂，如与日本合作建成的综合制铁厂、在蔚山建设的年产10万吨的国营石油脑分解工厂等。[①]

由于两个五年计划的成功实施，以及国际经济环境呈现明显好转，韩国经济状况不论在质上还是在量上均得到显著改善，奠定了迈向经济现代化及自主工业化的技术基础。“一五”计划期间，国民生产总值实现8.5%的年均增长，“二五”计划期间更是达到11.4%的高年均增长率。工业部门的年均增长也分别取得15%和21.4%的突出成绩。[②] 这一时期，韩国的产业结构也发生显著变化，农业在国民经济中的重要性降低，工业化程度有所提高。然而，由于工业发展的重点主要为劳动密集型的轻工业，国民经济的物质技术基础仍旧薄弱，劳动的技术装备程度也比较低。并且，由于过分依赖技术引进，自主技术开发能力低，这一时期韩国工业技术发展呈现较为严重的对外依附性，尚未形成自主的产业技术结构，无法从根本上消除技术瓶颈。

20世纪70年代，鉴于建立自主工业基础的目标已基本完成，以及考虑到以轻工业为主体的产业结构对于国民经济发展的局限性，韩国决定将经济发展计划的重点调整为扶植重化工业的兴起与成熟。1973年，朴正熙在新年贺词中表明了其发展重化工业的决心，提出到1980年时要实现包括钢材年产量达1000万吨、船舶年产量达500万吨、精炼油年产量达94万桶以及汽车年产量50万辆

---

① ［韩］赵利济编著：《韩国现代化奇迹的过程》，张慧智译，吉林人民出版社2006年版，第97—110页。

② 陈龙山、张玉山、赉贵春：《韩国经济发展论》，社会科学文献出版社1997年版，第4—6页。

的发展目标。[①] 为使新兴的重化工业部门建立在先进的科学技术之上，韩国采取了一系列科技振兴政策，以监督和诱导企业的技术创新活动。在引进先进技术的同时，注重培育消化、吸收和改进引进技术的能力，以逐渐摆脱对外国技术的依赖。

这一时期，韩国长期技术开发战略如下：第一，强化重点产业的技术及技能培训；第二，促进技术引进及引进技术的消化、吸收和改进；第三，强化现场技术指导业务；第四，加强对新兴产业技术的研究与开发工作。在技术引进方式上，政府严格禁止一揽子引进成套技术设备的做法，鼓励企业有选择地引进关键技术和核心设备。为提高国家整体的技术适应能力和创新能力，1972 年出台的《技术开发促进法》对储备技术开发准备金、设立企业附属研究所、保护国产新技术产品生产者等事项及有关措施做出了明确规定。根据该法，韩国技术振兴株式会社、韩国产业银行开始向产业技术的改进与创新活动投资。1973 年，韩国科技处效仿日本建设筑波科学城的做法，确定了建设大德研究园区的计划，目的在于将科研力量集中起来形成规模效应，建立各种产业技术研究机构的合作体系。为发展科学教育，培养专业人才，政府还于 1973 年设立了专门培养高级技术人员的韩国高级科学研究院（KAIS）。[②] 在第三和第四个五年计划的推动下，到 20 世纪 80 年代初时，韩国已基本形成完整的重化工业体系，经济结构由劳动密集型向资金和技术密集型转变，技术能力也从较低层次提升到了中间层次。

综合来看，朴正熙时期的韩国在技术引进方面呈现以下四点特征。

第一，从技术引进的产业分布来看，韩国的技术引进结构随经济发展而不断优化和升级。第一和第二个五年计划期间，由于工业

---

① Jung-en Woo, *Race to the Swift*: *State and Finance in Korean Industrialization*, New York: Columbia University Press, 1991, pp. 128 – 129.

② 朴昌根：《韩国产业政策》，上海人民出版社 1998 年版，第 512—514 页。

基础十分薄弱，技术研发能力极度欠缺，通过引进国外先进技术来构筑和确立自主的工业技术基础是韩国优先考虑的课题。这一时期，技术引进的重点为与化肥、水泥、炼油等基础工业和纺织、胶合板及其他消费品等轻工业相关的技术。20 世纪 70 年代，随着产业结构的升级和技术能力的积累，技术引进的重点转向了钢铁、石化、造船、工业机械、有色金属和电气工业。据统计，韩国在 20 世纪 70 年代引进技术最多的产业为炼油及化学工业，占技术引进总额的 28.7%。其次为金属工业、机械工业、电子电气工业和化纤工业，分别为 21.0%、12.9%、11.3% 和 7.7%。这五大产业总计占韩国技术引进总额的 80% 以上。由此可见，朴正熙政府执行的是有步骤的、阶段性特征突出的长期技术发展战略。

第二，从技术引进的来源国来看，日本和美国是韩国最主要的技术供给国。1962—1981 年，在韩国引进的 1977 件技术项目中，日本和美国分别占 56.9% 和 23.6%，合计超过 80%（见表 4－4）。结合当时的国际政治经济背景，韩国这种技术引进的国别倾向反映了由日本国内产业的战略转移以及日韩作为美国的战略盟友所形成的美国—日本—韩国“雁形”发展梯度。[①] 值得注意的是，20 世纪 90 年代中期开始，韩国引进的技术项目数显著减少。这一方面是韩国技术实力的提升使其从技术引进国转变为了技术输出国，另一方面则体现了技术差距缩小后，技术领先国对韩国的技术政策从技术输出转变为技术竞争。

表 4－4　　韩国技术引进的来源国　　（单位：件）

时间	美国	日本	德国	法国	其他	合计	累计
1962—1966 年	13	11	4	1	4	33	33
1967—1971 年	61	203	6	0	15	285	318

① ［韩］金麟洙：《从模仿到创新：韩国技术学习的动力》，刘小梅、刘鸿基译，新华出版社 1998 年版，第 49—50 页。

续表

时间	美国	日本	德国	法国	其他	合计	累计
1972—1976 年	90	280	13	6	45	434	752
1977—1981 年	302	631	70	39	183	1225	1977
1982—1988 年	895	1735	206	169	461	3466	5443
1989—1993 年	1017	1469	183	133	521	3323	8766
1994—2004 年	661	343	115	58	346	1523	10289

资料来源：李东华：《韩国科技发展模式与经验——从引进到创新的跨越》，社会科学文献出版社 2009 年版，表 2-4。

第三，从技术引进的方式来看，韩国尤其重视培育不受跨国公司控制的自主技术能力。[①] 与其他后发国家主要依靠外商直接投资和购买国外许可的方式获取技术相比，韩国在工业化早期对外商直接投资和企业购买国外许可施加了严格限制。韩国的外商直接投资额仅相当于巴西的7%，新加坡的23%，不足中国台湾和中国香港的一半。外商直接投资占国外贷款的比重在韩国仅为6.1%，巴西为21.8%，中国台湾为45%，新加坡则高达91%。[②] 韩国的技术引进主要通过采购交钥匙工程和对进口的成套生产设备开展逆向工程的方式进行。在技术能力尚处于较低层次的20 世纪60 年代，韩国建立的许多化工、水泥和造纸工厂都来自美国和日本企业的交钥匙工程。随着教育体系的发展，韩国积累起了一批具有较强技术吸收能力的劳动力大军。他们在不寻求国外技术专家的帮助下，通过逆向工程掌握了许多“物化”于成套生产设备中的先进技术，促进了韩国技术能力的进一步提升。表4-5 列出了 1962—1981 年韩国在各种技术引进方式上的支出额。

① Alice Amsden, *Asia's Next Giant: South Korea and Late Industrialization*, New York: Oxford University Press, 1989, pp. 20-21.

② Linsu Kim and Youngbae Kim, “Innovation in a Newly Industrialization Country: A Multiple Discrimination Analysis”, *Management Science*, Vol. 31, No. 3, 1985, pp. 312-322.

表 4-5　**韩国技术引进的方式**　（单位：百万美元）

	1962—1966 年	1967—1971 年	1972—1976 年	1977—1981 年
1. 外商直接投资				
日本	8.3	89.7	627.1	300.9
美国	25.0	95.3	135.0	235.7
所有其他	12.1	33.6	117.3	184.0
合计	45.4	218.6	879.4	720.6
2. 购买国外许可				
日本	—	5.0	58.7	139.8
美国	0.6	7.8	21.3	159.2
所有其他	0.2	3.5	16.6	152.4
合计	0.8	16.3	96.5	451.4
3. 技术咨询				
日本	—	12.1	7.7	20.8
美国	—	3.1	6.0	16.7
所有其他	—	1.6	4.8	17.2
合计	—	16.8	18.5	54.7
4. 进口成套设备				
日本	148	1292	4423	14269
美国	75	472	1973	6219
所有其他	93	777	2445	7490
合计	316	2541	8841	27978

资料来源：Linsu Kim，"National System of Industrial Innovation：Dynamics of Capability Building in Korea"，in Richard R. Nelson ed.，*National Innovation System*：*A Comparative Analysis*，New York：Oxford University Press，1993，Table 11.2。

第四，从技术引进的效果来看，韩国的技术能力与其引进的技术之间形成了有效匹配。研究显示，在韩国引进的全部技术项目中，达到预期充分利用程度的占 73%，没有得到充分利用的占 27%。在未得到充分利用的技术项目中，引进初期项目就中断了的占 3%，使用一段时间后项目中断的占 5%。项目中断的理由包括利用引进技术生产的产品市场流通性不足（52%）、技术本身已经落后（11%）、技术实用性不足（10%）。[①] 由此可见，韩国很少因技术能力不足而无法充分利用引进技术，其技术引进的效果十分明显。

三 国家创新体系的构建

韩国国家创新体系的建设始于朴正熙政府时期。1962 年，韩国修改《政府组织法》，在经济企划院内设立技术管理局，负责制订和实施“科学技术振兴五年计划”。该局牵头成立了由政府各部部长和产学研各界代表组成的科技咨询委员会，为科技政策的出台提供智力支持。然而，由于技术管理局规模较小，在振兴科技方面未能取得预期成果，韩国于 1967 年又设立了科学技术事业的最高管理机构——科学技术处，负责制定国家科技发展政策、规划，为政府资助的研究机构、大学和企业提供科学技术发展资金，协调政府内各部门共同制定科技政策。同时，韩国还陆续建立起一批官方性质和民间性质的机构和团体，承担相关领域的科技投资及管理、协调任务。其中，科学技术团体总联合会在韩国科技活动中拥有相当大的发言权，被称为韩国在民间的“科技总部”；著名的国家产业研究院和开发研究院则被认为是韩国政府的“左膀右臂”，在制定产业政策和技术政策方面扮演着智囊团的角色。

与以美国为代表的西方发达国家的国家创新体系相比，韩国的国家创新体系属于非常典型的政府主导型。然而，与同为政府主导型的日本相比，学者们虽然也用“韩国公司”（Korea，Inc.，与“日本株式会社”含义类似）来描述韩国的政企关系，[②] 但韩国的国家创新体系更具严格的政府“指令性”特点，日本政府的创新决

① 赵月华、李志英：《模式Ⅰ——美国、日本、韩国经济发展模式》，山东人民出版社 2006 年版，第 360 页。

② Myung Hun Kang, *The Korean Business Conglomerate: Chaebol Then and Now*, Berkeley: University of California, 1996.

策则主要建立在政企协商的基础之上。事实上，韩国的政企关系类似于一种“准内部组织”。其中，政府是上级，企业是下级。[①] 为充分利用规模经济建立资本密集型中间产品部门，朴正熙挑选了一批财阀作为发展对象，并在为它们提供慷慨支持的同时有意识地确保政府居于绝对主导地位。在控制财阀的经营方向上，政府经常采取诸如审计目标企业的财务账户、分配投资许可证和信用贷款等措施。政府作为“引路人”，根据国内外经济形势的变化制订动态的五年发展计划，并通过挑选“代理人”的方式对财阀的投资、生产和出口活动施加广泛的影响，以此约束财阀的活动符合政府的战略目标。同时，财阀也为获得优惠贷款和各种显性或隐性的补贴而必须与政府保持良好的合作关系。由此，政府控制了财阀在资源配置上的决策，也就决定了产业发展的方向和技术进步的形式。[②]

在规训财阀方面，朴正熙有意识地督促财阀通过技术创新扩大出口，并以财阀完成出口指标的实际情况作为继续援助的依据。这给了财阀很大压力，迫使它们为实现出口指标全力以赴地加速技术学习。[③] 此外，朴正熙还经常采用奖优罚差的措施来激发财阀的忧患意识：绩效良好的财阀可以得到进入其他工业领域的准入许可，使经营业务更加多样化；对那些进入具有战略意义的，但风险极高的新兴产业的财阀，政府还会授予它们其他利润较高的产业的准入许可以示奖励，相当于为它们提供了培育幼稚产业的风险兜底；管理不善的财阀则会被政府控制的商业银行冻结存款，以接受强有力的惩罚；对那些即将破产的企业，政府通常拒绝施以援手，而是选

① Chung H. Lee, “The Government Financial System and Large Private Enterprise in the Economic Development of South Korea”, *World Development*, Vol. 20, No. 2, 1992, pp. 187 - 197.

② Jung-en Woo, *Race to the Swift*: *State and Finance in Korean Industrialization*, New York: Columbia University Press, 1991, Chapter 6.

③ 刘洪钟：《韩国赶超经济中的财阀制度研究》，光明日报出版社 2009 年版，第 131—132 页。

择经营较好的财阀来接手。[①] 在政府与财阀之间，各种行业协会、诸如“协商委员会”“讨论组”等准政府组织起着信息传递和交换的作用。在连续的五年经济发展计划的战略安排下，朴正熙政府实施的一系列倾斜和优惠政策有力地刺激了财阀的规模扩张。这些财阀也以一种“压缩式”的成长模式迅速完成了一个企业集团从巩固、扩张到成熟的演变过程，在韩国后发追赶的过程中扮演了发动机的角色。

第五节 技术追赶的模式选择

在朴正熙“经济第一主义”发展理念的指导下，20 世纪 60 年代以来，韩国一方面积极投资人力资源开发，分阶段、有重点地推进各层次教育的普及工作；另一方面则坚持“技术立国”战略，注重培育工业技术的自主开发能力，有意地引导工业技术开发从引进吸收升级为自主创新。在此过程中，政府还通过一系列行政和财政手段对大型企业集团的投资、生产和出口活动施加广泛的影响，以使它们的活动符合后发追赶的战略目标。到 20 世纪 70 年代中后期时，韩国已培育起远超其他发展中国家的较高层次的技术能力，得以将技术追赶模式由跟随式发展调整为跨越式发展，为形成具有国际竞争力的支柱产业打下了坚实基础。作为一个 20 世纪 60 年代才逐渐形成追赶意愿的后发国家，面对第五次技术创新浪潮所带来的赶超的机会窗口，韩国不仅需要在这一轮工业革命的核心产业（即微电子）加快创新步伐，同时还要尽快在上一轮工业革命的核心产业（即钢铁和运输机械制造）缩小与先发国家的技术差距。因此，我们会同时在微电子和钢铁及运输机械领域的技术追赶中看到跨越式

---

① Linsu Kim, “National System of Industrial Innovation: Dynamics of Capability Building in Korea”, in Richard R. Nelson ed., *National Innovation System: A Comparative Analysis*, New York: Oxford University Press, 1993, p. 363.

发展的特征。从贸易专业化系数来看，1966—1989 年，韩国电气电子、钢铁、金属制品、造船和运输机械的国际竞争力明显提升（见图 4 - 2）。这表明，韩国跨越式的技术追赶模式基本取得了成功。

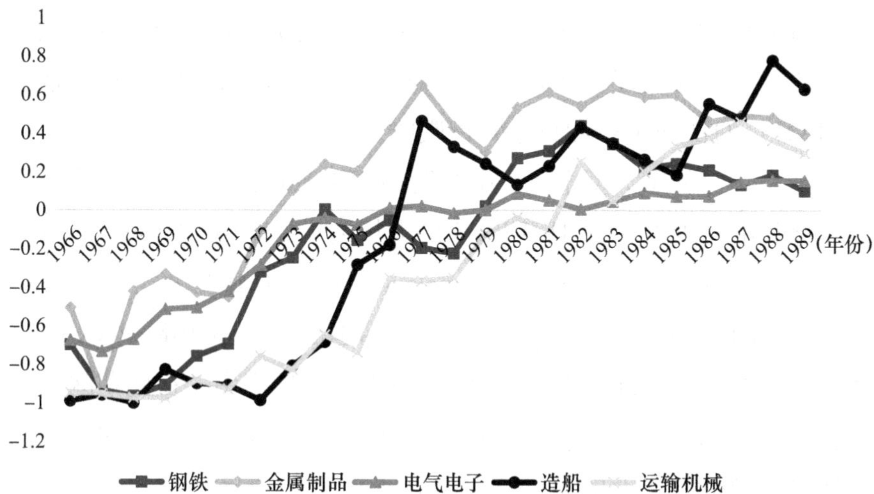

图 4 - 2　韩国主要重工业制品贸易专业化系数变化情况（1966—1989 年）

注：贸易专业化系数（Trade Specialization Coefficient，TSC），又称贸易竞争优势指数（Trade Competitive Index，TCI），是指一国进出口贸易差额占进出口贸易总额的比重。TSC 主要用于衡量相对于世界市场上由其他国家所供应的一种产品而言，本国生产的同种产品是否处于竞争优势及其程度。该系数的取值范围为 - 1—1。当其大于零时，表明本国生产的该种产品具有较强的国际竞争力，越接近 1，表明竞争力越强；反之，当其小于零时，则表明本国生产的该种产品不具国际竞争力。

资料来源：朴昌根：《韩国产业政策》，上海人民出版社 1998 年版，第 288 页。

一　微电子技术

相较于美国和日本而言，韩国在微电子领域是完全的后来者。20 世纪 70 年代中期，美国仙童、日本东芝等跨国企业在韩国的经营给政府留下了深刻印象，这使韩国于 1975 年推出首个扶植微电子产业发展的六年计划，并于 1976 年设立韩国电子技术研究所（KIET），集中开展超大规模集成电路的研发工作。然而，由于美日等国对核心技术的保护，韩国很难直接从国外引进先进技术。并且，不断缩短的产品生命周期所带来的高市场风险，也使许多大型企业集团对投资微电子技术兴致缺缺。这一时期，仅有部分韩国中小企业在引进低级技术的基础上承接晶圆加工。[①] 20 世纪 80 年代，目睹美国英特尔、日本东芝等先发企业在微电子产业蓬勃发展下取得超额利润后，三星于 1982 年做出大规模投资微电子技术的决定，并建立了一个微电子技术研发实验室，集中于动态随机存取存储器（DRAM）的逆向工程和技术知识吸收。

在三星等韩国大型企业集中开发 1K DRAM 生产技术时，美国和日本已相继实现 16K—64K DRAM 的大规模生产。由于能从美国微电子技术公司（Microelectronic Technology）和日本夏普公司直接购买 16K—64K DRAM 的设计和制造图纸，韩国决定跳过 16K—64K 的技术发展阶段，直接进入 256K DRAM 的研发和生产中。在此期间，韩国企业在美国硅谷建立的"前哨战"发挥了关键作用。例如，现代集团进入微电子工业的第一步就是在美国加州建立一家分公司，聘请拥有博士学位的韩裔美国人和来自美国顶尖半导体制造公司的富有经验的科研人员从事研发工作。三星、LG 等也在硅谷建立了专门从事微电子技术研发的分公司。这些海外分公司既扮演着收集发达国家研发信息的"天线"角色，同时也充当着韩国科学家和工程师的海外培训基地。[②] 在硅谷海外分公司和海归智囊团的帮助下，三星成功研制出 256K DRAM，且较日本生产的同类产品质量更优。[③] 1986 年，韩国政府与三星、现代和 LG 等私营企业以及六家科研院所组成微电子技术研发联盟，从 4M DRAM 开始连续开发各代半导体芯片，由此进入了与日本和美国在微电子技术领域同台竞技的阶

① 程源、傅家骥：《日本、韩国微电子产业发展模式的比较分析》，《工业技术经济》2003 年第 6 期，第 52—53 页。

② Linsu Kim, *Technological Transformation in Korea: Progress Achieved and Problems Ahead*, Helsinki: World Institute for Development Economic Research, 1987.

③ Linsu Kim, "The Dynamics of Samsung's Technological Learning in Semi-Conductors", *California Management Review*, Vol. 39, No. 3, 1997, pp. 86 - 100.

段。1995 年，韩国率先成功研制出世界首款 256M DRAM，成为微电子技术的全球先行者和引领者，并形成了以三星电子、SK 海力士、LG 电子等世界一流半导体企业为核心的产业集群。[①]

在微电子技术研发取得重要进展后，韩国拥有了在部分传统工业领域“弯道超车”的机会。下文将以数字电视和数控机床为例对此进行详细说明。通过将微电子技术应用于电视显像，韩国跳过了机械电视系统的发展阶段，并较日本更早采用数字信号，从而实现对日本的技术赶超。[②] 同时，数控机床的出现也给在传统机床制造中一直处于落后地位的韩国带来了后发追赶的机会。目前，韩国已经成为世界排名前列的数控机床和加工中心生产国。

1979 年，日本国家广播公司（NHK）成功研发高分辨率电视用模拟系统（MUSE），电视信号开始进入高清时代。[③] 这是一项被美国认为“关乎国家利益”的全新技术。随后，美国通用公司发现，除模拟信号外，数字信号也可达到高清电视标准。因此，美国企业迅速投入与日本模拟信号平行的数字信号的研发当中。1988 年汉城奥运会期间，日本代表团曾在韩国进行过一次模拟高清电视系统的技术推广，希望韩国追随其发展路径。但是，在模拟技术方面落后于日本的韩国却将数字电视（digital TV）的出现视为赶超日本的重要机会。1989 年，韩国成立高清电视联合开发委员会，启动了一个为期五年、总预算 1 亿美元的高清电视研发项目。整个项目分为数字信号处理、显示器、专用集成电路三个部分，研发任务明确分配给具体的公共研究机构和私营企业，部分研发领域由两个或以上单位

---

① Keun Lee and Chaisung Lim, “Technological Regimes, Catching-up and Leapfrogging: Findings from the Korean Industries”, *Research Policy*, Vol. 30, No. 3, 2001, pp. 470 – 472.

② 简单地说，电视显像经历了机械电视系统和电子电视系统两大阶段，模拟信号和数字信号都是电子电视系统的显像技术。

③ Peter B. Seel, “The Path from Analog HDTV to DTV in Japan”, in Darcy Gerbarg, ed., *The Economics, Technology and Content of Digital TV*, Boston: Kluwer Academic Publishers, 1999, pp. 275 – 285.

负责，以避免研究成果被垄断（见表4－6）。1994年，委员会成功推出一款数字电视，宣告研发项目成功结束其使命。[①] 然而，这款电视中使用的ASIC技术专利来自美国。在三星、LG等私营企业的游说下，政府于1995年再次推出一个为期四年的ASIC开发项目。其中，LG负责视频解码器的芯片开发，三星则负责开发音频和信道解码器芯片。1997年，两家公司成功推出世界首款新一代专用于数字电视的ASIC，连同新型显示器和其他核心组件一道，实现了对美国的技术赶超。同一时期，日本向数字电视转型的努力遭遇了模拟电视企业的强烈抵制，结果在数字电视信号的开发上落后于韩国。

表4－6　　韩国高清电视研发项目分工

研发领域			研究组织
数字信号处理	卫星广播		韩国工业技术研究院
	地面广播		LG电子公司 大宇电子有限公司 三星电子有限公司 现代半导体公司
显示器	扁平阴极射线显像管（CRT）	G/B	韩国电气玻璃有限公司 三星康宁有限公司
		S/M	高仕达IT公司（LG的前身）
		CRT	LG电子公司 三星SDI有限公司 猎户座电子公司 韩国工业技术研究院
	CRT投影		韩国工业技术研究院
	LCD投影		LG电子公司 猎户座电子公司 韩国工业技术研究院
	等离子显示板（PDP）		猎户座电子公司

① 王程铧、李纪珍：《数字电视产业的跨越式发展：中韩比较研究》，《科技管理研究》2005年第9期，第24—27页。

续表

研发领域		研究组织
专用集成电路	专用集成电路芯片（ASIC）	高仕达 IT 公司（LG 的前身） 三星电子有限公司 现代半导体公司 电子与电信研究所

资料来源：Keun Lee，Chaisung Lim and Wichin Song，"Emerging Digital Technology as a Window of Opportunity and Technological Leapfrogging：Catch-up in Digital TV by the Korean Firms"，*International Journal of Technology Management*，Vol. 29，No. 1，2005，p. 50。

韩国在机床制造领域起步较晚。由于机床工业的技术体制呈现出创新频率较低和技术轨迹流动性较低的特征，韩国既无法仅通过进口生产设备、购买产品设计和生产工程授权来追赶先行国家和企业——因为技术引进通常仅限于特定的机器型号，而生产通用型工具母机的知识通常是隐性的，也很难通过自主研发实现赶超——因为机床工业的技术创新速度相对缓慢。① 然而，在微电子技术取得重要进展后，传统机床制造通过机电一体化开始朝着数字化、自动化和智能化方向发展，技术创新变得频繁，产品生命周期也大大缩短。所谓机电一体化，是指为应用机械技术和电子技术/信息处理技术而建立的适合某种目的的系统。韩国虽然在传统机床制造中处于落后地位，但由于较早开始数控机床的研制工作，它快速缩小了与发达工业国之间的技术差距。

1973 年，为推进昌原工业园区建设，韩国首次从日本引进数控机床，并在测绘零部件、研讨消化关键技术的基础上，于 1977 年实现了有限的国内生产。同时，韩国还着眼于可编程逻辑控制器（PLC）、计算机辅助设计和制造（CAD/CAM）、伺服马达等数控装置的研发和生产。随着对产业设备投资的增加和自动化工厂规模的

① ［韩］李根：《经济追赶与技术跨越：韩国的发展路径与宏观经济稳定》，安芳、李贵卿译，北京大学出版社 2022 年版，第 150—151 页。

扩大，到20世纪80年代初时，韩国主要机电一体化设备的国内市场规模超过500亿韩元。1988年，韩国数控机床市场规模达2022亿韩元，年均增长超过60%（见表4-7）。[①] 并且，为改变欧美市场对韩国机床产品质量堪忧的原有印象，大宇重工、现代威亚等韩国厂商还积极研制数控铣床、钻床和镗床以及车铣复合加工中心等多样化的高附加值产品，使韩国机床出口在20世纪90年代后半期迅速提升，出口额占生产总额的比重自1996年的25%持续上升，1998年甚至高达58.7%。[②]

表4-7　　韩国主要机电一体化设备的国内市场规模　　（单位：亿韩元）

	1985年	1986年	1987年	1988年	年均增长率
数控机床	461	1056	1832	2022	63.7%
可编程逻辑控制器（PLC）	99	222	350	650	87.2%
计算机辅助设计（CAD）/计算机辅助制造（CAM）	70	120	265	350	71.0%
伺服马达	80	100	125	160	26.0%
其他数控装置	110	208	454	530	68.9%

资料来源：山东省国际技术经济研究所编：《韩国尖端技术产业发展现状、前景及对策》，时事出版社1994年版，第46页。

二　钢铁及运输机械制造技术

当第三次工业革命于20世纪70年代拉开序幕之时，工业化起步较晚的韩国尚未在第二次工业革命的核心产业发展起具有国际竞争力的技术基础。为把握新的技术创新浪潮所带来的赶超的机会窗口，韩国除在微电子及其相关的产业领域采取了跨越式的技术追赶

① 山东省国际技术经济研究所编：《韩国尖端技术产业发展现状、前景及对策》，时事出版社1994年版，第41—56页。

② Keun Lee and Chaisung Lim, "Technological Regimes, Catching-up and Leapfrogging: Findings from the Korean Industries", *Research Policy*, Vol. 30, No. 3, 2001, pp. 476-477.

外，在发展钢铁、汽车及船舶制造等上一轮工业革命的核心产业时也跨越了其中某些阶段。由于后者通常涉及相对成熟的技术，后发国家的技术追赶路径相对确定，因此，在这些产业中采取跨越式发展的成效往往十分显著。20 世纪 70 年代后期，韩国在钢铁、汽车和船舶制造等领域快速缩小了与先发国家的技术差距。

钢铁工业是一国实现经济自立和产业现代化所必需的基础产业，但韩国在 20 世纪 70 年代以前只能产出部分质量较差的钢铁制品，无法满足重化工业生产所需的金属材料。为改变这一情况，1968 年，政府扶植建立了浦项钢铁公司（POSCO）。该公司是韩国利用外资和引进国外先进技术获得发展的典型案例，目前已成为全球最具竞争力的钢铁制造商。20 世纪 70 年代，浦项的所有商业活动都聚焦于从日本和美国引进先进设备，并派遣员工前往日本接受海外培训，以获得建设和运作大型钢铁厂的技术和经验。快速的技术积累使浦项在 20 世纪 70 年代末转变为日本钢铁企业的潜在竞争对手，导致日本开始谨慎控制与浦项的技术合作。一些发达国家也针对先进金属材料的生产工艺和应用对浦项展开技术封锁。在此背景下，浦项转向了自主技术开发，与浦项科技大学（POSTECH）、浦项工业科学研究院（RIST）等机构建立了技术合作关系。

20 世纪 80 年代，面对发达国家在车用超深冲钢板方面的技术封锁，浦项组建了由炼铁、连续铸造、热轧和冷轧等技术部门构成的研发小组。其中，炼铁和连铸分部通过安装鼓风和脱碳装置以及除气设备，研制出了生产超深冲钢板所需的无间隙原子钢。热轧分部则通过增加轧钢厂发动机动力解决了轧钢温度下降的问题。冷轧分部引入热处理设备减少了材料偏差，降低了故障发生率。部门间的合作使浦项在 1987 年时完全掌握了制造超深冲钢板的技术。广泛用于船舶制造的热机械控制工艺（TMCP）也是浦项在发达国家技术封锁期间自行研发出来的。1988 年，浦项将热机械控制工艺投入大规模生产中，成功制造了热机械控制钢板材料。仅半年后，这项工艺便获得了九个国家船舶局的认可，于是浦项开始向这些国家出口钢板。① 20 世纪 90 年代，浦项还投资数百亿韩元用于开发下一代钢铁生产技术，如熔融还原技术、薄板铸造技术等。在此过程中，技术追赶的阶段跳跃特征更为明显。以薄铸法为例，传统的钢铁产品铸带宽度要经历 100 毫米、200 毫米、350 毫米、600 毫米、800 毫米和 1300 毫米的进步过程，浦项则在掌握 350 毫米铸造技术后直接跳跃至开发 1300 毫米铸造技术的阶段，在极短的时间内缩小了与发达国家的技术差距。②

汽车制造业是一国产业竞争力的重要象征。由于具有较强的前后向关联效果，许多发展中国家均将汽车制造业确立为本国优先发展的支柱产业。而在其中，韩国是极少数避免了沦为跨国公司零部件加工基地的国家之一，这应归功于韩国政府对自主技术研发的强调。③ 早在第一个五年计划中，韩国就出台了《汽车产业保护法》，明确了通过全散或半散件组装（CKD/SKD）的方式发展本国汽车制造业的目标。在此期间，韩国汽车企业先后与日本尼桑、丰田、美国通用等开展技术合作，尝试在国内生产小轿车。1974 年，作为大力发展重化工业的一部分，韩国政府颁布了《汽车工业长期发展计划》。根据该计划，政府鼓励按照进口替代原则发展汽车工业，即逐步增加自主设计和自主生产，建立自主品牌。④ 同时，为提高汽

---

① 徐岱、陈溪：《韩国钢铁产业技术创新的案例分析》，《对外经贸实务》2009 年第 3 期，第 66—69 页。

② Hae-Geon Lee, "Research Efforts of GIFT, A Graduate Institute in All That Is Steel: With an Example of Recent Achievement on Light-Weight Steel Development", *ISIJ International*, Vol. 57, No. 2, 2017, pp. 207 - 213.

③ 有研究认为，在韩国汽车制造业中存活下来并取得了商业和技术成功的企业，通常是技术引进阶段采取购买技术许可的那些企业，如韩国现代。而那些选择吸收外国直接投资（与跨国公司建立合资企业）的车企，如韩国大宇，则因将决策权让渡给跨国公司而在后来的竞争中落后了。参见 Ga Hyung Kim and Jai S. Mah, "Technology Acquisition in Korea's Automobile Industry", *Perspectives on Global Development and Technology*, Vol. 17, No. 4, 2018, pp. 408 - 428。

④ Andrew E. Green, "South Korea's Automobile Industry: Development and Prospects", *Asian Survey*, Vol. 32, No. 5, 1992, pp. 411 - 428.

车制造业的经营管理水平和实现规模经济效益，政府决定由现代、起亚、通用高丽和亚细亚四家企业垄断汽车生产，并新建一批配套的汽车零部件专业生产企业，以提高汽车制造业的国产化水平。1976 年，韩国的汽车国产率达到 85% 以上，并首次向厄瓜多尔出口国产轿车，开创了韩国汽车出口的历史。①

20 世纪 80 年代，为防止汽车制造业出现过度竞争，政府采取了若干限制措施，要求各企业明确其经营范围。并且，除已在汽车生产中取得成果的企业外，其他企业不得再进入汽车制造业而加剧竞争。受此影响，汽车企业将各自的专业分工迅速稳定下来。其中，现代、大宇和起亚主要生产轿车，东亚汽车公司只生产大客车、消防车和吉普车等特殊车种，亚细亚汽车公司则专门生产大卡车、翻斗车和军用车。② 这种专业化分工促进了韩国汽车制造业的技术研发，且技术进步表现出了跨越式发展的特征。以现代汽车公司研制发动机为例：当时的标准型发动机以化油器为基础。但在研究技术发展趋势后，现代判断发动机技术将在短期内向新型电子喷射型发展，因此决定直接开发后一种发动机而非沿着既有的技术轨道开发标准型发动机。这一决策使现代在较短时间内缩小了与发达国家汽车企业在发动机领域的技术差距，也使韩国的汽车制造业得以迅速追赶。③ 20 世纪 80 年代末，韩国已建立起了独立而完整的民族汽车工业体系。1988 年，韩国汽车产量突破百万辆大关，达到 108. 7 万辆，其中出口 57. 2 万辆，占当年汽车产量的 52. 6%（见表 4 - 8）。1992 年汽车产量达 178 万辆，位列日本、美国、德国、法国、西班牙和加拿大之后，居世

① 陈德智、肖宁川：《韩国汽车产业引进跨越模式研究》，《管理科学》2003 年第 2 期，第 88—90 页。

② 李柱锡：《韩国经济开发论》，上海财经大学出版社 1996 年版，第 166 页。

③ Keun Lee and Chaisung Lim, "Technological Regimes, Catching-up and Leapfrogging: Findings from the Korean Industries", *Research Policy*, Vol. 30, No. 3, 2001, pp. 469 - 470.

界第七位。[①]

表 4-8 韩国三大汽车制造商在 20 世纪 80 年代的生产及出口情况 （单位：辆）

年份	现代		大宇		起亚	
	产量	出口	产量	出口	产量	出口
1980	61239	16244	24413	4164	33369	4735
1981	70051	19210	20411	2389	36039	2345
1982	90983	17543	22796	514	42525	868
1983	108117	18500	35146	57	63638	600
1984	140871	50376	42357	650	75007	1072
1985	240755	120041	44935	879	84931	1322
1986	428934	302134	55826	859	104007	1476
1987	606816	407924	162225	71533	197094	63410
1988	647389	407719	162788	86438	249473	78340
1989	614379	215101	161925	43497	316893	95018

资料来源：Ga Hyung Kim and Jai S. Mah, "Technology Acquisition in Korea's Automobile Industry", *Perspectives on Global Development and Technology*, Vol. 17, No. 4, 2018, p. 421。

船舶工业是为国防建设、航运交通和海洋开发提供主要装备的战略性产业，也是保障国家安全和维护海洋权益的重要工业基础。早在 1967 年开始实施的第二个五年计划中，韩国就明确提出发展船舶工业的目标。1970 年，政府颁布了一个总预算为 21 亿韩元的"造船工业振兴计划"，目标在于提升船舶制造的国产化率以及扩大出口。到 2001 年时，韩国已超过日本坐上全球造船业的头把交椅，船舶也成为韩国的旗舰出口产品，占韩国出口总额 10%。[②] 在这之中，最能体现韩国船舶工业技术实力的莫过于有着"造船业皇冠上

① 陈龙山、张玉山、贲贵春：《韩国经济发展论》，社会科学文献出版社 1997 年版，第 131 页。

② 杨震、徐文姣：《海权理论视野下的韩国船舶工业研究》，《当代韩国》2022 年第 2 期，第 71—74 页。

的明珠”之称的液化天然气船（LNG 船）。LNG 船是指专门运输液化天然气的船舶。由于液化天然气要在运输过程中保持常压下的极低温（零下 162 摄氏度），这对船只的储罐系统/液货舱提出了非常高的要求。LNG 船储罐技术主要有两类，分别是 MOSS 球罐型和 GTT 薄膜型。日本在 20 世纪 70 年代建造 LNG 船时主要采取的是前一类技术。但在韩国看来，采用 GTT 薄膜型储罐技术能使船只在同等载货量下主尺度更小、舱容利用率更高。经过市场检验，使用了 GTT 薄膜型储罐的韩国企业大获成功，几乎占据世界 LNG 船舶市场 70% 以上份额。世界排名前十的 LNG 船舶制造商中，前三家均为韩国企业，分别是大宇造船、三星重工和现代重工。[①] 它们在 LNG 船用燃料高压供气系统方面拥有半数以上的全球核心技术专利（见表 4－9）。

表 4－9　　LNG 船用燃料高压供气系统全球专利申请情况　　（单位：项）

国家/地区	LNG 挥发气（BOG）处理技术	燃料储罐技术	系统设计技术	总量
韩国	59	13	161	233
欧洲	10	4	24	38
美国	16	5	14	35
日本	11	7	9	27
中国	12	3	12	27
澳大利亚	2	6	0	8
新加坡	1	1	0	2
合计	111	39	220	370

资料来源：刘亮：《大宇造船关键技术专利布局的启示》，《企业管理》2020 年第 10 期，第 78—80 页。

① “Korea, China and Japan Competing for LNG-Powered Vessel Orders”, *Business Korea*, September, 2020, https://www.hellenicshippingnews.com/korea-china-and-japan-competing-for-lng-powered-vessel-orders/.

第六节　案例总结

韩国在李承晚时期和朴正熙时期所呈现的不同特征，为我们提供了一个案例内比较以检验分析框架的机会。李承晚时期，政权稳定性持续受到主张内阁责任制的民主国民党，以及支持美国撤军和南北协调的独立党及国会内的少壮改革派的挑战。到统治后期，以民国党为基础联合部分脱离自由党的人士和右翼无党派人士组建的民主党也对李承晚独裁统治提出了强烈反对。精英高度分裂构成了这一阶段的主要特征。通过军事政变上台的朴正熙则通过设立中央情报部监督管理军政各部、改革选举制度和调整国家机关结构，以及利用乡缘、学缘和亲缘等纽带关系团结支持者，塑造了一个高度凝聚的精英联盟。两个政权因精英间关系的差异，而在国家发展问题上具有了不同的时间视野。李承晚政权的时间视野非常短，相较于国家发展更偏好以牺牲社会整体福利来谋取个人私利。相反，朴正熙政权则形成了后发追赶的长期视野。

这种关于发展的态度也影响了他们与劳工群体的关系。虽然两个政权都采取了劳工压制政策，但效果却大有不同。通过将“大韩劳总”改造为控制劳工活动和政治异议运动的“御用”工具，以及任命支持暴力镇压劳工的官员为内阁成员，李承晚将一切有可能推进工业发展的积极力量都扼杀了。朴正熙虽然也对劳工组织进行了重组，在“维新体制”时期也曾采取过取消劳动者罢工权的措施，但他同时又在意识形态和话语层面团结劳工，将他们描述成为国家安全和民族中兴的光荣而战斗的“产业战士”，使得劳工群体与政治精英形成了关于后发追赶的一致目标，形塑了劳工群体的工作动力和身份认同。由此，朴正熙时期的韩国呈现聚合型国家的特征。图 4－3 对朴正熙时期韩国的发展特征及其形成原因进行了总结。

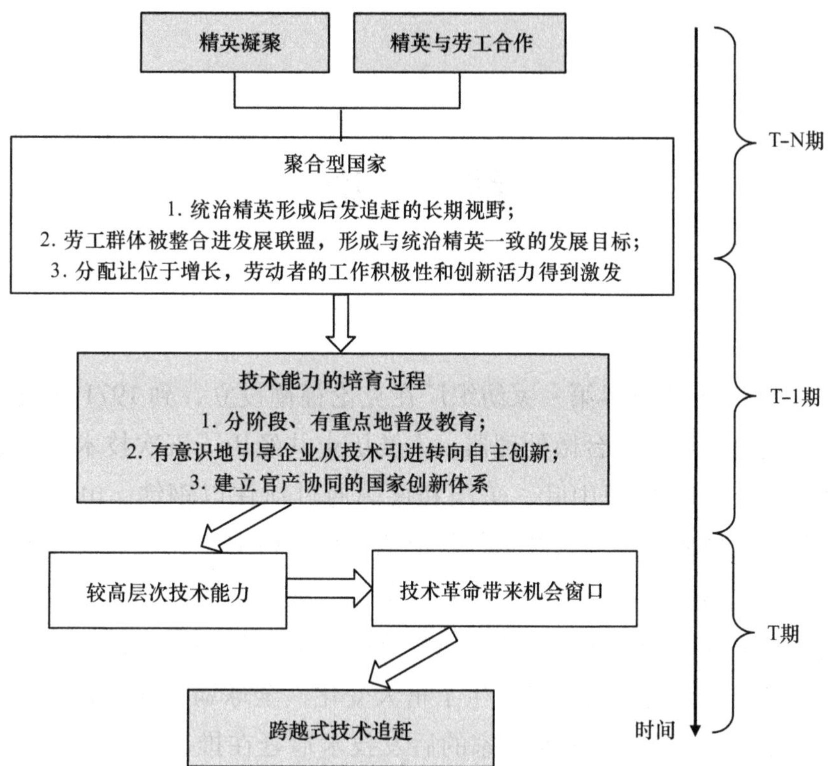
精英凝聚
精英与劳工合作
聚合型国家
1. 统治精英形成后发追赶的长期视野；
2. 劳工群体被整合进发展联盟，形成与统治精英一致的发展目标；
3. 分配让位于增长，劳动者的工作积极性和创新活力得到激发
技术能力的培育过程
1. 分阶段、有重点地普及教育；
2. 有意识地引导企业从技术引进转向自主创新；
3. 建立官产协同的国家创新体系
较高层次技术能力
技术革命带来机会窗口
跨越式技术追赶
T-N期
T-1期
T期
时间

图4－3　朴正熙时期韩国采取跨越式技术追赶道路的因果机制梳理

资料来源：笔者自制。

结论

自1771年世界第一家纺织厂在克伦福德设立，到1971年英特尔研制出世界第一台微处理器，人类历史共经历了五次技术创新浪潮。其中，19世纪中叶，美国和德国通过抓住以钢铁、电力为核心及关键投入的第三次技术创新浪潮的历史机遇，在工业实力上先后超过执第一次工业革命之牛耳的英国，成为世界第一、二大工业国。至19世纪末20世纪初，虽然英国仍被视为霸权国，但世界政治的基础性权力结构已经发生了重大变化，全球霸权开始转移。与之相比，“二战”后东亚国家的后发技术追赶在推动国际格局转变方面不及19世纪中叶的欧美后发国家。然而，由于时间的接续性和空间的邻近性，这些后发国家面临的国际环境和拥有的政策手段与当下的后发国家更具相似性。因此，这一波后发技术追赶的经验或许对当下以中国为代表的技术崛起国具有更大的参考价值。本书从后发国家的国内政治社会结构出发，通过详细刻画它们培育技术能力的具体过程，为后发国家在赶超的机会窗口到来时采取不同的技术追赶模式提供一个新的分析框架。结论部分的第一节对本项研究的理论发现和案例研究进行了总结，第二节简述了本项研究的理论贡献和政策启示，第三节针对论述的未尽之处和可能引发争议的内容进行了必要的补充说明，并在指出本项研究之局限所在的基础上探讨了后续可做进一步研究的议题和方向。

第一节 研究发现与案例总结

以保罗·皮尔逊关于长期过程的研究思路为基础,[①] 本书建立了一个能对较长时段的后发追赶过程做出细致刻画的分析框架，主要得到了以下三点理论发现。

第一，后发国家的发展特征很大程度上受其国内政治精英间关系和精英与劳工关系的共同影响。自理查德·拉克曼将精英冲突理论引入国家建构的讨论起，许多学者均将精英关系的结构差异视为决定现代国家不同形成路径和国家推动经济发展成败的关键因素。[②] 本书则认为，精英间关系只能决定后发国家发展特征的一个方面，即关于发展的时间视野。高强度精英冲突所带来的精英分裂往往使统治者疲于应付各种近在眼前的有损政权稳定性的政治威胁，因此，其时间视野通常较短。相反，精英凝聚则有利于统治者围绕国家发展形成较长的时间视野，更有动力去创造和维护有利于技术长期积累的制度框架和政策环境。然而，后发技术追赶绝不是国家有强烈的发展意愿就能实现的。虽然“举国体制”被认为是国家攻克关键核心技术的重要方式和普遍做法,[③] 但任何新兴技术都必须在工业应用中得到检验，较原有技术能更切实有效地解决实际问题才

① Paul Pierson, *Politics in Time: History, Institutions, and Social Analysis*, Princeton: Princeton University Press, 2004, pp. 79 – 102.

② 如前文提到的 Tuong Vu, “State Formation and the Origins of Developmental States in South Korea and Indonesia”, *Studies in Comparative International Development*, Vol. 41, No. 4, 2007, pp. 27 – 56; Tuong Vu, *Paths to Development in Asia: South Korea, Vietnam, China, and Indonesia*, New York: Cambridge University Press, 2010; David Waldner, *State Building and Late Development*, Ithaca: Cornell University Press, 1999; 等等。

③ 路风、何鹏宇:《举国体制与重大突破——以特殊机构执行和完成重大任务的历史经验及启示》,《管理世界》2021 年第 7 期，第 1—18 页。

能称之为技术创新。[①] 这个过程离不开处在生产一线的产业工人。正因如此，威廉·拉佐尼克将工业革命以来英国、美国和日本三个世界工业强国的崛起概括为“车间的竞争优势”。[②] 由此可见，精英与劳工关系，或者更具体地说，是否能使直接参与工业化并对其有巨大影响的劳工群体形成与统治精英关于国家发展的一致目标，从而将他们整合进关于发展的共容利益集团，并激发产业工人参与技术创新的积极性和主动性，也是后发国家发展特征的重要体现。

第二，后发国家的技术追赶是意愿和能力相结合的结果，在后发国家形成追赶意愿到赶超的机会窗口到来时调整追赶模式之间，技术能力的培育是不可忽视的重要环节。[③] 培育技术能力需要后发国家在三个方面下功夫：其一，通过构建科学完善的教育和培训体系，全面提升人力资本的质量和水平；其二，将技术引进与自主创新进行有机结合，注重对引进技术的消化吸收，逐渐从技术引进依赖转向自主创新驱动；其三，构建产学研融合创新体系，实现基础研究和应用研究相辅相成、学术研究和成果应用相互促进。在实践中，由于后发国家关于发展的时间视野以及促使劳工群体形成与政治精英一致目标的能力有很大不同，它们在人力资本的培育、技术

---

① ［英］克利斯·弗里曼、罗克·苏特：《工业创新经济学》，华宏勋、华宏慈等译，北京大学出版社 2004 年版，第 7—8 页。

② William Lazonick, *Competitive Advantage on the Shop Floor*, Cambridge: Harvard University Press, 1990.

③ 目前来看，较少有研究关注国家层面的技术能力培育，相关探讨主要集中在产业层次，如 Yusen Xu, Jia Ma and Yaodi Lu, “Innovation Catch-up Enabled by the Window of Opportunity in High-Velocity Markets and the Intrinsic Capabilities of An Enterprise: The Case of HTC”, *International Journal of Technology Management*, Vol. 69, No. 2, 2015, pp. 93 - 116; Hyo Kang and Jaeyong Song, “Innovation and Recurring Shifts in Industrial Leadership: Three Phases of Change and Persistence in the Camera Industry”, *Research Policy*, Vol. 46, No. 2, 2017, pp. 376 - 387; Shyama V. Ramani and Eduardo Urias, “When Access to Drugs Meets Catch-up: Insights from the Use of CL Threats to Improve Access to ARV Drugs in Brazil”, *Research Policy*, Vol. 47, No. 8, 2018, pp. 1538 - 1552。

引进方式的升级，以及国家创新体系的构建这三个方面会呈现显著差异，并影响其技术能力的培育结果。例如，时间视野较短的后发国家通常倾向于采取能在短时间内产生明显效果的举措。比起分阶段、有步骤地发展各层次教育，它们偏好集中投资高等教育和职业教育。相较于缓慢的国内资本积累，它们热衷于直接引进外资。与构建公私协同的产学研融合创新体系所需付出的努力相比，它们更愿意直接指定公共部门承担技术研究和开发工作。这些短视举措往往使其只能培育起较低层次的技术能力。再如，劳工群体与统治精英具有相悖目标的国家，很难真正培育起较高层次的技术能力。由此可见，各国技术能力的差异可从其国内政治社会结构的不同中寻找答案。

第三，由于技术能力的差异，后发国家在面对赶超的机会窗口时会走向不同的技术追赶模式，即跟随式发展和跨越式发展。具体而言，拥有较高层次技术能力的后发国家通常能够敏锐地捕捉新兴技术的发展苗头，准确识别赶超的机会窗口，从而快速做出将技术追赶模式调整为跨越式发展的决策。在不考虑其他外部因素的情况下，通过率先在新兴技术领域发展出一条由自己主导的技术轨道，这类后发国家通常会在新的技术—经济范式下崛起为新的技术领导国。与之相对，仅拥有较低层次技术能力的后发国家往往“有心无力”，只能沿着技术领先国走过的路径发展技术，通过对领先国的重复性模仿逐渐缩小与其在相对传统产业的技术差距，却很难在新兴技术领域有所建树。虽然本书并不计划探讨两种技术追赶模式与赶超结果之间的关系，但正如案例研究所呈现的，在不考虑其他因素影响的情况下，跨越式技术追赶通常有助于后发国家赶超领先国，跟随式技术追赶则往往使后发国家停留在技术相对落后的状态。

上述理论发现得到了“二战”后巴西和韩国技术追赶经历的印证。从发展取向上看，朴正熙政府时期的韩国是本书提出的聚合型国家的典型代表，巴西虽在“二战”后的绝大多数时间内都表现出分散型国家的特征，但在 1964 年军事政变后也曾短暂呈现类似于朴正熙时期韩国的发展取向。

在“二战”后的绝大部分时间内，巴西都以高强度精英冲突和精英与劳工对抗为主要特征。因此，本书将其归类为具有短期导向和国家与社会目标相悖的分散型国家。当然，这只是一种理想化的抽象。在 1964 年政变后成立的军事独裁政府初期，巴西曾因军事集团内部温和派和强硬派结成政治联盟而短暂表现出精英凝聚的特征。但这一情况并未维持太久。由于较短的时间视野和相悖的发展目标，巴西虽形成了追赶技术领先国的意愿，但在培育技术能力的过程中不得不采取各种短视措施。例如，在初等和中等教育的普及工作尚未完成之时就将资源几乎全部投向了高等教育和职业教育，在技术引进的过程中过于强调快速的国产化而轻视对技术的消化吸收。此外，巴西的国家创新体系还存在公共部门研发资源分散以及产研脱节等问题。这些缺憾与不足使得巴西在第五次技术创新浪潮到来时仅培育起较低层次的技术能力，因而只能沿着先发国创设好的技术轨道进行缓慢的技术追赶。

“二战”后的韩国经历了从不具有追赶意愿的分散型国家向聚合型国家的转变。李承晚时期的韩国以高强度的精英冲突和精英与劳工对抗为主要特征，并未形成专注经济增长的发展目标。通过军事政变上台的朴正熙则通过设立中央情报部监督管理军政各部、改革选举制度和调整国家机关结构，以及利用乡缘、学缘和亲缘等纽带关系团结支持者，塑造了一个高度凝聚的精英联盟。两个政权因精英间关系的差异而在国家发展问题上具有了不同取向。李承晚政权的时间视野非常短，比起长期经济发展更重视个人私利的攫取，朴正熙政权则形成了后发追赶的长期视野。这种关于发展的态度也影响了他们与劳工群体的关系。虽然两个政权都采取了劳工压制政策，但效果却大有不同。通过将“大韩劳总”改造为控制劳工活动和政治异议运动的“御用”工具，以及任命支持暴力镇压劳工的官员为内阁成员，李承晚将一切有可能推进工业发展的积极力量都扼杀了。朴正熙虽然也对劳工组织进行了重组，在“维新体制”时期也曾采取过取消劳动者罢工权的措施，但他同时又在意识形态和话语层面团结劳工，将他们描述成为国家安全和民族中兴的光荣而战斗的“产业战士”，使得劳工群体与政治精英形成了关于后发追赶的一致目标，形塑了劳工群体的工作动力和身份认同。由此，朴正熙时期的韩国呈现聚合型国家的特征。在技术能力的培育阶段，朴正熙政府分阶段、有重点地完成了初等和中等教育的普及工作，有意识地引导企业开展自主创新，并建立了官产协同的国家创新体系，使韩国培育起了较高层次的技术能力。正因如此，在第五次技术创新浪潮到来时，韩国转向了有助于快速缩小与技术领先国发展差距的跨越式的技术追赶策略。

第二节　理论贡献与政策启示

正如文学创作总是围绕一定的母题展开那样，社会科学研究通常聚焦于两个根本性问题，一是冲突与合作（或战争与和平），二是国家的兴衰。本项研究以国家的兴衰这一宏大命题作为研究关切，从一国内部精英间关系和精英与劳工关系出发，详细探讨了国内结构如何形塑一国的发展战略。从学科归属来看，本研究处于发展经济学、比较政治经济学与国际政治经济学三大学科的交会之处，同时做出了以议题驱动区域国别学学科发展的尝试，不仅产生了一定的理论贡献，还能为当下的后发国家提供具有参考意义和具体可操作的政策指导。概括而言，本项研究的理论贡献和政策启示主要体现如下。

第一，本项研究构建了一个后发国家面对赶超的机会窗口时走向不同技术追赶模式的分析框架，并在这一框架的指引下对巴西和韩国这两个拉美和东亚代表性国家在较长时段内的技术追赶过程进行了详细刻画。正如社会学家欧文·戈夫曼（Erving Goffman）所言，纷繁复杂甚至混乱无序的事件和信息需要在一定的框架下才能呈现意义，框架的存在指导着人们寻找、感知、确认和标签化各种事件和信息。[①] 本书从纯粹的历史研究中跳脱出来，建立了比较完备的后发技术追赶的一般理论，避免了像许多赶超史的研究那样陷入过于纷繁的历史细节，而缺少理论上的充分建树。同时，对长期过程的关注使本书得以克服后发优势理论和发展型国家理论因较短的时间视域而通常只能得出“导火线”式的解释这一不足，从而深挖隐藏在较长历史过程中的深层因果解释。事实上，时间是因果解释的核心要素。可以说，政治经济行为的因果动力都需要以时间为基础才能展开。[②] 如果过分聚焦“此时此地”（here and now），将无法看见更大的时间跨度的动态。[③]

第二，本项研究将精英与劳工关系作为除精英间关系外的又一核心解释变量，不仅超越了发展型国家理论将普通民众视为被动等待精英动员或压制策略“降临”的对象，还突出了劳工群体的主动性和创造性在“二战”后这波技术追赶中的重要作用。大部分发展型国家理论认为，劳工群体的主观能动性将对后发国家快速追赶先发国家形成阻碍，因为它将引起国家分配性的财政行为，所以应对劳工群体实施压制政策，以积累扩大国内投资所需资本。这种看法无疑忽略了劳工群体在后发国家大规模推进工业化过程中所能发挥的积极作用。一方面，在后发技术追赶的中后期，工业技术发展所能模仿的对象不复存在，处于生产第一线的车间工人作为一切突破性基础研究转化为具体应用技术的具体执行者，成为创新源泉的重要组成部分。另一方面，芯片、合成材料、新兴和可再生能源等领域的技术突破提出了对无形生产性资产的投资要求，其中最重要的

① Erving Goffman, *Frame Analysis: An Essay on the Organization of Experience*, Boston: Northeastern University Press, 1974.

② 叶成城、郝诗楠：《政治学研究中的时间性：因果机制与事件的时间状态类型》，《复旦政治学评论》第二十一辑，第205—237页。

③ Edward G. Carmines and James A. Stimson, *Issue Evolution: Race and the Transformation of American Politics*, Princeton: Princeton University Press, 1989.

是对劳动者技能的重新强调。由此，与新的技术范式相匹配的新的生产组织方式将劳动者主观能动性的重要性提到了远高于之前的水平。在上述两方面因素的共同作用下，使劳工群体与国家形成一致的发展目标，从而激发他们的工作积极性和创新活力，成为“二战”后这波后发追赶中后期不可或缺的关键要素，而这是之前的发展型国家理论所没有关注到的。

第三，通过将技术追赶模式区分为跟随式和跨越式两类，本项研究在跨国比较的基础上推进了“赶超的机会窗口”之说。以卡萝塔·佩蕾丝和卢克·索特的研究为基础，后来的许多学者均将技术变革带来的机会窗口视为后发者赶超成熟在位者的关键所在。[①] 然而，并非所有后发国家在赶超的机会窗口到来时都能成功实现跨越，绝大多数后发国家实际落入了“赶超陷阱”之中。针对这种现实情况，既有研究却显得语焉不详。事实上，机会窗口通常只是赶超的必要条件，而非充分条件。本书指出，在机会窗口到来前，后发国家需要不断积累自身技术能力，以期在机会窗口到来时凭借技术能力相应调整技术追赶模式。只培育起较低层次技术能力的后发国家无力改变跟随式的技术追赶模式，因而无法抓住技术变革带来的赶超的机会窗口。拥有较高层次技术能力的后发国家则能够及时将技术追赶模式调整为跨越式，从而跃迁至新的技术轨道，快速缩小与先发国家的技术差距，甚至实现技术赶超。

第四，本项研究打开了后发技术追赶的“黑箱”，从人力资本的培育、技术引进方式的升级，以及国家创新体系的构建三个方面

① 例如 Samira Guennif and Shyama V. Ramani, “Explaining Divergence in Catching-up in Pharma between India and Brazil Using the NSI Framework”, *Research Policy*, Vol. 41, No. 2, 2011, pp. 430 – 441; Dániel Vértesy, “Preconditions, Windows of Opportunity and Innovation Strategies: Successive Leadership Changes in the Regional Jet Industry”, *Research Policy*, Vol. 46, No. 2, 2017, pp. 388 – 403; Xiao-Shan Yap and Bernhard Truffer, “Shaping Selection Environments for Industrial Catch-up and Sustainability Transitions: A Systemic Perspective on Endogenizing Windows of Opportunity”, *Research Policy*, Vol. 48, No. 4, 2018, pp. 1030 – 1047。

详细刻画了后发国家技术能力的培育过程，从而为当前仍处于相对落后地位的国家的技术追赶提供了具体可操作的参考经验。一般认为，随着后发国家与先发国家的技术差距不断缩小，其政策重点应从利用后发优势逐渐转向塑造竞争优势。既有研究多从产业政策的角度探讨后发国家如何塑造自己的竞争优势，[①] 本书则在更广的维度上对这一问题进行了更为深入的探讨。通过比较巴西和韩国的技术能力培育过程，可以总结出三条塑造竞争优势的重要经验：一是高等教育和职业教育的发展必须以相对完善和普及的初等和中等教育为前提，因为后者是培养学生观察能力、理解能力、思维能力、语言表达等各项基础学习能力不可缺少的关键环节；二是单纯的技术引进不仅无助于一国技术能力的提升，还可能使其陷入对外依附型发展，必须有意识地引导公共和私营部门从技术引进逐渐转向自主创新；三是在加强基础研究的同时，不能忽略基础研究成果的转化和应用，应当统筹推进基础研究和应用研究，构建一个官产学研协同的高质量的国家创新体系。这些基于“二战”后主要后发国家的技术赶超经验得出的结论，或将为当下的后发国家提供更具参考意义和具体可操作的政策指导。

第三节　补充说明、研究局限与后续研究议程

出于厘清论证的模糊之处、强化分析的薄弱环节和补充未尽的逻辑链条的考虑，本书还需做出如下五点补充说明，以期对潜在质疑做出回应。

① 例如 Erik S. Reinert, *How Rich Countries Got Rich and Why Poor Countries Stay Poor*, New York: Carroll & Graf, 2007；黄先海、宋学印：《准前沿经济体的技术进步路径及动力转换——从“追赶导向”到“竞争导向”》，《中国社会科学》2017 年第 6 期，第 60—79 页。

第一，虽然绪论部分明确指出，本书所探讨的技术主要是以解决客观世界物理难题为目的的物质生产技术，但考虑到技术升级和产业发展或者说经济增长是两个有联系但不同的概念，有必要对技术追赶的具体内涵做进一步厘清。本书所涉技术追赶，实际关注的是由技术创新推动的后发国家在全球产业体系中的位置攀升，而非技术创新本身。因此，那些在全球专利申请方面表现突出的中小国家，如以色列、荷兰和瑞士，由于未就技术创新形成能在国际市场中与他国竞争的产业规模，并不在本书的研究范围之内。

第二，两种不同的技术追赶模式可能同时存在于一个国家，但至少就目前搜集到的经验证据显示，在 20 世纪 70 年代中后期第五次技术创新浪潮从美国向全世界扩散的过程中，以巴西和韩国为代表的后发国家在这一轮科技革命所引发的产业变革中（主要集中在半导体和新能源两个产业领域）的技术追赶模式可以明确区分，也就是鲜明地呈现跟随式或跨越式发展的特征。因此，通过明确研究的时间范围和产业领域，各国的技术追赶模式可以得到区分。

第三，有质疑认为，技术追赶模式可能是在技术或产业发展的过程中逐渐生成的而非后发国家事先选定的。这一质疑可通过“二战”后国家干预逐渐成为占主导的经济意识形态而得到部分回应。经验证据显示，在这一波后发技术追赶中取得成功的往往是那些采取了强有力的国家干预措施的后发国家，其产业和技术发展离不开国家出台的各类扶植计划。从时间上看，新兴产业和技术的扶植计划出台在前，产业和技术的实际发展在后。虽然各类官方文件或领导人表述并未直接提及“跟随式”“跨越式”这样学理性的术语，但不能就此否认国家会在各类技术追赶模式之间进行选择，因为它们的实践呈现了相应特征。

第四，本书主要聚焦于相对隔绝于国际因素影响的各国国内政治社会结构，但这绝非有意忽视或认为国际因素不重要。追赶初期，后发国家的政策重点主要在于充分释放后发优势。通过借鉴先发国家的技术发展道路，利用先发国家技术转移的契机大量引进已经成熟的技术和设备，并相应调整生产组织结构，后发国家便可快速提升自身技术发展水平。但随着与先发国家的技术差距逐渐缩小，一方面，先发国家为维持技术垄断地位将采取措施对后发国家的技术发展进行遏制；另一方面，后发国家通过技术模仿实现创新发展的空间也在不断减少。在此背景下，通过自主创新塑造竞争优势成为后发国家在追赶中后期的政策重点。可以看到，在后发追赶的不同阶段，各国的对内对外政策都要相应调整。本书主要关注对内政策的调整，即不同的国内政治社会结构如何影响后发国家在追赶初期规划长期战略和追赶的中后期激发劳动者创新活力。

巴西和韩国的技术发展和产业升级离不开美国的技术转移和产业扶植，同时，独特的国际环境也可能参与塑造其发展特征。本书并未对这些国际因素加以讨论，是在解释框架的内部效度和外部效度的权衡中选择了后者。上述国际因素可能影响某一后发国家的技术追赶进程，但本书并非想要找出导致单一国家转向特定技术追赶模式的全部（主要）原因，而是探寻能对各国的不同选择做出一致解释的共同原因。将研究的时间范围限定在“二战”结束至20世纪70年代末80年代初，而不讨论80年代中后期及近期后发国家的技术追赶，也是出于上述考虑。20世纪80年代中后期，日本的技术成长使美国压力与日俱增，美国开始实施“通过亚洲打败日本”的对外技术政策，将技术转移的对象从日本转向以韩国为代表的其他亚洲经济体，客观上促成了韩国20世纪90年代在半导体产业对日本的赶超，使韩国和巴西面临的技术转移机会不再相似。通过限定研究的时间范围，本书一定程度上控制住了国际因素的变动。

第五，本书从理性选择的研究路径出发，将政治精英视为国家的代表。[1] 这种处理方式可能被质疑忽视了经济精英的作用。[2] 本书认为，在许多非西方的后发国家中，政治精英和经济精英并不一定能完全区分开——它们或是利益高度融合，或是政治精英能有效地规训和统御经济精英。例如，巴西旧共和国时期的文官总统几乎全部来自巴西东南部三个主要的咖啡生产州。总统由咖啡阶层选出，并为咖啡阶层服务。经济上的强大使这些经济精英牢牢掌握着国家政治权力。又如，地缘政治环境提供的出口导向型发展机会"倒逼"韩国的经济精英接受政府的规训和干预，使得韩国成功完成了发展型国家的构建。因此，出于理论简约的需要，本书主要关注政治精英的内部关系及其对后发国家时间视野的塑造。

正如吉尔平所言，社会科学研究必须在"准确无误地解释琐细之事"和"粗略地探讨重大之事"之间做出选择，"如果人们打算处理我们时代所面临的重大问题，一般性的错误和某种过于简单化的现象则是人们必须付出的代价"。[3] 即使针对论述的未尽之处和可能引发争议的内容，本书已做了必要的补充说明，但仍不可避免地存在研究局限，这主要体现在：第一，本书致力于为后发国家不同的技术追赶模式提供一般性解释，实现这一目标的代价在于不可避免地忽视不同的后发国家所具有的多样性和独特性。并且，在对巴西和韩国进行比较历史分析时，本书无法避免对这些国家复杂历史

① 在不同的研究视角下，国家既可以被看作具有战略选择能力的一种行为体（理性选择），也可以被看作对社会行为体施加限制的一套制度结构（结构主义）。参见田野《国家的选择——国际制度、国内政治与国家自主性》，上海人民出版社 2014 年版，第 74—75 页。

② 比较政治经济学的文献一般将可能影响国家决策的行为体分为三类，即普通民众、经济精英和政治精英。参见周强、陈兆源《经济危机、政治重组与西方民粹主义——基于国内政治联盟的形式模型与经验检验》，《世界经济与政治》2019 年第 11 期，第 78—104 页；周强、蒋光明《经济危机与周期性政治重组》，《世界经济与政治》2021 年第 9 期，第 59—83 页。

③ ［美］罗伯特·吉尔平：《世界政治中的战争与变革》，宋新宁、杜健平译，上海人民出版社 2019 年版，第Ⅳ页。

和现实情境的忽视和剪裁，因此面临着在一般性的理论建构和区域国别案例研究之间进行平衡的问题。第二，受研究篇幅的影响，本书选择巴西和韩国分别作为分散型国家和聚合型国家的代表对理论框架进行验证，而未讨论更广范围的后发国家及其所属类型。由此，本书所提出的理论解释可能并非如理论推演中那样能够成为“放之四海而皆准”的确定性论断。

基于前述理论发现及研究局限，在后发技术赶超这一议题下，未来还可从以下三个方面展开进一步的深入研究。

第一，在巴西和韩国之外，将诸如新加坡、越南、泰国等东南亚国家以及墨西哥、阿根廷等拉美国家也纳入分析范围，基于更大的样本量探讨本书所搭建的分析框架的适用性问题。例如，政治上的高度强势集权和柔性劳工整合战略，使得国土面积仅城市大小的新加坡在发展工业技术时一定程度上类似于韩国。中国台湾的发展经验也可能与韩国具有相似性。与前两者不同，印度和阿根廷的国内精英冲突激烈。并且，由于受平民主义影响较大，其劳工群体经常采取来势汹汹的诉求提出方式。这意味着，它们的工业技术发展历程可能与巴西更为相似。泰国和缅甸则似乎更多地体现出类似于李承晚时期韩国的发展特征。不过，这只是依据经验进行的简单归类，对这些国家的准确判断有赖更为细致的案例研究。

第二，迄今为止的赶超研究多重当代东亚国家（地区）的追赶，轻历史上西方欧美国家的追赶。事实上，早在19世纪中叶，欧美的后发国家如美国和德国就曾面临如何追赶先发国家英国的问题，但它们的后发追赶经验却较少得到以理论建构见长的政治经济学家的关注。就此而言，未来可尝试比较不同历史时期后发国家技术追赶在面临的外部环境、国内经济意识形态、可选政策手段等方面的异同，以使赶超理论的研究视角更加广阔，经验基础更加充实。一个初步的猜想是，从后发国家在国际体系中所处的相对位置以及因外部压力所生出的追赶意愿看，19世纪中叶的后发国家与“二战”后的后发国家似乎并无本质区别。这或许意味着，不同历史时期后发国家的技术追赶可在同一框架下加以理解。也就是说，我们或许可以构建一个跨越不同历史时期的更具一般性的解释框架。

第三，后发技术赶超作为一个受众多复杂因素影响的复合结果并非本书的解释对象，但正如案例研究所显示的，后发国家的技术追赶模式与其最终取得的追赶结果（赶超还是落后）之间具有一定的对应性。在不考虑其他因素影响的情况下，跨越式的技术追赶似乎有助于后发国家快速缩小与先发国家的技术差距，从而跻身世界技术领先国行列，跟随式的技术追赶却通常使后发国家停留在技术相对落后的状态。以此经验观察为基础，未来可尝试将研究问题进一步向后延伸，以后发国家的技术追赶结果作为解释对象，从而深化对国家的兴衰这一宏大命题的理解，并为正在积极追赶技术领先国的后发国家提供理论和经验上的启示与参考。

参考文献

一　中文部分

（一）专著、译著与编著

曹中屏、张琏瑰等编：《当代韩国史（1945—2000）》，南开大学出版社 2005 年版。

陈傲、柳卸林：《突破性技术创新的形成机制》，科学出版社 2013 年版。

陈龙山、张玉山、贲贵春：《韩国经济发展论》，社会科学文献出版社 1997 年版。

陈作彬、石瑞元等编：《拉丁美洲国家的教育》，人民教育出版社 1985 年版。

程多闻：《冲突与协调：日韩两国劳资关系变迁的比较研究》，人民日报出版社 2017 年版。

董经胜：《巴西现代化道路研究——1964—1985 年军人政权时期的发展》，世界图书出版公司 2009 年版。

房宁等：《民主与发展——亚洲工业化时代的民主政治研究》，社会科学文献出版社 2015 年版。

封凯栋：《国家的双重角色：发展与转型的国家创新系统理论》，北京大学出版社 2022 年版。

韩琦主编：《世界现代化历程 · 拉美卷》，江苏人民出版社 2010 年版。

韩毅、张兵：《美国赶超经济史》，经济科学出版社 2006 年版。
何予平、秦海菁等：《全球化中的技术垄断与技术扩散》，科学出版社 2009 年版。
黄琪轩：《大国权力转移与技术变迁》，上海交通大学出版社 2013 年版。
黄志成：《巴西教育》，吉林教育出版社 2000 年版。
贾利军：《国际垄断资本主义下的技术创新》，社会科学文献出版社 2015 年版。
江小涓：《经济转轨时期的产业政策：对中国经验的实证分析与前景展望》，格致出版社、上海三联书店、上海人民出版社 2014 年版。
金光熙：《朴正熙与韩国的现代化》，黑龙江朝鲜民族出版社 2007 年版。
李宝奇：《韩国修宪历史及其政治制度变迁研究》，中国政法大学出版社 2013 年版。
李东华：《韩国科技发展模式与经验——从引进到创新的跨越》，社会科学文献出版社 2009 年版。
李平：《颠覆性创新的机理性研究》，经济管理出版社 2017 年版。
李柱锡：《韩国经济开发论》，上海财经大学出版社 1996 年版。
林毅夫、蔡昉、李周：《中国的奇迹：发展战略与经济改革》（增订版），格致出版社、上海三联书店、上海人民出版社 2012 年版。
刘洪钟：《韩国赶超经济中的财阀制度研究》，光明日报出版社 2009 年版。
刘文龙、万瑜：《巴西通史》，上海社会科学院出版社 2017 年版。
朴昌根：《韩国产业政策》，上海人民出版社 1998 年版。
任晓：《韩国经济发展的政治分析》，上海人民出版社 1995 年版。
山东省国际技术经济研究所编：《韩国尖端技术产业发展现状、前景及对策》，时事出版社 1994 年版。

沈艳枝:《要素投入与巴西经济增长》,南京大学出版社 2014 年版。
施培公:《后发优势——模仿创新的理论与实证研究》,清华大学出版社 1999 年版。
宋磊:《追赶型工业战略的比较政治经济学》,北京大学出版社 2016 年版。
孙启林:《战后韩国教育研究》,江西教育出版社 1995 年版。
唐世平等:《观念、行动、结果:社会科学方法新论》,天津人民出版社 2021 年版。
田野:《国家的选择:国际制度、国内政治与国家自主性》,上海人民出版社 2014 年版。
万秀兰:《巴西教育战略研究》,浙江教育出版社 2014 年版。
吴红英:《巴西现代化进程透视——历史与现实》,时事出版社 2001 年版。
谢富胜:《分工、技术与生产组织变迁——资本主义生产组织演变的马克思主义经济学阐释》,经济科学出版社 2005 年版。
邢怀滨:《社会建构论的技术观》,东北大学出版社 2005 年版。
尹保云:《韩国的现代化:一个儒教国家的道路》,东方出版社 1995 年版。
尹保云:《民主与本土文化——韩国威权主义时期的政治发展》,人民出版社 2010 年版。
袁本涛:《从属与自立:韩国教育发展研究》,山西教育出版社 2006 年版。
张东明:《韩国产业政策研究》,经济日报出版社 2002 年版。
张光军主编:《韩国执政党研究》,中国出版集团、世界图书出版公司 2010 年版。
张宇燕:《经济发展与制度选择——对制度的经济分析》,中国人民大学出版社 1992 年版。
赵同成:《韩国产业技术创新研究》,吉林人民出版社 2004 年版。
赵月华、李志英:《模式 I ——美国、日本、韩国经济发展模式》,

山东人民出版社 2006 年版。

周密：《技术空间扩散论——“极化陷阱”之谜及其经济解释》，南开大学出版社 2010 年版。

周世秀主编：《巴西历史与现代化研究》，河北人民出版社 2001 年版。

周志伟：《巴西崛起与世界格局》，社会科学文献出版社 2012 年版。

朱天飚：《比较政治经济学》，北京大学出版社 2006 年版。

［美］阿图尔·科利：《国家引导的发展——全球边缘地区的政治权力与工业化》，朱天飚、黄琪轩、刘骥译，吉林出版集团有限责任公司 2007 年版。

［美］埃里克·S. 赖纳特：《富国为什么富 穷国为什么穷》，杨虎涛、陈国涛译，中国人民大学出版社 2013 年版。

［美］爱丽丝·H. 安士敦、瞿宛文：《超越后进发展——台湾的产业升级策略》，朱道凯译，北京大学出版社 2016 年版。

［美］安德鲁·B. 肯尼迪：《全球科技创新与大国博弈》，卢苗苗译，中信出版集团 2021 年版。

［美］芭芭拉·格迪斯：《范式与沙堡：比较政治学中的理论建构与研究设计》，陈子恪、刘骥等译，重庆大学出版社 2011 年版。

［巴西］鲍里斯·福斯托、塞尔吉奥·福斯托：《巴西史》，郭存海译，中国出版集团东方出版中心 2018 年版。

［美］保罗·肯尼迪：《大国的兴衰》，蒋葆英等译，中国经济出版社 1989 年版。

［美］彼得·A. 霍尔、戴维·索斯凯斯等：《资本主义的多样性：比较优势的制度基础》，王新荣译，中国人民大学出版社 2018 年版。

［美］彼得·J. 卡岑斯坦：《世界市场中的小国家——欧洲的产业政策》，叶静译，吉林出版集团有限责任公司 2009 年版。

［美］彼得·J. 卡岑斯坦编：《权力与财富之间》，陈刚译，吉林出版集团有限责任公司 2007 年版。

[巴西] 博勒斯·福斯托：《巴西简明史》，刘焕卿译，社会科学文献出版社 2006 年版。

[美] E. 布拉德福德·伯恩斯：《巴西史》，王龙晓译，商务印书馆 2013 年版。

[美] 布莱恩·阿瑟：《技术的本质：技术是什么，它是如何进化的》，曹东溟、王健译，浙江人民出版社 2014 年版。

[美] 布莱恩·阿瑟：《复杂经济学：经济思想的新框架》，贾拥民译，浙江人民出版社 2018 年版。

[美] 查默斯·约翰逊：《通产省与日本奇迹——产业政策的成长（1925—1975）》，金毅、许鸿艳、唐吉洪译，吉林出版集团有限责任公司 2010 年版。

[英] 大卫·兰德斯：《解除束缚的普罗米修斯》（第二卷），谢怀筑译，华夏出版社 2007 年版。

[美] 戴维·瓦尔德纳：《国家构建与后发展》，刘娟凤、包刚升译，吉林出版集团有限责任公司 2011 年版。

[美] 道格拉斯·C. 诺斯：《制度、制度变迁与经济绩效》，刘守英译，生活·读书·新知三联书店 1994 年版。

[丹] 德里克·比奇、拉斯穆斯·布伦·佩德森：《过程追踪法：基本原理与指导方针》，汪卫华译，格致出版社、上海人民出版社 2020 年版。

[美] 德隆·阿西莫格鲁、[美] 詹姆斯·A. 罗宾逊：《国家为什么会失败》，李增刚译，湖南科学技术出版社 2015 年版。

[德] 迪特·森哈斯：《欧洲发展的历史经验》，梅俊杰译，商务印书馆 2015 年版。

[美] E. M. 罗杰斯：《创新的扩散》（第 5 版），唐兴通、郑常青、张延臣译，电子工业出版社 2016 年版。

[巴西] 费尔南多·奥古斯都·阿德奥达托·韦洛索、[巴西] 莉亚·瓦尔斯·佩雷拉、[中国] 郑秉文主编：《跨越中等收入陷阱：巴西的经验教训》，经济管理出版社 2013 年版。

［巴西］弗朗西斯科·维达尔·卢纳、［美国］赫伯特·S. 克莱因：《巴西经济社会史》，王飞译，中国社会科学出版社2020年版。

［德］弗里德里希·李斯特：《政治经济学的国民体系》，邱伟立译，华夏出版社2013年版。

［美］高柏：《经济意识形态与日本产业政策——1931—1965年的发展主义》，安佳译，上海人民出版社2008年版。

［瑞典］冈纳·缪尔达尔著，［美国］赛思·金缩写：《亚洲的戏剧：南亚国家贫困问题研究》，方福前译，商务印书馆2015年版。

［美］霍华德·J. 威亚尔达：《拉丁美洲的精神：文化与政治传统》，郭存海、邓与评、叶健辉译，浙江大学出版社2019年版。

［荷兰］吉尔特·霍夫斯泰德、［荷兰］格特·扬·霍夫斯泰德、［保加利亚］迈克尔·明科夫：《文化与组织：心理软件的力量》（第三版、修订版），张炜、王烁译，电子工业出版社2019年版。

［韩］姜万吉：《韩国现代史》，陈文寿、金英姬、金学贤译，社会科学文献出版社1997年版。

［韩］金麟洙：《从模仿到创新——韩国技术学习的动力》，刘小梅、刘鸿基译，新华出版社1998年版。

［韩］具海根：《韩国工人——阶级形成的文化与政治》，梁光严、张静译，社会科学文献出版社2004年版。

［英］卡萝塔·佩蕾丝：《技术革命与金融资本——泡沫与黄金时代的动力学》，田方萌、胡叶青、刘然、王黎民译，中国人民大学出版社2007年版。

［美］凯瑟琳·西伦：《制度是如何演化的——德国、英国、美国和日本的技能政治经济学》，王星译，上海人民出版社2010年版。

［美］凯文·纳里泽尼：《大战略的政治经济学》，白云真、傅强译，上海人民出版社2014年版。

［美］康灿雄：《裙带资本主义——韩国和菲律宾的腐败与发展》，

李巍、石岩、王寅译，上海人民出版社 2017 年版。

［德］赛康德：《争夺世界技术经济霸权之战》，张履棠译，中国铁道出版社 1998 年版。

［美］克雷顿·克里斯藤森：《创新者的窘境》，吴潜龙译，江苏人民出版社 2001 年版。

［英］克里斯·弗里曼、弗朗西斯科·卢桑：《光阴似箭——从工业革命到信息革命》，沈宏亮主译，中国人民大学出版社 2007 年版。

［英］克利斯·弗里曼、罗克·苏特：《工业创新经济学》，华宏勋、华宏慈等译，北京大学出版社 2004 年版。

［英］莱斯利·贝瑟尔主编：《剑桥拉丁美洲史（第三卷）：从独立到大约 1870 年》，徐守源、段昭麟、江瑞熙、朱云瑞译，社会科学文献出版社 1994 年版。

［英］莱斯利·贝瑟尔主编：《剑桥拉丁美洲史（第九卷）：1930 年以来的巴西》，吴洪英、张凡、王宁坤、王鹏、郭存海、陈会丽译，当代中国出版社 2013 年版。

［美］理查德·拉克曼：《国家与权力》，郦菁、张昕译，上海人民出版社 2013 年版。

［美］理查德·R. 尼尔森主编：《国家（地区）创新体系：比较分析》，曾国屏、刘小玲、王程铧、李红林等译，知识产权出版社 2012 年版。

［韩］李根：《经济赶超的熊彼特分析：知识、路径创新和中等收入陷阱》，于飞、陈劲译，清华大学出版社 2016 年版。

［韩］李根：《经济追赶与技术跨越：韩国的发展路径与宏观经济稳定》，安芳、李贵卿译，北京大学出版社 2022 年版。

［澳大利亚］琳达·维斯、约翰·M. 霍布森：《国家与经济发展——一个比较历史性的分析》，黄兆辉、廖志强译，吉林出版集团有限责任公司 2009 年版。

［美］罗纳德·芬德利、凯文·奥罗克：《强权与富足：第二个千

年的贸易、战争和世界经济》，华建光译，中信出版社 2012 年版。

［美］罗伯特·W. 考克斯：《生产、权力和世界秩序——社会力量在缔造历史中的作用》，林华译，世界知识出版社 2004 年版。

［美］马克·扎卡里·泰勒：《为什么有的国家创新力强?》，任俊红译，新华出版社 2018 年版。

［德］马克思·韦伯：《新教伦理与资本主义精神》，于晓、陈维纲等译，生活·读书·新知三联书店 1987 年版。

［美］迈克尔·波特：《国家竞争优势》，李明轩、邱美如译，华夏出版社 2002 年版。

［美］迈克尔·J. 希斯考克斯：《国际贸易与政治冲突——贸易、联盟与要素流动程度》，于扬杰译，中国人民大学出版社 2005 年版。

［美］曼瑟·奥尔森：《权力与繁荣》，苏长和、嵇飞译，上海人民出版社 2005 年版。

［美］曼瑟·奥尔森：《国家的兴衰——经济增长、滞胀和社会僵化》，李增刚译，上海人民出版社 2007 年版。

［南朝鲜］朴正熙：《我们国家的道路——社会复兴的思想》，陈琦伟等译，华夏出版社 1988 年版。

［美］乔·史塔威尔：《亚洲大趋势——中国和新兴经济体的未来》，蒋宗强译，中信出版社 2014 年版。

［日］青木昌彦、［韩］金滢基、［日］奥野－藤原正宽主编：《政府在东亚经济发展中的作用——比较制度分析》，中国经济出版社 1998 年版。

［美］乔尔·S. 米格代尔：《强社会与弱国家：第三世界的国家社会关系及国家能力》，张长东、朱海雷、隋春波、陈玲译，江苏人民出版社 2012 年版。

［美］乔尔·S. 米格代尔：《社会中的国家：国家与社会如何相互改变与相互构成》，李杨、郭一聪译，江苏人民出版社 2013

年版。

［美］乔尔·S. 米格代尔、阿图尔·柯里、维维恩·苏主编：《国家权力与社会势力——第三世界的统治与变革》，郭为桂、曹武龙、林娜译，江苏人民出版社 2017 年版。

［美］乔尔·莫基尔：《富裕的杠杆：技术革新与经济进步》，陈小白译，华夏出版社 2008 年版。

［美］塞缪尔·P. 亨廷顿：《变化社会中的政治秩序》，王冠华、刘为译，上海人民出版社 2008 年版。

［美］斯蒂芬·哈格德：《走出边缘——新兴工业化经济体成长的政治》，陈慧荣译，吉林出版集团有限责任公司 2009 年版。

［美］斯蒂芬·哈格德、罗伯特·R. 考夫曼：《发展、民主与福利国家：拉丁美洲、东亚和东欧》，满易译，中国社会科学出版社 2020 年版。

［美］斯蒂芬·罗博克：《巴西经济发展研究》，唐振彬、金懋昆、沈师光译，上海译文出版社 1980 年版。

［韩］司空一、高永善主编：《跨越中等收入陷阱：韩国经济 60 年腾飞之路》，刘平、郁步利译，江苏人民出版社 2021 年版。

［美］托马斯·E. 斯基德摩尔、彼得·H. 史密斯：《现代拉丁美洲》，江时学译，世界知识出版社 1996 年版。

［美］托马斯·K. 麦克劳：《现代资本主义——三次工业革命中的成功者》，赵文书、肖锁章译，江苏人民出版社 2000 年版。

［美］威廉·H. 麦尼尔：《竞逐富强——公元 1000 年以来的技术、军事与社会》，倪大昕、杨润殷译，上海辞书出版社 2013 年版。

［美］威廉·拉佐尼克：《车间的竞争优势》，徐华、黄虹译，中国人民大学出版社 2007 年版。

［美］亚历山大·格申克龙：《经济落后的历史透视》，张凤林译，商务印书馆 2012 年版。

［乌克兰］尤里·巴扎尔：《创新发展的政治经济学——打破经济理论的恶性循环》，眭纪刚、文皓译，清华大学出版社 2020

年版。

［美］禹贞恩编：《发展型国家》，曹海军译，吉林出版集团有限责任公司2008年版。

［美］约翰·齐斯曼：《政府、市场与增长——金融体系与产业变迁的政治》，刘娟凤、刘骥译，吉林出版集团有限责任公司2009年版。

［美］约瑟夫·熊彼特：《经济发展理论》，贾拥民译，中国人民大学出版社2019年版。

［韩］赵淳：《韩国的经济发展》，李桐连等译，中国发展出版社1997年版。

［韩］赵利济编著：《韩国现代化奇迹的过程》，张慧智译，吉林人民出版社2006年版。

（二）期刊论文与报刊文章

蔡昉：《创造与保护：为什么需要更多的再分配》，《世界经济与政治》2020年第1期。

陈才兴：《二战后巴西与韩国工业化发展道路比较研究》，《世界近现代史研究》2008年第5辑。

陈德智、肖宁川：《韩国汽车产业引进跨越模式研究》，《管理科学》2003年第2期。

陈海波：《牵住“牛鼻子”　走好“先手棋”——党中央以科技创新引领全面创新述评》，《光明日报》2016年6月8日第1版。

陈涛涛、陈晓：《外资依赖型产业发展战略：激励和限制因素——巴西汽车产业发展研究》，《国际经济合作》2014年第4期。

陈玮、耿曙：《发展型国家的兴与衰：国家能力、产业政策与发展阶段》，《经济社会体制比较》2017年第2期。

陈玮、耿曙：《政府介入与发展阶段：发展策略的新制度分析》，《政治学研究》2017年第6期。

陈玮：《“发展型国家”的三次理论辩论：政府介入的必要性、有效性和时机》，《公共行政评论》2019年第1期。

陈玮、陈博：《发展型政府的多样性：政企关系与产业体系》，《经济社会体制比较》2021 年第 1 期。
陈子烨、李滨：《中国摆脱依附式发展与中美贸易冲突根源》，《世界经济与政治》2020 年第 3 期。
程源、傅家骥：《日本、韩国微电子产业发展模式的比较分析》，《工业技术经济》2003 年第 6 期。
邓久根、贾根良：《英国因何丧失了第二次工业革命的领先地位?》，《经济社会体制比较》2015 年第 4 期。
董经胜：《巴西军队的派系之争与军政权的兴衰（1964—1985 年)》，《拉丁美洲研究》2010 年第 2 期。
董经胜：《拉丁美洲的民粹主义：理论与实证探讨》，《拉丁美洲研究》2017 年第 4 期。
董经胜：《巴西经典民粹主义的实验（20 世纪初至 1964 年)》，《拉丁美洲研究》2020 年第 1 期。
段居华：《巴西的民众主义——热图利奥主义》，《拉丁美洲丛刊》1985 年第 4 期。
方旭飞：《巴西左右政党的分野、变迁和前景》，《拉丁美洲研究》2020 年第 5 期。
费海汀：《政治科学中的历史方法：以比较历史分析为例》，《北大政治学评论》第 6 辑。
冯博、陆铭：《执政稳定、制度约束与经济增长》，《经济社会体制比较》2018 年第 2 期。
封凯栋：《发展转型与自主创新：基于工业革命历史经验的讨论》，《经济社会体制比较》2012 年第 6 期。
封凯栋、姜子莹：《国家在创新转型中的双重角色：创新理论视角下发展型国家兴衰对中国政策选择的启示》，《经济社会体制比较》2020 年第 6 期。
高程、王震：《大国崛起模式与中国的策略选择——基于大国崛起历史进程的比较分析》，《世界经济与政治》2020 年第 12 期。

韩震：《知识形态演进的历史逻辑》，《中国社会科学》2021 年第 6 期。

贺双荣：《巴西现代化进程与国际战略选择》，《拉丁美洲研究》2011 年第 5 期。

胡春立、赵建军：《技术范式的结构及其制度属性分析》，《科学技术哲学研究》2021 年第 2 期。

黄杰：《当政治遇上历史：比较历史分析方法（CHA）介绍》，《政治学研究》2020 年第 1 期。

黄琪轩：《技术大国起落的历史透视——政府主导的市场规模与技术进步》，《上海交通大学学报》（哲学社会科学版）2013 年第 2 期。

黄琪轩：《世界技术变迁的国际政治经济学——大国权力竞争如何引发了技术革命》，《世界政治研究》2018 年第 1 辑。

黄琪轩：《大国战略竞争与美国对华技术政策变迁》，《外交评论》2020 年第 3 期。

黄先海、宋学印：《准前沿经济体的技术进步路径及动力转换——从"追赶导向"到"竞争导向"》，《中国社会科学》2017 年第 6 期。

黄懿明、李艳华：《巴西航空制造产业技术创新模式研究》，《科技经济市场》2018 年第 10 期。

黄宗昊：《"发展型国家"理论的起源、演变与展望》，《政治学研究》2019 年第 5 期。

贾根良：《第三次工业革命与工业智能化》，《中国社会科学》2016 年第 6 期。

贾根良：《演化发展经济学与新结构经济学——哪一种产业政策的理论范式更适合中国国情》，《南方经济》2018 年第 1 期。

江时学：《文化因素与拉美、东亚的经济发展》，《太平洋学报》1999 年第 1 期。

江时学：《韩国与巴西工业化道路比较》，《当代亚太》2002 年第

4 期。
雷少华：《超越地缘政治——产业政策与大国竞争》，《世界经济与政治》2019 年第 5 期。
李滨、陈怡：《高科技产业竞争的国际政治经济学分析》，《世界经济与政治》2019 年第 3 期。
李进兵：《后发国家新兴产业竞争优势培育中的产业政策变迁研究——以巴西生物质能源产业为例》，《拉丁美洲研究》2016 年第 4 期。
李巍、李玙译：《解析美国对华为的“战争”——跨国供应链的政治经济学》，《当代亚太》2021 年第 1 期。
李巍、张梦琨：《空客崛起的政治基础——技术整合、市场拓展与战略性企业的成长》，《世界经济与政治》2021 年第 11 期。
李巍、李玙译：《解析美国的半导体产业霸权：产业权力的政治经济学分析》，《外交评论》2022 年第 1 期。
李向阳：《巴西的技术引进与经济发展》，《管理世界》1990 年第 6 期。
林毅夫：《后发优势与后发劣势——与杨小凯教授商榷》，《经济学（季刊）》2003 年第 4 期。
林毅夫、王燕：《新结构经济学：将“耐心资本”作为一种比较优势》，《开发性金融研究》2017 年第 1 期。
林毅夫、张鹏飞：《后发优势、技术引进和落后国家的经济增长》，《经济学（季刊）》2005 年第 1 期。
刘晨：《利益集团、权力结构与发展政策——对非洲国家经济发展的启示》，《世界经济与政治》2019 年第 6 期。
刘亮：《大宇造船关键技术专利布局的启示》，《企业管理》2020 年第 10 期。
刘露馨：《重塑“利维坦”——大国竞争与美国式发展型国家的建构》，《世界经济与政治》2022 年第 10 期。
柳卸林、葛爽、丁雪辰：《工业革命的兴替与国家创新体系的演化——从制度基因与组织基因的角度》,《科学学与科学技术管理》2019 年第 7 期。

路风、何鹏宇:《举国体制与重大突破 ——以特殊机构执行和完成重大任务的历史经验及启示》,《管理世界》2021 年第 7 期。

梅俊杰:《后发展学说与中国道路——以迪特 · 森哈斯的研究为视角》,《国外社会科学》2015 年第 1 期。

欧阳峣:《大国经济的特征及其层次性》,《光明日报》2014 年 7 月 30 日第 15 版。

曲博:《因果机制与过程追踪法》,《世界经济与政治》2010 年第 4 期。

任琳、黄宇韬:《技术与霸权兴衰的关系——国家与市场逻辑的博弈》,《世界经济与政治》2020 年第 5 期。

任星欣、余嘉俊:《持久博弈背景下美国对外科技打击的策略辨析——日本半导体产业与华为的案例比较》,《当代亚太》2021 年第 3 期。

宋霞:《“萨瓦托三角”创新模式的运行机制及历史地位》,《拉丁美洲研究》2021 年第 4 期。

唐新华:《西方“技术联盟”:构建新科技霸权的战略路径》,《现代国际关系》2021 年第 1 期。

唐新华:《技术政治时代的权力与战略》,《国际政治科学》2021 年第 2 期。

唐世平:《观念、行动和结果:社会科学的客体和任务》,《世界经济与政治》2018 年第 5 期。

田野;《大国竞争的根源:基于报酬递增机制的分析》,《中国社会科学》2022 年第 9 期。

王程韡、李纪珍:《数字电视产业的跨越式发展:中韩比较研究》,《科技管理研究》2005 年第 9 期。

王飞:《从“去工业化”到“再工业化”——中国与巴西的经济循环》,《文化纵横》2018 年第 6 期。

汪卫华：《拆解过程追踪》，《国际政治科学》2022 年第 2 期。
王勇、赵昌文、江深哲：《大国竞争中的技术遏制与反遏制》，《中国社会科学》2024 年第 6 期。
王玉柱：《发展阶段、技术民族主义与全球化格局调整——兼论大国政治驱动的新区域主义》，《世界经济与政治》2020 年第 11 期。
王卓宇：《巴西生物能源发展的成就与问题》，《拉丁美洲研究》2016 年第 1 期。
吴鹏、常远、陈广汉：《技术创新的中等收入分配效应：原创还是引进再创新》，《财经研究》2018 年第 7 期。
严剑峰：《巴西航空工业发展的历程、经验及启示》，《航空制造技术》2012 年第 3 期。
杨震、徐文姣：《海权理论视野下的韩国船舶工业研究》，《当代韩国》2022 年第 2 期。
叶成城、黄振乾、唐世平：《社会科学中的时空与案例选择》，《经济社会体制比较》2018 年第 3 期。
叶成城、郝诗楠：《政治学研究中的时间性：因果机制与事件的时间状态类型》，《复旦政治学评论》第二十一辑。
尹保云：《巴西与韩国的“官僚—威权主义”比较》，《拉丁美洲研究》1998 年第 5 期。
余泳泽、张先轸：《要素禀赋、适宜性创新模式选择与全要素生产率提升》，《管理世界》2015 年第 9 期。
余振、崔洁：《后发经济体在全球产业链重构中的弯道超车——历史经验及对中国的启示》，《国际展望》2024 年第 4 期。
郁振华：《当代英美认识论的困境及出路——基于默会知识维度》，《中国社会科学》2018 年第 7 期。
岳云霞、史沛然：《跨越“中等收入陷阱”：巴西与韩国比较研究》，《国家行政学院学报》2017 年第 2 期。
臧雷振、黄建军：《大政府还是小政府：灵巧型政府建构进路》，

《中国行政管理》2013 年第 7 期。

曾昭耀:《略论巴西近二十年来开放政策下的教育发展战略》,《外国教育动态》1986 年第 2 期。

张长东:《比较政治学视角下的国家理论发展》,《北大政治学评论》第 3 辑。

张国胜:《技术变革、范式转换与我国产业技术赶超》,《中国软科学》2013 年第 3 期。

张海丰、李国兴:《后发国家的技术追赶战略:产业政策、机会窗口与国家创新系统》,《当代经济研究》2020 年第 1 期。

张鸿武:《科技创新需重视技术基础设施建设》,《光明日报》2018 年 7 月 3 日第 11 版。

张日波:《马歇尔论经济生物学》,《经济学动态》2011 年第 10 期。

张帅:《巴西乙醇燃料发展的历史、特点及对中国的启示》,《西南科技大学学报》(哲学社会科学版)2017 年第 2 期。

张倩雨:《技术权力、技术生命周期与大国的技术政策选择》,《外交评论》2022 年第 1 期。

张倩雨:《劳动力流动性、生产组织变革与后发工业赶超——对 19 世纪中叶至 20 世纪初美国、德国和俄国的比较研究》,《世界经济与政治》2023 年第 1 期。

张倩雨:《技术创新的分配效应及其对国际竞争的影响》,《世界政治研究》2023 年第 4 辑。

张倩雨:《巴西工业技术发展缘何进展缓慢?——基于与韩国的比较研究》,《拉丁美洲研究》2024 年第 4 期。

张孝芳:《从欧洲之内到欧洲之外:现代国家形成理论的演进》,《教学与研究》2015 年第 8 期。

张彦华、张振华:《控制与抗争:韩国威权时期劳动体制演变的历史制度主义分析》,《韩国研究论丛》2016 年第二辑。

张宇、杨松:《巴西生物质能发展可持续性研究》,《拉丁美洲研究》2018 年第 3 期。

张宇燕：《跨越"大国赶超陷阱"》，《世界经济与政治》2018年第1期。

张跃然：《将阶级带回"发展型国家"——政治社会学、历史社会学与社会科学中的理论发展》，《社会学评论》2021年第6期。

张振华：《发展型国家视野下的中国道路：比较与启示》，《学海》2018年第6期。

郑晓松：《社会塑形技术的三种路径》，《哲学分析》2017年第5期。

郑宇：《全球化、工业化与经济追赶》，《世界经济与政治》2019年第11期。

周强：《补偿何时能换来对全球化的支持——嵌入式自由主义、劳动力流动性与开放经济》，《世界经济与政治》2018年第10期。

周强、陈兆源：《经济危机、政治重组与西方民粹主义——基于国内政治联盟的形式模型与经验检验》，《世界经济与政治》2019年第11期。

周强、蒋光明：《经济危机与周期性政治重组》，《世界经济与政治》2021年第9期。

周晚秋、娄春、何子林、傅峻涛：《巴西生物燃料技术现状与发展》，《中外能源》2017年第6期。

二　英文部分

（一）专著及编著

A. E. Van Niekerk, *Populism and Political Development in Latin America*, Rotterdam: Rotterdam University Press, 1974.

Alexander George and Andrew Bennett, *Case Studies and Theory Development in the Social Sciences*, Cambridge: MIT Press, 2005.

Alexander Gerschenkron, *Economic Backwardness in Historical Perspective*, Cambridge: Harvard University Press, 1962.

Alfred D. Chandler, Jr. , *Scale and Scope: The Dynamics of Industrial*

Capitalism, Massachusetts: The Belknap Press of Harvard University Press, 1990.

Alfred D. Chandler, Jr. , *The Visible Hand: The Managerial Revolution in American Business*, Massachusetts: The Belknap Press of Harvard University Press, 1999.

Alfred Stepan, ed. , *Democratizing Brazil: Problems of Transition and Consolidation*, New York: Oxford University Press, 1989.

Alice H. Amsden, *Asia's Next Giant: South Korea and Late Industrialization*, New York: Oxford University Press, 1989.

Andrew C. Nahm, *Korea: Tradition and Transformation—A History of the Korean People*, Seoul: Hollym International Corporation, 1988.

Antonio Dias Leite, *Energy in Brazil: Towards a Renewable Energy Dominated System*, London: Routledge, 2009.

Atul Kohli, *State-Directed Development: Political Power and Industrialization in the Global Periphery*, Cambridge: Cambridge University Press, 2004.

Barro Robert and Jong-Wha Lee, "A New Data Set of Educational Attainment in the World, 1950 - 2010", *NBER Working Paper*, April 2010, No. 15902.

Ben Crow, Mary Thorpe and David Wield, eds. , *Survival and Change in the Third World*, Cambridge: Oxford University Press, 1988.

Bill Clinton, *Back to Work: Why We Need Smart Government for a Strong Economy*, New York: Knopf, 2011.

Bon Ho Koo and Dwight H. Perkins, eds. , *Social Capability and Long-term Economic Growth*, New York: St. Martin Press, 1995.

Bruce W. Farcau, *The Transition to Democracy in Latin America: The Role of the Military*, Westport: Praeger, 1996.

Carlota Perez, *Technological Revolution and Financial Capital: The Dynamics of Bubbles and Golden Ages*, Cheltenham: Edward Elgar, 2002.

Carter J. Eckert, *Offspring of Empire: The Koch'ang Kims and the Colonial Origins of Korean Capitalism, 1876 – 1945*, Seattle: University of Washington Press, 2014.

Chalmers Johnson, *MITI and the Japanese Miracle: The Growth of Industrial Policy 1925 – 1975*, California: Stanford University Press, 1982.

Changwon Lee and Sarosh Kuruvilla, eds., *The Transformation of Industrial Relations in Large Size Enterprise in Korea: Appraisals of Korean Enterprise Unionism*, Seoul: Korea Labor Institute, 2006.

Charles Edquist, ed., *Systems of Innovation: Technologies, Institutions and Organizations*, Oxon: Routledge, 2005.

Charles Tilly, *Big Structures, Large Processes, Huge Comparisons*, New York: Russell Sage Foundation, 1984.

Chris Freeman and FranciscoLouçã, *As Time Goes By: From the Industrial Revolutions to the Information Revolution*, Oxford: Oxford University Press, 2001.

Christopher Engholm, *When Business East Meets Business West: The Guide to Practice and Protocol in the Pacific Rim*, New York: John Wiley & Sons, 1991.

Clayton Christensen, *The Innovator's Dilemma: When New Technologies Cause Great Firms to Fail*, Boston: Harvard Business School Press, 1997.

Darcy Gerbarg, ed., *The Economics, Technology and Content of Digital TV*, Boston: Kluwer Academic Publishers, 1999.

Daron Acemoglu and James Robinson, *Economic Origins of Dictatorship and Democracy*, New York: Cambridge University Press, 2006.

David C. Cole and Princeton N. Lyman, *Korean Development: The Interplay of Politics and Economics*, Cambridge: Harvard University Press, 1971.

David Collier, ed. , *The New Authoritarianism in Latin America*, Princeton: Princeton University Press, 1979.

Diane E. Davis, *Discipline and Development: Middle Classes and Prosperity in East Asia and Latin America*, New York: Cambridge University Press, 2004.

E. Bradford Burns, *A History of Brazil*, New York: Columbia University Press, 1993.

Edward S. Mason, Mahn Je Kim, Dwight H. Perkins, Kwang Suk Kim and David C. Cole, *The Economic and Social Modernization of the Republic of Korea*, Cambridge: Harvard University Press, 1980.

Erik S. Reinert, *How Rich Countries Got Rich and Why Poor Countries Stay Poor*, New York: Carroll & Graf, 2007.

Estanislao Gacitúa Marió and Michael Woolcock, *Social Exclusion and Mobility in Brazil*, Washington, D. C. : The World Bank, 2008.

Eul-Song Pang, *The International Political Economy of Transformation in Argentina, Brazil, and Chile since 1960*, Hampshire: Palgrave Macmillan, 2002.

Frederic C. Deyo, ed. , *The Political Economy of the New Asian Industrialism*, Ithaca: Cornell University Press, 1984.

Gary Gereffi and Donald L. Wyman, *Manufacturing Miracles: Paths of Industrialization in Latin American and East Asia*, Princeton: Princeton University Press, 1990.

Geert Hofstede, Gert Jan Hofstede and Michael Minkov, *Cultures and Organizations: Software of the Mind-Intercultural Cooperation and Its Importance for Survival*, New York: McGraw Hill, 2010.

Geoffrey A. Moore, *Crossing the Chasm: Marketing and Selling High-tech Products to Mainstream Customers (Revised Edition)*, Harper Collins E-book, 2001.

Geoffrey M. Hodgson, *Evolution and Institutions: On Evolutionary Economics and the Evolution of Economics*, London: Edward Elgar, 1999.

George E. Ogle, *South Korea: Dissent within the Economic Miracle*, London: Zed Books, 1990.

George Steinmetz, ed., *The Politics of Method in the Human Sciences: Positivism and Its Epistemological Others*, Durham: Duke University Press, 2005.

Giovanni Dosi, et al., eds., *Technical Change and Economic Theory*, London: Pinter Pub., 1988.

Guillermo A. O' Donnell, *Modernization and Bureaucratic-Authoritarianism: Studies in South American Politics*, Berkeley: University of California, 1973.

Hahn-been Lee, *Korea: Time, Change and Administration*, Honolulu: East-West Press, 1968.

Ha-Joon Chang, *Kicking Away the Ladder: Development Strategy in Historical Perspective*, London: Anthem Press, 2002.

Herman Kahn, *World Economic Development: 1979 and Beyond*, Boulder: Westview Press, 1979.

Hollis Chenery, Sherman Robinson and Moshe Syrquin, *Industrialization and Growth: A Comparative Study*, New York: Oxford University Press, 1986.

Hyung-A Kim and Clark W. Sorenson, eds., *Reassessing the Park Chung Hee Era, 1961 – 1979: Development, Political Thought, Democracy, and Cultural Influence*, Seattle: University of Washington Press, 2011.

James M. Malloy, ed., *Authoritarianism and Corporatism in Latin America*, Pittsburgh: University of Pittsburgh Press, 1977.

James Mahoney and Dietrich Rueschemeyer, *Comparative Historical Analysis in the Social Sciences*, New York: Cambridge University Press, 2003.

James Mahoney and Kathleen Thelen, *Advances in Comparative-Historical*

Analysis, New York: Cambridge University Press, 2015.

James W. Wilkie, *Statistical Abstract of Latin America Hardcover*, *Volume 32*, Oakland: University of California Press, 1997.

JangJip Choi, *Labor and the Authoritarian State: Labor Unions in South Korean Manufacturing Industries, 1961 - 1980*, Seoul: Korea University Press, 1989.

Jang-Sup Shin, *The Economics of The Latecomers: Catching-up, Technology Transfer and Institutions in Germany, Japan and South Korea*, London: Routledge, 1996.

Joel Mokyr, *The Lever of Riches: Technological Creativity and Economic Progress*, New York: Oxford University Press, 1990.

John Cantwell and Takabumi Hayashi, eds., *Paradigm Shift in Technologies and Innovation Systems*, Singapore: Springer, 2019.

John D. Wirth, *Minas Gerais in the Brazilian Federation, 1889 - 1937*, Stanford: Stanford University Press, 1977.

John Gerring, *Case Study Research: Principles and Practices*, New York: Cambridge University Press, 2007.

John Irvine and Ben R. Martin, *Foresight in Science Policy: Picking the Winners*, London: Frances Pinter, 1984.

Jose Maria Bello, *A History of Modern Brazil, 1889 - 1964*, Translated from the Portuguese by James L. Taylor, Stanford: Stanford University Press, 1966.

Joseph E. Stiglitz and Bruce C. Greenwald, *Creating a Learning Society: A New Approach to Growth, Development, and Social Progress*, New York: Columbia University Press, 2014.

Juan Eduardo Santarcangelo, ed., *The Manufacturing Sector in Argentina, Brazil, and Mexico: Transformations and Challenges in the Industrial Core of Latin America*, Gewerbestrasse: Palgrave Macmillan, 2019.

Jung-en Woo, *Race to the Swift: State and Finance in Korean*

Industrialization, New York: Columbia University Press, 1991.

Kazou Koike, *Understanding Industrial Relations in Modern Japan*, Hampshire: Macmillan Press, 1988.

Keun Lee, *New East Asian Economic Development: Interacting Capitalism and Socialism*, New York: M. E. Sharpe, 1993.

Keun Lee, *Schumpeterian Analysis of Economic Catch-up: Knowledge, Path-Creation, and the Middle-Income Trap*, New York: Cambridge University Press, 2013.

Lawrence Harrison, *Who Prosper? How Cultural Values Shape Economic and Political Success*, New York: Basic Books, 1992.

Leslie Bethell, *Brazil: Essays on History and Politics*, London: Institute of Latin American Studies, 2018.

Linda Weiss and John M. Hobson, *States and Economic Development: A Comparative Historical Analysis*, Cambridge: Polity Press, 1995.

Linda Weiss, *America Inc.: Innovation and Enterprise in the National Security State*, Ithaca: Cornell University Press, 2014.

Linsu Kim, *Imitation to Innovation: The Dynamics of Korea's Technological Learning*, Boston: Harvard Business School Press, 1997.

Linsu Kim, *Technological Transformation in Korea: Progress Achieved and Problems Ahead*, Helsinki: World Institute for Development Economic Research, 1987.

Luís Augusto Barbosa Cortez, ed., *Roadmap for Sustainable Aviation Biofuels for Brazil: A Flightpath to Aviation Biofuels in Brazil*, Sao Paulo: Blucher, 2014.

Luiz Bresser Pereira, *Development and Crisis in Brazil, 1930 – 1983*, Boulder: Westview Press, 1984.

Lydon B. Johnson, ed., *Policymaking in a Newly Industrialized Nation: Foreign and Domestic Policy Issues in Brazil*, Austin: The University of Texas Press, 1988.

Mancur Olson, *Power and Prosperity: Outgrowing Communist and Capitalist Dictatorship*, New York: Basic Books, 2000.

Mancur Olson, *The Rise and Decline of Nations: Economic Growth, Stagflation, and Social Rigidities*, New Haven: Yale University Press, 1982.

Manuel Riesco, ed. , *Latin America: A New Developmental Welfare State Model in the Making?*, New York: Palgrave Macmillan, 2007.

Maria Helena Moreira Alves, *State and Opposition in Military Brazil*, Austin: University of Texas Press, 1985.

Mariana Mazzucato, *The Entrepreneurial State: Debunking Public vs. Private Sector Myths*, London: Anthem Press, 2013.

Mark Zachary Taylor, *The Politics of Innovation: Why Some Countries are Better than Others at Science and Technology*, New York: Oxford University Press, 2016.

Martin Fransman and Kenneth King, eds. , *Technological Capability in the Third World*, London: The Macmillan Press, 1984.

Masahiko Aoki, Hyung-Ki Kim and Masahiro Okuno-Fujiwara, eds. , *The Role of Government in East Asian Economic Development*, New York: Oxford University Press, 1996.

Masahiko Aoki, Timur Kuran and Gérard Roland, eds. , *Institutions and Comparative Economic Development*, London: Palgrave Macmillan, 2012.

Moses Abramovitz, *Thinking about Growth: And Other Essays on Economic Growth and Welfare*, New York: Cambridge University Press, 1989.

Myung Hun Kang, *The Korean Business Conglomerate: Chaebol Then and Now*, Berkeley: University of California, 1996.

Nathan Rosenberg and Claudio R. Frischtak, eds. , *International Technology Transfer: Concepts, Measures, and Comparisons*, New York: Praeger, 1985.

Noel F. McGinn, Donald R. Snodgrass, Yung Bong Kim, Shin-bok Kim and

Quee-Young Kim, *Education and Development in Korea*, Cambridge: Harvard University Press, 1980.

Norman Jacobs, *The Korea Road to Modernization and Development*, Urbana and Chicago: University of Illinois Press, 1985.

Oliver J. Dinnius, *Brazil's Steel City: Developmentalism, Strategic Power and Industrial Relations in Volta Redonda, 1941 - 1964*, Redwood City: Stanford University Press, 2001.

Paul Pierson, *Politics in Time: History, Institutions and Social Analysis*, New Jersey: Princeton University Press, 2004.

Paul Prebisch, *The Economic Development of Latin America and Its Principal Problems*, New York: United Nations, 1950.

Peter Evans, *Dependent Development: The Alliance of Multinational, State, and Local Capital in Brazil*, Princeton: Princeton University Press, 1979.

Peter Evans, *Embedded Autonomy: State and Industrial Transformation*, Princeton: Princeton University Press, 1995.

Peter Evans, et al., eds., *Bringing the State Back in*, Cambridge: Cambridge University Press, 1985.

Peter F. Klaren and Thomas J. Bossert, eds., *Promise of Development: Theories of Change in Latin America*, New York: Routledge, 1986.

Peter J. Katzenstein, ed., *Between Power and Plenty: Foreign Economic Policies of Advanced Industrial States*, Madison: University of Wisconsin Press, 1978.

Peter R. Morris, *A History of the World Semi-Conductor Industry*, London: The Institution of Engineering and Technology, 2008.

Peter L. Berger and Hsin-Huang Michael Hsiao, eds., *In Search of an East Asian Development Model*, New Brunswick and New Jersey: Routledge, 1988.

Richard Lachmann, *State and Power*, Cambridge: Polity Press, 2010.

Richard R. Nelson, *The Sources of Economic Growth*, Massachusetts: Harvard University Press, 1996.

Richard Stubbs, *Rethinking Asia's Economic Miracle: The Political Economy of War, Prosperity and Crisis*, Basingstoke: Palgrave Macmillan, 2005.

Riordan Roett, *Brazil: Politics in a Patrimonial Society*, Westport: Praeger, 1992.

Riordan Roett, *Brazil: Politics in a Patrimonial Society*, Westport: Praeger, 1992.

Robert Havighurst and Roberto J. Moreira, *Society and Education in Brazil*, Pittsburgh: University of Pittsburgh Press, 1965.

Robert M. Solow, *Growth Theory: An Exposition*, Oxford: Oxford University Press, 1970.

Robert Wade, *Governing the Market: Economy Theory and the Role of Government in East Asian Industrialization*, Princeton: Princeton University Press, 1990.

Roger Southall, ed. , *Labor and Unions in Asia and Africa: Contemporary Issues*, London: Macmillan, 1988.

Ronald M. Schneider, "*Order and Progress*": *A Political History of Brazil*, Boulder: Westview Press, 1991.

Ruth B. Collier and David Collier, *Shaping the Political Arena: Critical Junctures, the Labor Movement, and Regime Dynamics in Latin America*, Princeton: Princeton University Press, 1991.

Sang-Chul Suh, *Growth and Structural Changes in the Korean Economy, 1910 – 1940*, Cambridge: Harvard University Press, 1978.

Sebastián Mazzuca, *Latecomer State Formation: Political Geography and Capacity Failure in Latin America*, New Haven: Yale University Press, 2021.

Se-Jin Kim, *The Politics of Military Revolution in Korea*, Chapel Hill: University of North Carolina Press, 1971.

Sidney G. Winter and Richard R. Nelson, *An Evolutionary Theory of Economic Change*, Cambridge: Belknap Press, 1982.

Silvio Silvério da Silva and Anuj Kumar Chandel eds., *Biofuels in Brazil: Fundamental Aspects, Recent Developments, and Future Perspectives*, New York: Springer, 2014.

Simon Schwartzman, *A Space for Science: The Development of the Scientific Community in Brazil*, Pennsylvania: The Pennsylvania State University Press, 1991.

Soon Won Park, *Colonial Industrialization and Labor in Korea: The Onada Cement Factory*, Cambridge: Harvard University Press, 2000.

Stephan Haggard and Robert R. Kaufman, *Development, Democracy, and Welfare States: Latin America, East Asia, and Eastern Europe*, Princeton: Princeton University Press, 2008.

Stephan Haggard, *Pathways from the Periphery: The Politics of Growth in the Newly Industrializing Countries*, Ithaca: Cornell University Press, 1990.

Sunhyuk Kim, *The Politics of Democratization in Korea: The Role of Civil Society*, Pittsburgh: University of Pittsburgh Press, 2000.

Sylvia Ann Hewlett and Richard S. Weinert, eds., *Brazil and Mexico: Patterns in Late Development*, Philadelphia: Institute for the Study of Human Issues, 1982.

Thomas Clarke and Keun Lee, eds., *Innovation in the Asia Pacific: From Manufacturing to the Knowledge Economy*, Singapore: Springer, 2018.

Thomas E. Skidmore, *Politics in Brazil, 1930 – 1964: An Experiment in Democracy*, New York: Oxford University Press, 1967.

Thomas E. Skidmore, *The Politics of Military Rule in Brazil, 1964 – 1985*, New York: Oxford University Press, 1988.

Tuong Vu, *Paths to Development in Asia: South Korea, Vietnam, China, and Indonesia*, New York: Cambridge University Press, 2010.

Vivek Chibber, *Locked in Place: State-Building and Late Industrialization in India*, Princeton: Princeton University Press, 2003.

W. Brian Arthur, *Increasing Returns and Path Dependence in the Economy*, Ann Arbor: The University of Michigan University, 1994.

Walt W. Rostow, *Politics and the Stages of Growth*, New York: Cambridge University Press, 1971.

Walt W. Rostow, *The Stages of Economic Growth: A Non-Communist Manifesto*, New York: Cambridge University Press, 1960.

Walt W. Rostow, *Why the Poor Get Richer and the Rich Slow Down*, Austin: University of Texas Press, 1980.

Walther G. Hoffmann, *Growth of Industrial Economies*, Manchester: Manchester University Press, 1958.

Werner Baer and Joseph S. Tulchin, eds., *Brazil and the Challenge of Economic Reform*, Washington, D. C.: Woodrow Wilson Center Press, 1993.

Werner Baer, *Industrialization and Economic Development in Brazil*, New York: Columbia University Press, 1983.

Werner Baer, *The Brazilian Economy: Growth and Development*, *6th Edition*, Boulder: Lynne Rienner Publishers, 2008.

Wiebe E. Bijker, et al., eds., *The Social Construction of Technological Systems: New Directions in the Sociology and History of Technology*, Massachusetts: The MIT Press, 1989.

William G. Tyler, *The Brazilian Industrial Economy*, Lexington: Heath & Co., 1981.

William Hardy McNeil, *The Pursuit of Power: Technology, Armed Force, and Social since A. D. 1000*, Chicago: Chicago University Press, 1984.

William Kingston, *The Political Economy of Innovation*, The Hague: Martinus Nijhoff Publishers, 1984.

William Lazonick, *Business Organization and the Myth of the Market Economy*, New York: Cambridge University Press, 1991.

William Lazonick, *Competitive Advantage on the Shop Floor*, Cambridge: Harvard University Press, 1990.

World Bank, *Building Institutions for Markets*, New York: Oxford University Press, 2002.

World Bank, *Economic Growth in the 1990s: Learning from a Decade of Reform*, Washington, DC: World Bank, 2005.

World Bank, *The East Asian Miracle: Economic Growth and Public Policy*, New York: Oxford University Press, 1993.

World Bank, *World Development Report: The State in a Changing World*, New York: Oxford University Press, 1997.

Yeon-ho Lee, *The State, Society and Big Business in South Korea*, London: Routledge, 1997.

Yong-Pyo Hong, *State Security and Regime Security: President Syngman Rhee and the Insecurity Dilemma in South Korea, 1953 – 1960*, New York: Palgrave Macmillan, 2000.

Yoon-kyung Lee, *Militants or Partisans: Labor Unions and Democratic Politics in Korea and Taiwan*, Stanford: Stanford University Press, 2011.

（二）期刊论文

Adam Fishwick, "Labor Control and Developmental State Theory: A New Perspective on Import-Substitution Industrialization in Latin America", *Development and Change*, Vol. 50, No. 3, 2018.

Adrian Leftwich, "Bringing Politics Back In: Toward a Model of the Developmental State", *Journal of Development Studies*, Vol. 31, No. 3, 1995.

Alexandre Salem Szklo, et al., "Brazilian Energy Policies Side-effects on CO_2 Emissions Reduction", *Energy Policy*, Vol. 33, No. 3, 2005.

Alice H. Amsden, "Why isn't the Whole World Experimenting with the East Asian Model to Develop? Review of the East Asian Miracle", *World Development*, Vol. 22, No. 4, 1994.

Álvaro Parra, "Sequential Innovation, Patent Policy, and the Dynamics of the Replacement Effect", *RAND Journal of Economics*, Vol. 50, No. 3, 2019.

Andrea Gilli and Mauro Gilli, "Why China Has Not Caught Up Yet: Military-Technological Superiority and the Limits of Imitation, Reverse Engineering, and Cyber Espionage", *International Security*, Vol. 43, No. 3, 2019.

Andrea Goldstein, "EMBRAER: From National Champion to Global Player", *CEPAL Review*, No. 77, 2002.

Andrew B. Kennedy and Darren J. Lim, "The Innovation Imperative: Technology and US-China Rivalry in the Twenty-first Century", *International Affairs*, Vol. 94, No. 3, 2018.

Andrew E. Green, "South Korea's Automobile Industry: Development and Prospects", *Asian Survey*, Vol. 32, No. 5, 1992.

Arend Lijphart, "Comparative Politics and the Comparative Method", *American Political Science Review*, Vol. 65, No. 3, 1971.

Arend Lijphart, "The Comparative-Cases Strategy in Comparative Research", *Comparative Political Studies*, Vol. 8, No. 2, 1975.

Ashok V. Desai, "India's Technological Capability: An Analysis of Its Achievements and Limits", *Research Policy*, Vol. 13, No. 5, 1984.

Atul Kohli, "Where Do High Growth Political Economies Come from? The Japanese Lineage of Korea's 'Developmental State'", *World Development*, Vol. 22, No. 9, 1994.

Atul Kohli, Peter Evans, Peter J. Katzenstein, Adam Przeworski, Susanne Hoeber Rudolph, James C. Scott and Theda Skocpol, "The Role of Theory in Comparative Politics: A Symposium", *World Politics*, Vol. 48,

No. 1, 2011.

Bernard M. Hoekman, Keith E. Maskus and Kamal Saggi, "Transfer of Technology to Developing Countries: Unilateral and Multilateral Policy Options", *World Development*, Vol. 33, No. 10, 2005.

Bernardo Stuhlberger Wjuniski, "Education and Development Projects in Brazil (1930 - 2008): A Political Economy Perspective", *Brazilian Journal of Political Economy*, Vol. 33, No. 1, 2013.

Bret L. Billet, "South Korea at the Crossroads: An Evolving Democracy or Authoritarianism Revisited?", *Asian Survey*, Vol. 30, No. 3, 1990.

Bruce Cumings, "The Origins and Development of the Northeast Asian Political Economy: Industrial Sectors, Product Cycles, and Political Consequences", *International Organization*, Vol. 38, No. 1, 1984.

Carles Boix and Milan W. Svolik, "The Foundations of Limited Authoritarian Government: Institutions, Commitment, and Power-Sharing in Dictatorships", *The Journal of Politics*, Vol. 75, No. 2, 2013.

Carlota Perez, "Structural Change and Assimilation of New Technologies in The Economic and Social Systems", *Futures*, Vol. 15, No. 4, 1983.

Carlota Perez, "Technological Revolutions and Techno-economic Paradigms", *Cambridge Journal of Economics*, Vol. 34, No. 1, 2010.

Carmem Aparecida Feijo and Marcos Tostes Lamonica, "The Importance of the Manufacturing Sector for Brazilian Economic Development", *CEPAL Review*, No. 107, 2012.

Chi Ling Chan, "Fallen Behind: Science, Technology, and Soviet Statism", *Intersect*, Vol. 8, No. 3, 2015.

Christos Pitelis and Jochen Runde, "Capabilities, Resources, Learning and Innovation: A Blueprint for a Post-Classical Economics and Public Policy", *Cambridge Journal of Economics*, Vol. 41, No. 3, 2017.

Chung H. Lee, "The Government Financial System and Large Private

Enterprise in the Economic Development of South Korea", *World Development*, Vol. 20, No. 2, 1992.

D. A. Irwin and N. Pavcnik, "Airbus versus Boeing Revisited: International Competition in the Aircraft Market", *Journal of International Economics*, Vol. 64, 2004.

Dan Slater and Erica Simmons, "Information Regress: Critical Antecedent in Comparative Politics", *Comparative Political Studies*, Vol. 43, No. 7, 2010.

Daniel W. Drezner, "State Structure, Technological Leadership and the Maintenance of Hegemony", *Review of International Studies*, Vol. 27, No. 1, 2001.

Daniel W. Drezner, "Technological Change and International Relations", *International Relations*, Vol. 33, No. 2, 2019.

Daniele Archibugi and Simona Iammarino, "The Globalization of Technological Innovation: Definition and Evidence", *Review of International Political Economy*, Vol. 9, No. 1, 2002.

Drew Fudenberg and Jean Tirole, "Capital as a Commitment: Strategic Investment to Deter Mobility", *Journal of Economic Theory*, Vol. 31, No. 2, 1983.

Elise S. Brezis, Paul R. Krugman and Daniel Tsiddon, "Leapfrogging in International Competition: A Theory of Cycles in National Technological Leadership", *The American Economic Review*, Vol. 83, No, 5, 1993.

Emilio Lèbre La Rovere, André Santos Pereira and André Felipe Simões, "Biofuels and Sustainable Energy Development in Brazil", *World Development*, Vol. 39, No. 6, 2011.

Espen Moe, "Mancur Olson and Structural Economic Change: Vested Interests and the Industrial Rise and Fall of the Great Powers", *Review of International Political Economy*, Vol. 16, No. 2, 2009.

Franklin F. Mendels, "Social Mobility and Phases of Industrialization",

The Journal of Interdisciplinary History, Vol. 7, No. 2, 1976.

Ga Hyung Kim and Jai S. Mah, "Technology Acquisition in Korea's Automobile Industry", *Perspectives on Global Development and Technology*, Vol. 17, No. 4, 2018.

Geert Hofstede and Michael H. Bond, "The Confucius Connection: From Culture Roots to Economic Growth", *Organizational Dynamics*, Vol. 16, No. 4, 1988.

Giovanni Dosi, "Sources, Procedures, and Microeconomic Effects of Innovation", *Journal of Economic Literature*, Vol. 26, No. 3, 1988.

Giovanni Dosi, "Technological Paradigms and Technological Trajectories: A Suggested Interpretation of the Determinants and Directions of Technical Change", *Research Policy*, Vol. 11, No. 3, 1982.

Gordon White, "Developmental States and Socialist Industrialization in the Third World", *Journal of Development Studies*, Vol. 21, No. 1, 1984.

Hae-Geon Lee, "Research Efforts of GIFT, A Graduate Institute in All That Is Steel: With an Example of Recent Achievement on Light-Weight Steel Development", *ISIJ International*, Vol. 57, No. 2, 2017.

Harry G. Johnson, "Technological Change and Comparative Advantage: An Advanced Country's Viewpoint", *Journal of World Trade*, Vol. 9, No. 1, 1975.

Helen V. Milner and Sondre Ulvund Solstad, "Technological Change and International System", *World Politics*, Vol. 73, No. 3, 2021.

Hyung-A Kim, "Industrial Warriors: South Korea's First Generation of Industrial Workers in Post-Developmental Korea", *Asian Studies Review*, Vol. 37, No. 4, 2013.

Ingrid Robeyns, "Three Models of Education: Rights, Capabilities and Human Capital", *Theory and Research in Education*, Vol. 4, No. 1,

2006.

James Mahoney, "Process Tracing and Historical Explanation", *Security Studies*, Vol. 24, No. 2, 2015.

Jan Fagerberg, "A Technology Gap Approach to Why Growth Rates Differ", *Research Policy*, Vol. 16, No. 2, 1987.

Jeffrey L. Furman and Richard Hayes, "Catching up or Standing Still? National Innovative Productivity among 'Follower' Countries, 1978 - 1999", Research Policy, Vol. 33, No. 9, 2004.

Jeffrey Sachs, Wing Woo and Xiaokai Yang, "Economic Reforms and Constitutional Transition", *Annals of Economics and Finance*, Vol. 1, No. 2, 2000.

Jie Mao, Shiping Tang, Zhiguo Xiao and Qiang Zhi, "Industrial Policy Intensity, Technological Change, and Productivity Growth: Evidence from China", *Research Policy*, Vol. 50, No. 7, 2021.

Jingjing Huoand Hui Feng, "The Political Economy of Technological Innovation and Employment", *Comparative Political Studies*, Vol. 43, No. 3, 2010.

Jin-joo Lee, Zong-tae Bae and Dong-Kyu Choi, "Technology Development Processes: A Model for a Developing Country with a Global Perspective", *R&D Management*, Vol. 18, No. 3, 1988.

John C. Matthews Ⅲ, "Current Gains and Future Outcomes: When Cumulative Relative Gains Matter", *International Security*, Vol. 21, No. 1, 1996.

John Wilkinson and Selena Herrera, "Biofuels in Brazil: Debates and Impacts", *Journal of Peasant Studies*, Vol. 37, No. 4, 2010.

Joseph E. Stiglitz, "Rethinking Development Economics", *The World Bank Research Observer*, Vol. 26, No. 2, 2011.

Karen L. Remmer and Gilbert W. Merkx, "Bureaucratic-Authoritarianism Revisited", *Latin American Research Review*, Vol. 17, No. 2, 1982.

Kenneth Arrow, "The Economic Implication of Learning by Doing", *Review of Economic Studies*, Vol. 29, No. 3, 1962.

Keun Leeand Chaisung Lim, "Technological Regimes, Catching-up and Leapfrogging: Findings from the Korean Industries", *Research Policy*, Vol. 30, No, 3, 2001.

Keun Lee, "Making a Technological Catch-up: Barriers and Opportunities", *Asian Journal of Technology Innovation*, Vol. 13, No. 2, 2005.

Keun Lee, Chaisung Lim and Wichin Song, "Emerging Digital Technology as a Window of Opportunity and Technological Leapfrogging: Catch-up in Digital TV by the Korea Firms", *International Journal of Technology Management*, Vol. 29, No. 1, 2005.

Kyong-Dong Kim, "Political Factors in the Formation of the Entrepreneurial Elite in South Korea", *Asian Survey*, Vol. 16, No. 5, 1976.

Kyoo-Ho Park and Keun Lee, "Linking the Technological Regime to the Technological Catch-up: Analysis of Korea and Taiwan Using the US Patent Data", *Industrial and Corporate Change*, Vol. 15, No. 4, 2006.

Langdon Winner, "Upon Opening the Black Box and Finding It Empty: Social Constructivism and the Philosophy of Technology", *Science, Technology, and Human Values*, Vol. 18, No. 3, 1993.

Linda Weiss and Elizabeth Thurbon, "Developmental State or Economic Statecraft? Where, Why and How the Difference Matters", *New Political Economy*, Vol. 26, No. 3, 2021.

Linsu Kim and Youngbae Kim, "Innovation in a Newly Industrialization Country: A Multiple Discrimination Analysis", *Management Science*, Vol. 31, No. 3, 1985.

Linsu Kim, "The Dynamics of Samsung's Technological Learning in Semi-Conductors", *California Management Review*, Vol. 39, No. 3, 1997.

Mancur Olson, "Dictatorship, Democracy, and Development", *The*

American Political Science Review, Vol. 87, No. 3, 1993.

Margaret E. Peters, "Open Trade, Closed Borders: Immigration in the Era of Globalization", *World Politics*, Vol. 67, No. 1, 2015.

Margaret E. Peters, "Trade, Foreign Direct Investment, and Immigration Policy Making in the United States", *International Organization*, Vol. 68, No. 4, 2014.

Mark Zachary Taylor, "Toward an International Relations Theory of National Innovation Rates", *Security Studies*, Vol. 21, No. 1, 2012.

Michael G. Harvey, "Application of Technology Life Cycles to Technology Transfers", *The Journal of Business Strategy*, Vol. 5, No. 2, 1984.

Michael J. Hiscox, "Class Versus Industry Cleavages: Inter-Industry Factor Mobility and the Politics of Trade", *International Organization*, Vol. 55, No. 1, 2001.

Michael Wallerstein, "The Collapse of Democracy in Brazil: Its Economic Determinants", *Latin America Research Review*, Vol. 153, No. 3, 1980.

Minho Kuk, "The Government Role in the Making of Chaebol in the Industrial Development of South Korea", *Asian Perspective*, Vol. 12, No. 1, 1988.

Moses Abramovitz, "Catching Up, Forging Ahead, and Falling Behind", *The Journal of Economic History*, Vol. 46, No. 2, 1986.

Noela Invernizzi, "Science and Technology Policy in Transition: New Challenges for Cardoso's Legacy", *International Journal of Technology and Globalization*, Vol. 1, No. 2, 2005.

Odd Einar Olsen and Ole Andreas Engen, "Technological Change as a Trade-off between Social Construction and Technological Paradigm", *Technology in Society*, Vol. 29, No. 4, 2007.

Oded Galor and Ömer Özak, "The Agricultural Origins of Time Preference", *American Economic Review*, Vol. 106, No. 10, 2016.

Paul A. David, "Clio and the Economics of QWERTY", *The American*

Economic Review, Vol. 75, No. 2, 1985.

Paul Krugman, "Increasing Returns and Economic Geography", *Journal of Political Economy*, Vol. 99, No. 3, 1991.

Paul M. Romer, "Idea Gaps and Object Gaps in Economic Development", *Journal of Monetary Economics*, Vol. 32, No. 3, 1993.

Paul M. Romer, "Increasing Returns and Long-Run Growth", *Journal of Political Economy*, Vol. 94, No. 5, 1986.

PaulinaCalfucoy, "The Brazilian Experience in Building a Sustainable and Competitive Biofuel Industry", *Wisconsin International Law Journal*, Vol. 30, No. 3, 2012.

Peter J. Katzenstein, "Internationla Relations and Domestic Structures: Foreign Economic Policies of Advanced Industrial States", *International Organization*, Vol. 30, No. 1, 1976.

Qiang Zhou, "Endogenizing Labor Mobility: A Partisan Politics Explanation", *International Interactions*, Vol. 43, No. 4, 2017.

Rachel van Elkan, "Catching up and Slowing down: Learning and Growth Patterns in an Open Economy", *Journal of International Economics*, Vol. 41, No. 1, 1996.

Renato P. Colistete, "Productivity, Wages, and Labor Politics in Brazil, 1945 – 1962", *The Journal of Economic History*, Vol. 67, No. 1, 2007.

Rhys Jenkins, "The Political Economy of Industrial Policy: Automobile Manufacture in the NewlyIndustrialising Countries", *Cambridge Journal of Economics*, Vol. 19, No. 5, 1995.

Richard H. Franke, Geert Hofstede and Michael H. Bond, "Culture Roots of Economic Performance: A Research Note", *Strategic Management Journal*, Vol. 12, Special Issue, 1991.

Richard R. Nelson and Edmund S. Phelps, "Investment in Humans, Technological Diffusion and Economic Growth", *The American Economic Review*, Vol. 56, No. 1, 1966.

Richard Stubbs, "War and Economic Development: Export-Oriented Industrialization in East and Southeast Asia", *Comparative Politics*, Vol. 31, No. 3, 1999.

Ronald A. Roger, "An Exclusionary Labor Regime under Pressure: The Changes in Labor Relations in the Republic of Korea since Mid - 1987", *UCLA Pacific Basin Law Journal*, Vol. 8, No. 1, 1990.

Rothwell Roy, "Reindustrialization and Technology: Towards a National Policy Framework", *Science and Public Policy*, Vol. 12, No. 3, 1985.

Saroh Kuruvilla and C. S. Venkataratnam, "Economic Development and Industrial Relations: The Case of South and Southeast Asia", *Industrial Relations Journal*, Vol. 27, No. 1, 1996.

Scott Gehlbach and Philip Keefer, "Investment without Democracy: Ruling-Party Institutionalization and Credible Commitment in Autocracies", *Journal of Comparative Economics*, Vol. 39, No. 2, 2011.

Shelia Smith and John Toye, "Three Stories about Trade and Poor Economies", *Journal of Development Studies*, Vol. 15, No. 3, 1979.

Stanley E. Hilton, "Vargas and Brazilian Economic Development, 1930 - 1945: A Reappraisal of His Attitude Toward Industrialization and Planning", *The Journal of Economic History*, Vol. 35, No. 4, 1975.

Theodore W. Schultz, "Reflections on Investment in Man", *Journal of Political Economy*, Vol. 70, No. 5, 1962.

Theotonio Dos Santos, "The Structure of Dependence", *American Economic Review*, Vol. 60, No. 2, 1970.

Tianbiao Zhu, "Developmental States and Threat Perceptions in Northeast Asia", *Journal of Conflict, Security and Development*, Vol. 2, No. 1, 2002.

Tulia G. Falleti and Julia F. Lynch, "Context and Casual Mechanisms in Political Analysis", *Comparative Political Studies*, Vol. 42, No. 9, 2009.

Tuong Vu, "State Formation and the Origins of Developmental States in

South Korea and Indonesia", *Studies in Comparative International Development*, Vol. 41, No. 4, 2007.

Vandenbussche Jerome, Philippe Aghion and Costas Meghir, "Growth, Distance from Frontier and Composition of Human Capital", *Journal of Economic Growth*, Vol. 11, No. 2, 2006.

W. Brian Arthur, "Competing Technologies, Increasing Returns, and Lock-in by Historical Events", *The Economic Journal*, Vol. 99, No. 394, 1989.

William R. Thompson, "Long Waves, Technological Innovation, and Relative Decline", *International Organization*, Vol. 44, No. 2, 1990.

Ziya Öniş, "The Logic of the Developmental State", *Comparative Politics*, Vol. 24, No. 1, 1991.

索　　引

K

L

R

S

Y

Z

后　记

博士学位论文定稿之际，我的漫漫求学路也正式进入倒计时。说实话，到这个阶段，如释重负很少，惶恐与忐忑很多，不知埋首书斋所做之研究与真实世界究竟只隔浅浅一条水渠还是隔着天堑。论文在师长和朋辈的帮助下进展一直还算顺利。站在前人的肩膀上，很多理论上的灵感也来得自然而然。我却犹疑着、惶恐着，不知所谓的理论建构究竟是否只是我在脑中进行的一场思维游戏。我深知，我的研究远未达到“向虚空凝眸”的高度。并且，那些聪慧的前辈学者们十年磨一剑的作品，我这短短一年写就的论文又如何能妄言有所突破和超越呢？

这种漂浮不定之感，固然与时间有限和能力不足密切相关，但也可能是跨学科研究之常态。本学科领域的知识谱系，把握起来尚需多年的专业学习和系统训练，再踏入一个新的学科领域，就犹如一脚踩在云端，永远不知下一步是否就会掉下去，理论建构是成是败无人能说得清。由此，写作的过程便如斯考切波所言，“常常觉得像是与一个神秘莫测的怪物进行一场无止境的战斗”。博士学位论文很难写，这是老生常谈了。但其中甘苦几何，真是不曾亲身经历者不能言。我经常写上好几页，然后删到只剩下零星几行字。从开题到预答辩再到正式答辩，分析框架也是几经大改。从科学研究的角度看，博士学位论文注定只是一份阶段性成果。所有文中给出的回答都是暂时的，它冷淡而又热切地等待着在未来被写出它的作者修正甚至是推翻。

我想，学术研究的底色或许本来就是困惑与苦闷。正是在这种底色的衬托下，偶尔灵光乍现的狂喜就颇值得珍藏和回味了。也许，学术研究的乐趣正是在于从长久的困惑与苦闷中不断等待并迎接狂喜时刻的来临。为了不错过灵感之神的光顾，我们必须始终保持感知与思索，如懵懂孩童那般始终保持对这个世界的好奇心和求知欲。博士学位论文的写作过程给我提供了一个机会，让我不得不严肃地审视和反思自己，是否拥有不绝求索的热望和不惧捶打的意志。我想，大概是的。但老实说，这是一段并不那么愉悦和轻松的经历。

幸运的是，在这条略显坎坷的"学术马拉松"中，许多师友亲朋一路陪伴同行。我的导师田野教授是我在中国人民大学六年求学旅途中的引路人和解惑者。这六年中，我取得的每一份成绩背后都有田老师毫无保留的指导与帮助。毫不夸张地说，田老师是我见过在培养学生方面费心最多的导师。读博期间，我与田老师平均每周面谈一次。即使因新冠疫情无法见面，我们也会通过电话保持沟通。每次沟通持续两至三个小时，过程中充满了共同的探索和意外的发现。有时也会面对面沉默，但这沉默恰恰是思想的发条正在拧紧的声音。我经常在想，田老师究竟是如何做到在笔耕不辍、持续产出的同时，每周都与学生保持密切交流的。六年过去，明国906办公室书柜旁的那张黑皮椅早已因光顾的学生太多而斑驳掉皮，那张长沙发也从原来能坐三至四人到如今堆满书刊论文仅能容纳一人。它们见证了我从一个"论文句与句、段与段之间逻辑松散"的学术新手到"文字功底不错""语言表达成熟"的青年学者的成长全过程。

在中国人民大学国际关系学院求学的这六年，国际政治经济学专业的李巍老师、翟东升老师、夏敏老师和刘旭老师也慷慨地为我提供指导与帮助。在他们开设的专业课上，我系统学习了本学科的专业知识，为后来的深入探索打下了扎实基础。他们总是热情地与我讨论文章初稿中存在许多的问题，并且毫不吝啬地对所有我取得的（哪怕是非常微小的）成绩表示肯定。陈兆源师兄和宋亦明师兄是我学习生活中遇到任何困难第一时间求助的对象。感谢他们不厌其烦地为我解答，以及毫无保留地与我分享他们的经验和走过的弯路。我的博士学位论文开题、预答辩和正式答辩分别是全线上、线上与线下相结合、全线下的进行方式。在师妹安怡宁和师弟李刚、杨沛鑫的协助下，它们每次都能顺利和圆满地开展。

这项研究从酝酿到完成，还得益于许多前辈学者的智慧贡献。耿曙教授、黄琪轩教授、李巍教授、雷少华副教授在论文的开题阶段提出了许多建设性意见，直接促成小论文《劳动力流动性、生产组织变革与后发工业赶超——对19世纪中叶至20世纪初美国、德国和俄国的比较研究》的形成和发表。博士学位论文完成后，他们认真评阅并给予了进一步修改的宝贵建议。正式答辩时，王正毅教授、徐秀军研究员、曲博教授和尹继武教授从学科角度对论文进行了全面评估和把握。他们切中肯綮地指出了研究中的诸多疏漏，并提供了大量极具启发性的深刻洞见。我虽据此对论文进行了针对性修改，但文中仍存在诸多尚未彻底厘清的内容。对此，我深感遗憾和愧疚。

研究生阶段，《世界经济与政治》《外交评论》《南亚研究》等期刊赐予的发表机会，也是支撑我学术成长的重要环节。与编辑部和匿名评审专家的邮件往来就像是浪沙淘金的过程。每一次对比投出的稿件和最终发表的成稿，我都会对学术探讨所具有的“化腐朽为神奇”的超能力感到惊叹。国家发展改革委宏观经济研究院的盛思鑫博士和国家发展改革委国际合作中心的谢琳灿博士则为我提供了将所学所思用于实践的机会。经由盛思鑫博士的推荐，我有幸参与国家移民管理局《“十四五”移民管理事业发展规划》的编制工作。在谢琳灿博士的指导下，我执笔的两篇研究报告获得部级领导肯定性批示。这些政策研究经历对博士在读期间的我来说，是十分难得和宝贵的。

求学旅途中能一直保持积极乐观的心态，离不开我最亲密的两位朋友谢京爵和龙金池。虽然在读博的大部分时间里，她们都与我隔着时差，但只要我有需要，她们的电话总是那么及时。我的伴侣刘帅是最称职的倾听者。我所有喜悦、苦闷、彷徨或雄心壮志的表达，都由他收集着、回应着、平复着。我与本科室友明红霞、雷诒茗和刘思宇的友谊从二十出头的年纪一直延续到今天，她们或是不断做出新的成绩，或是坚持着自己所热爱的，或是勇敢地踏出舒适圈，这些都给我以莫大的鼓舞和激励。与杜心蕾、关欣、杨双梅、王越等同班好友的不定期聚餐被我戏称为“饭桌外交”，她们总是无私地与我分享很多我不知或遗漏的信息，她们在各自研究领域所取得的突出成果也时常提醒我要继续努力。我想，结交在青春时期的友谊，应该是这个世界上最美好的情感之一。愿我们的友谊万古长青！

我时常感叹，在临近三十岁的年纪能够心无旁骛地读书写作，不能不说是一种罕见的特权。而这背后，是家人的付出与支持。我的娭毑是一位没有接受过正式学历教育的耄耋老人，但这并不妨碍她在读完我的每篇论文后表示出赞叹和骄傲。我的父亲不善言辞，但每通电话里都会传达对我衣食住行的牵挂。我最要感谢的是我的母亲。她绝不是一位精通家庭教育学的专家，但她以热情鼓励、循循善诱的方式教会了我独立、善良和感恩。我想，再出色的教育家也会希望有机会向她取经。最后，我想将这篇论文献给我的外公浣海林。我有记忆的知识启蒙大约始于被外公抱在怀里念诵《幼学琼林》，他的藏书和手稿也曾一度被少年时期的我视作等待发掘的宝藏。他的仓促离世使我少了一位可以探讨学问的大家。我想让他知晓，那个婴儿时期总因他准时收看晚间七点新闻联播而哭着醒来的细妹子，如今已经是倩雨博士啦！

张倩雨

2023 年 6 月于北京